はじめての
建築環境工学

小林茂雄・中島裕輔・西村直也・古屋浩・吉永美香 著

彰国社

装丁：小林義郎　　カバーイラスト案：小林茂雄

まえがき

「環境の時代」と言われる21世紀になり、すでに10年を超える歳月を経ている。確かに世の中を見渡すと、環境性能をうたわない製品は皆無といっても過言ではない。実際、建築関連分野において最も変化が著しいのは環境の分野だと思う。このように現実社会においての環境分野の重要さは誰しもが認識しているものの、いざ自分がその分野に取り組む技術者になるのかと問われると、非常に多くの建築系学生がためらってしまうのが現実のようである。非常に残念な状況であり、その教育に携わる者の一人として強く責任を感じるところではある。こうした状況となる原因として、建築環境工学が非常に多岐にわたる分野であるとともに、各分野が極めて強い専門性をもつことが根本にあると思われる。実際、教育の現場で、個々の分野について十分な時間を費やした教育を行うことはなかなか難しいのが現状である。その結果、学生側も至って表面的な知識に触れるにとどまり、学問としての奥深さに触れる機会も少なく、知的好奇心をもって主体的に学ぶまでに至らないことが多いように感じられる。

一昔前の建築環境工学の教科書は、分野ごとの専門家が集まり、各人が研究する最先端の知識を記載することが多かったように思われる。しかし、これでは初学者に対する教科書としては使いにくい面があり、近年では一人の著者による適度な省略や工夫によって、バランス良く記載した内容のものが増えたように感じられる。そうした状況のもとで、本書は、あえてそれぞれの分野を専門とする著者が集まって執筆する方法を選んだ。そのため、本書を手にされた先生の中には、一昔前のもののように専門分野に深く入り込みすぎているのではとの懸念をもたれる方もおられるのではないかと思う。

本書は、大学、高等専門学校で使用されることを目標として執筆しているが、個々の分野においては、あえて一般的な授業の中では触れない部分まで記載している。こういう形態をとった理由は、分野ごとに中等教育で習う物理・化学に結びつく内容まで記載するように心がけた結果であって、決して最先端の知識を競うように書いたものではないことを分かって頂きたく思う。むしろ環境工学がもつ強い専門性も、結局は物理・化学の基本に忠実な現象にすぎず、決して特殊な事象ではないことを理解して欲しい、という趣旨である。言葉を換えて言えば、ともすれば何に役立つのか実感がわかない理科・数学を使えば、実際に建築内部で起こっている現象を説明することができ、さらに問題の解決策を導き出すことができることを実感して欲しいということである。

初学者に対しても「どうしてそうなるのか」が十分に理解されれば、建築環境工学に対する学生の認識も変わるだろう。本書によりこの分野の技術者・研究者になろうと志す学生が増えることを、心から願う次第である。

2014年8月

著者を代表して　西村直也

はじめての
建築環境工学
目次

まえがき 003

1章 屋外気候

1. 気温と湿度 008
2. 風 009
3. 雨と雪 011
4. 日射と日照 012
5. 主な測定機器 013
[演習問題] 1·2·3·4 016

2章 日射

1. 放射の基礎と太陽からの放射 018
2. 地表面での日射 019
3. 紫外線·可視光線·赤外線 021
4. 太陽位置 022
[例題] 1·2 025
[例題] 3 026
5. 時刻 026
[例題] 4 027
演習問題 029
6. 日影曲線と日影図 029
[例題] 5·6 031
7. 水平面と垂直面における日射 032
8. 短波長放射と長波長放射 033
[コラム] 太陽エネルギーをつかまえる 035

3章 熱環境

1. 熱移動の基礎 038
[例題] 1 042
2. 熱貫流 044
[例題] 2 046
[例題] 3 047
3. 外表面の熱授受 048
4. 建物の熱特性 051
[コラム] 気候と熱特性を考慮した世界各地の建物の工夫 056
[演習問題] 1·2·3 056

4章 湿度・湿気

1. 湿り空気と温度 　　　　　　　　　　058
[例題] 1 　　　　　　　　　　　　　　062
[例題] 2 　　　　　　　　　　　　　　063
2. 湿気とその対策 　　　　　　　　　　064
[演習問題] 1・2・3・4 　　　　　　　066

5章 温熱環境

1. 人体の熱収支 　　　　　　　　　　　068
2. 熱的快適性指標 　　　　　　　　　　070
[例題] 1 　　　　　　　　　　　　　　073
[例題] 2 　　　　　　　　　　　　　　074
[例題] 3 　　　　　　　　　　　　　　076
3. 温熱環境の測定機器 　　　　　　　　077
[コラム] さまざまな冷房機器と温熱環境 　078
[演習問題] 1・2 　　　　　　　　　　078

6章 空気質環境

1. 空気汚染物質の種類 　　　　　　　　080
[コラム] PM2.5について 　　　　　　　083
[コラム] 分煙 　　　　　　　　　　　　085
2. 汚染物質の除去 　　　　　　　　　　085
3. 汚染物質の許容濃度に関する指針 　　086
4. 換気の種類 　　　　　　　　　　　　086
[コラム] 換気と通風 　　　　　　　　　088
[コラム] 住宅の24時間換気 　　　　　　089
5. 必要換気量 　　　　　　　　　　　　090
[例題] 1 　　　　　　　　　　　　　　092
[例題] 2 　　　　　　　　　　　　　　093
6. 換気計画 　　　　　　　　　　　　　093
[例題] 3 　　　　　　　　　　　　　　096
[例題] 4 　　　　　　　　　　　　　　099
[演習問題] 1・2・3・4・5 　　　　　　099

7章 光環境

1. 視覚 　　　　　　　　　　　　　　　102
[コラム] 視力の測り方 　　　　　　　　103

2. 光の単位	105
3. 昼光	107
4. 人工光	110
5. 照明計画	113
[例題] 1・2	116
6. 色の表し方	117
7. 色彩計画	119
[演習問題]	121
[コラム] 建築スケールで光のデザインをしよう	122

8章 音環境

1. 建築と音環境	124
2. 音の物理	124
3. 音の単位	126
[例題] 1	126
4. 聴覚の性質	127
5. 吸音と遮音	129
[例題] 2・3	132
6. 室内の音場	132
[例題] 4・5・6	138
7. 遮音・騒音制御計画	138
[例題] 7	144
8. 室内音響計画	145
[例題] 8	153
[演習問題] 1・2	153

9章 都市の熱環境

1. ヒートアイランド現象	156
2. 都市・建築のさまざまな暑さ対策技術	158
[例題] 1・2	160

演習問題解答	161
参考文献	164
図版出典	166
写真撮影・提供	168
索引	169

1章 屋外気候

雨や晴れといった大気の状態、あるいはその変化のことを気象（weather）と呼ぶのに対し、ある地域における特徴的な自然条件の傾向のことを気候（climate）と呼ぶ。建築物の設計は、まず、立地のもつ気候条件や特性を正しく把握することから始まる。そのうえで、自然のもつポテンシャルを活用して、室内の温熱環境、音環境、あるいは光環境の質を高める方法を検討する（パッシブデザイン）。パッシブな手法で屋内環境の質を高めることは、結果として、空調設備や換気設備、あるいは人工照明設備といったアクティブな設備機器によるエネルギー消費を抑制し、CO_2に代表される温室効果ガスの排出量を削減することにもつながる。

　気候を構成する主な要素として、気温、湿度、降雨、降雪、風、気圧が挙げられる。本章ではこれら環境要素を把握するための道具や基礎知識について学ぶ。

1 気温と湿度

　気温（ambient temperature）は大気の乾球温度のことであり、その土地の気候を特徴づける主な要素のひとつである。屋外の気温を測定するためには、一般に棒状のガラス管の内部に水銀またはアルコール等を封入した液体封入温度計（図1）を、百葉箱（図2）の中に設置して測定する。百葉箱は降雨を避けるだけのものではなく、温度計の感温部が日射熱等を吸収し、本来測定したい大気の温度よりも高い温度を表示してしまうという問題を回避する役割がある。また通気を確保する目的で、百葉箱の側面はガラリ（複数の細長い板を外側が低くなるよう等間隔に斜めに配置した開口部のこと）状になっている。しかし、風がない状態では百葉箱の中は日射等で外気よりも高温になるため、より精度よく測定するためには、感温部に強制通風装置を設けなくてはならない。

　湿度、つまり大気に含まれる水蒸気の量の表し方には多くの指標があるが、屋外気候では一般に**相対湿度**（relative humidity）が用いられる。相対湿度とは、ある温度の空気が含むことができる最大量の水蒸気分圧に対し、実際に含まれている水蒸気分圧の比を百分率で示したものである。液体封入温度計の感温部を湿らせたガーゼで包んだ湿球温度計で湿球温度を測定し、この示度と前述の乾球温度とを合わせて計算により相対湿度を求めることができる。近年では電気的な湿度計である高分子型膜湿度センサーを利用した測定器もよく使われている。これは相対湿度の変化により高分子膜内部水分量が変わることを誘電率の変化で検出する装置である。

　ある土地における気候を把握したり、ほかの土地と比較したりする際には、特徴的な要素2つを軸とした2次元空間で表すと便利である。このような図を**クリモグラフ**（climograph）と呼ぶ。図3

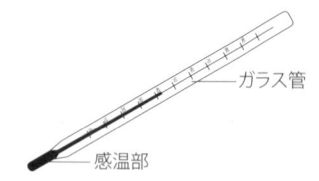

図1　液体封入温度計

液体が温度上昇に従って一定の割合で膨張するという現象を利用して温度を知る装置。水銀、アルコール、有機液体などが封入される。温度を測る装置には、そのほかにも熱電対、アスマン通風乾湿計、放射温度計、サーモカメラなどがある。

図2　百葉箱

測定機器が雨に濡れないよう、また通風を確保しつつ、センサーに直接日射が当たらないようにする。

★乾球温度⇒ p.062
★相対湿度⇒ p.059
★湿球温度⇒ p.062
★水蒸気分圧⇒ p.060

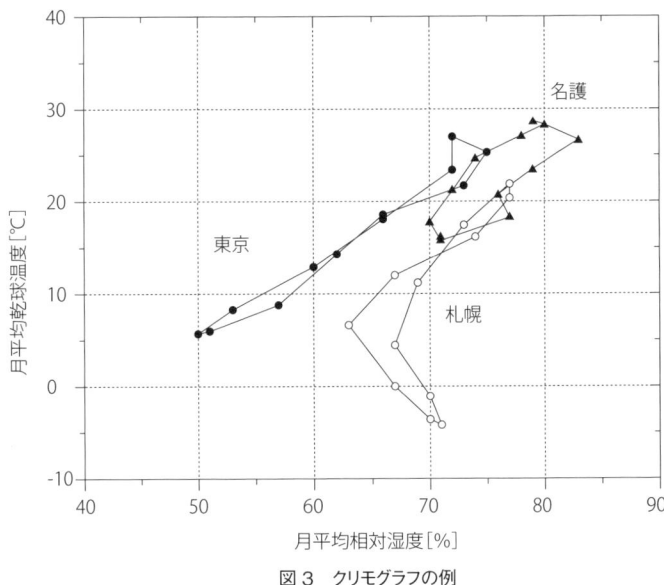

図3　クリモグラフの例

に温度と相対湿度を軸にとったときの、東京都、札幌市（北海道）、名護市（沖縄県）のクリモグラフの例を示す。これより、名護は他の二都市に比較して高温高湿で安定していること、また札幌は東京都よりも気温が低いが相対湿度は高めであることなどがわかる。

建築物の空調に寄与する暑さや寒さの程度を示す簡易指標として、**デグリーデー（度日）**（degree days）がある。暖房デグリーデーは、暖房期間における1日の平均室内温度と外気温度との差と、暖房日数との積として定義される。同様に、冷房デグリーデーは、冷房期間における1日の平均室内温度と外気温度との差と、冷房日数の積として定義される。デグリーデーは温度差と日数との積であるため、その名のとおり［℃・日］の単位をもつ。室内と外気との温度差が大きくなるほど、また、冷暖房の稼働日数が長くなるほど、比例的にデグリーデーの値が大きくなるため、空調のエネルギー消費や省エネルギー性の簡易検討に便利である。

2　風

風は地球の自転による慣性の影響[1]と、大気温度の不均一により生じる気圧差などで発生する。たとえば日本では、西から天気が変わっていくことが経験的に知られているが、これは地球の自転で上空の大気が東へ流れることに関係しており、この風は偏西風と呼ばれる。これに太陽熱の授受の不均一さや、海面や陸地など日射を受けた地表面の暖まりやすさ、そして地表面の起伏による抵抗などの影響が複雑に関連し合い、地域における風環境をつくり出している。一般に夏や日中は、陸地のほうが海よりも日射を受けて暖まりやすいため、上昇気流が発生し、低気圧になる。そこに海からの風

1) コリオリ力という。

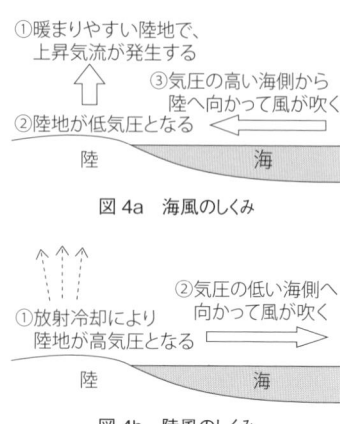

図4a　海風のしくみ

図4b　陸風のしくみ

2）8方位なら、東・西・南・北・北東・南東・北西・南西。16方位なら、北から東方向へ向かって、北・北北東・北東・東北東・東・東南東・南東・南南東・南・南南西・南西・西南西・西・西北西・北西・北北西となる。中間方位の呼び方に注意しよう。

が流れ込むことになる（海風）。冬や夜間は、陸地が放射冷却により冷やされるため、陸から海に向かって風が吹くことが多い（陸風）。海風と陸風のしくみを図4に示す。

風の様子を知るためには、**風速**（wind velocity）と**風向**（wind direction）の2つが重要な指標となる。風は常に変化しているため、一瞬のタイミングでの風速、つまり瞬間風速だけでは気候としての特性を知ることは難しい。そこで、目的に応じて、ある時間の平均風速を利用することが一般的である。ただし、台風や強風の程度を示すために、最大瞬間風速が用いられる場合もある。風速の単位には一般に［m/s］が利用される。風向は風の吹いてくる方向、つまり風上の方位を示す。風向の種類は、東西南北にそれぞれの中間方位を加えた8方位、あるいはさらに中間方位を加えた16方位、さらに詳細には36方位で表される[2]。ただし、気象台観測等では、風が吹いていない状態を「静穏」として風向データに加えている。

建築設計において、対象地域の風環境の特徴を直感的に把握するためには、風配図を用いると便利である（図5）。風配図は、ある期間の風向の出現頻度を円グラフに表したものであり、最も頻度の高い風向の風を卓越風と呼ぶ。

晩春から初夏、また初秋においては、卓越風を上手く建物の中に取り込むことで比較的涼しく過ごしやすい室内環境をつくり出すことができる。卓越風を室内に呼び込むには、風を取り込むための開

図5　風配図（名古屋における2月と8月の例）

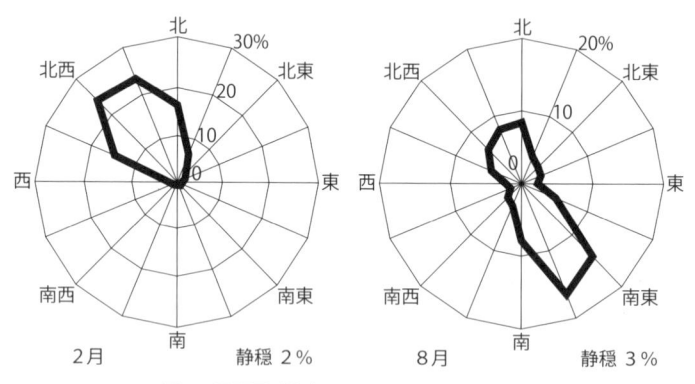

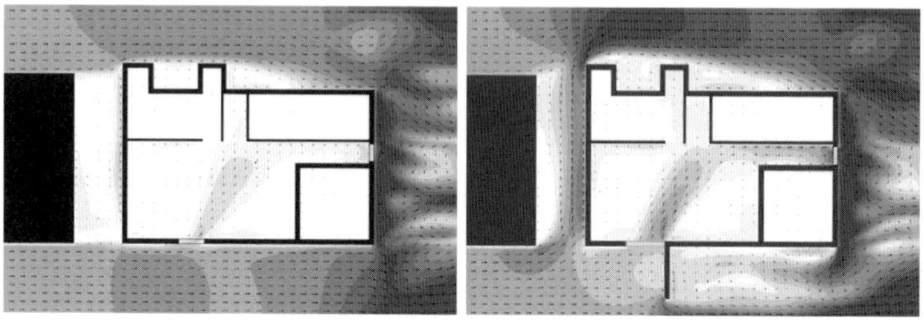

a　袖壁がない場合　　　　　b　南に袖壁がある場合

図6　袖壁設置（ウィンドキャッチャー）による風の取込み例（平面風速分布）

左図：約3m/sの西風が吹いているが、風上側開口部が南面しているため、室内にあまり誘導できていない。南開口部の平均風速は約1.3m/s。右図：南壁の東側に袖壁を設けると、室内により多くの風を引き込むことができた。南開口部の平均風速は約1.9m/s。

口部（窓）をその方向に設けると同時に、風が抜けていくための窓を別の方位に設置する（二方向開口をとる）ことが重要である。卓越風の方向に開口部を設けると、風速が大きくなりすぎてしまう場合や、当該の方向に窓を設けることが困難な場合には、図6のようにウィンドキャッチャーと呼ばれる袖壁を設け、間接的に風を屋内に誘導する設計手法が採られることもある。ただし卓越風は必ずしも好ましいものとは限らず、季節によって極度に強い卓越風が吹き荒れるような地域では、これらの強風を遮るよう、建物や敷地の周辺に強風に強い樹木を密に植えることがある。このような風除けを目的として植生された樹木群のことを防風林という。なお、このような歴史的に地域に被害をもたらしてきた強風には、地域によってある特有の名称がついていることが多い。たとえば、神戸市北側の六甲山系の「六甲おろし」などが有名である。

風は、平原や田畑など地表面の凹凸が少ない場所では強く、ビルの立ち並ぶ都心では抵抗を受けるために弱く吹く。この地表面の抵抗状態を粗度という。同じ理由により、上空では強く、地表面では弱く吹く。図7は粗度および地表面からの高さと風速分布の傾向を示している。

特に高層建物を設計する際には、構造設計の面からも、空調や換気設計の面からも、高層階部分の風環境を予測することが不可欠である。鉛直方向の風速分布を予測するための計算モデルには、対数法則と指数法則がある。建築分野では一般に対数法則を使うことが多い。

写真1 沖縄県における防風林の例
高木の常緑広葉樹であるフクギを利用している。防風林の減風効果は、樹木の高さの20倍の距離に及ぶといわれる。

★通風⇒ p.088
★ヒートアイランド現象⇒p.156

図7 地表面からの高さと風速分布

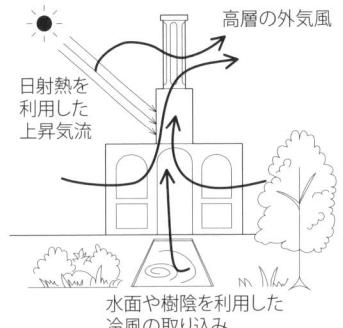

図8 風を利用した建築事例（イランのWindscoop）：上空を吹き抜ける強い風の力を誘引力として使い、地表面から建物内に風を取り込む風の塔をもつ。上層気流の誘引だけではなく、塔の側面に当たる日射熱で塔内に生じる上昇気流の効果も併せて利用している。さらに、屋内への取込み空気には、水の蒸発で低い温度となった水面近傍からの外気を利用するなど、涼しさを得るために何層もの工夫がなされている。

3 雨と雪

降雨の量は一般に、1時間または24時間に地表面に降った水の体積量を単位面積で除した値として、通常［mm］の単位で表示する。これを**降水量**（precipitation）と呼ぶ。

われわれが生きていくうえで水はなくてはならないものである。山々にもたらされた降水と降雪は地下深くに浸み込み、帯水層に達し、最終的に地下水となり供給される。これを涵養（かんよう）と

いう。日本の年平均降水量は約1,700mmで、世界（陸域）の年平均降水量約800mmに比較して非常に多く、水に恵まれた国と言われてきた。しかし、全国土の降水量を人口で除した国民一人当たりの年降水総量でみると、日本は約5,000/（人・年）で、世界平均の約16,800/（人・年）のおよそ3分の1程度となっている。また、近年は局地的な豪雨や干ばつが頻発し、必ずしも年間総降雨量が有効に利用できる状態ではなくなってきている。さらに、春から初夏にかけての重要な水資源であった冬季の降雪量も著しく減少しており、水にまつわる問題が深刻化している[3]。

3）気候変動（climate change）、あるいは地球温暖化（grobal warming）と呼ばれる、主として大気の二酸化炭素などの地球温暖化ガスの増大に起因する地球規模の問題はきわめて深刻である。気候変動と呼ばれるとおり、地球上がただ均質に温度上昇しているわけでなく、すでに局地的な干ばつ、豪雨、台風やハリケーンの巨大化など深刻な気候の変化がはっきりと現れている。これは今、地球上に存在するわれわれが全力で早急に取り組まなくてはならない緊急事態であることをしっかり認識しよう。

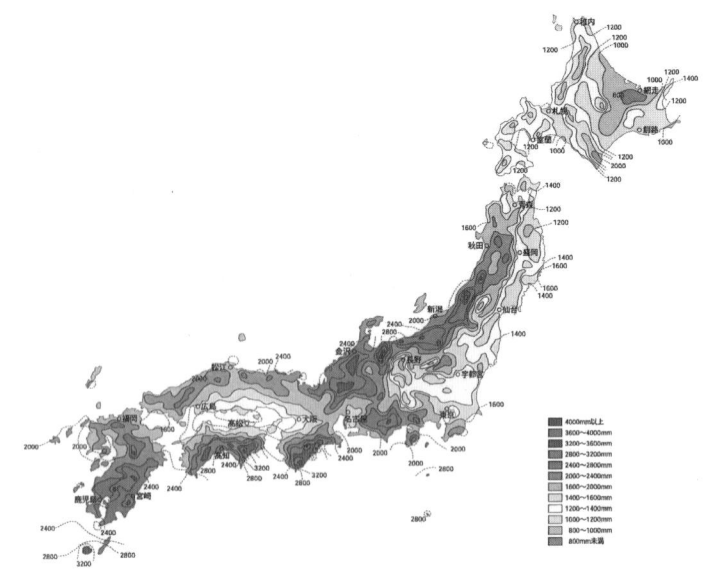

図9　日本の降水量分布（国土地理院発行 新版 日本国勢地図 H2）

雪の測定指標には、降雪量と積雪量の2つがある。降雪量はある対象時間内に降った雪の量を、積雪量はある時点で実際に積もっている雪の量を、いずれも高さの単位で示したものである。すべての気候要素は各地域に残る特徴的な建築様式と密接に関係しているが、なかでも降雪は、屋根への積雪が建物強度に大きな影響を及ぼすことから、屋根形状との関係が深い。たとえば図10は1960年代を中心に多く建てられた北海道の急勾配屋根で、一般に三角屋根と呼ばれる。温暖地域の標準的な瓦屋根は4～6寸勾配（約22～31°）であるのに対し、7～10寸勾配（約35～45°）ときわめて急になっているのは、積雪をスムーズに地面に落とす（落雪する）ためである。

図10　北海道の三角屋根

近年は、落雪によるけが等の問題を回避するため、構造を強化した陸屋根やM字型の屋根で雪を保持し、融雪水のみを排水するという無落雪屋根も増えている。

4　日射と日照

日射（solar radiation, insolation）と**日照**（sunshine）はいずれも太陽放射を指しているが、建築環境工学の分野では一般に「日射」は太陽放射のもつエネルギーや熱量を、「日照」は日当たりや明る

さを対象とするときに用いられる。言い換えると、日射では太陽放射のすべてを、日照ではそのうちの可視光線領域とそれを感じる人間の視覚との関係についてを取り扱う。

一定期間（通常は1日）のうち直射光が得られた時間数のことを日照時間という。建築基準法では隣接する建物などの障害物を考慮し、天気が晴れであった場合に得られる日照可能時間のことと定めている。そのため、日照時間は日当たり時間とも呼ばれる[4]。一方で、終日晴天であっても対象地域の緯度により、得られる日照時間は変化するため、対象地域の日の出から日没までの理論上の日照可能時間のことは可照時間と呼び、日照時間とは区別する。可照時間に対する日照時間の割合を日照率と呼ぶ。

4）ただし、気象学の分野では障害物がない状態を対象に晴れや曇りなどの天気の変動を含めた実際の時間数を指す。

★熱電対⇒ p.077

5 主な測定機器

(1) 温度の測定機器

温度の測定機器には、前述の液体封入温度計のほかに、熱電対、測温抵抗温度計、放射温度計などがある。**熱電対**（thermocouple）は、多点で、物体や空気の温度を測定する際に一般的に利用される温度計である（図11）。熱電対は、異なる素材の金属を接触させ、接点間の温度差に応じて発生する起電力（この現象をゼーベック効果という）を利用している。熱電対そのものは微小電圧を発生させるセンサーとしての役割のみを担うので、実際の測定には起電力を測定し温度に変換する装置（電位差計や熱電対に対応したデータロガー[5]など）が必要となる。起電力を利用するため、センサーへの電源供給は不要である。用いる2つの金属線の組み合わせによって、表1に示すように多くの種類がある。建築環境工学の分野では常温の領域が測定対象であるため、この範囲での測定精度のよいT型熱電対を用いることが多い。T型熱電対で用いる金属線は銅（copper）とコンスタンタン（constantan）と呼ばれる合金で、これらの頭文字をとってCC熱電対とも呼ばれる。

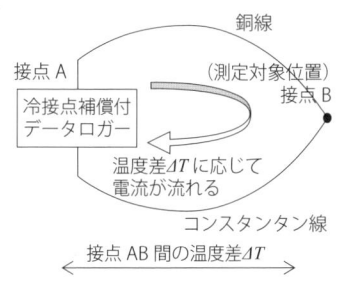

図11 T型熱電対による温度測定

異なる金属を接触させると温度差（に伴う熱の流れ）から起電力が生まれるのがゼーベック効果である。逆に、異なる金属を接触させて電気を流すと、片方の金属からもう一方へ熱が流れる。これをペルチェ効果という。

5）データロガーとは、各種のセンサーが出力した電流、電圧、あるいはパルスといった電気信号を読み取って記録装置に保存する機能をもつ装置である。これらの値に、センサーにより決まっている関係式を当てはめることで、本来の測定したい値と単位に換算できる。

表1 JIS 規格の熱電対

種類の記号	構成材料 +極	構成材料 −極	使用温度範囲	特徴
K	ニッケルおよびクロムを主とした合金（クロメル）	ニッケルを主とした合金（アルメル）	-200℃〜1000℃	高温域の工業用
J	鉄	銅およびニッケルを主とした合金（コンスタンタン）	0℃〜600℃	中温域の工業用
T	銅	銅およびニッケルを主とした合金（コンスタンタン）	-200℃〜300℃	常温での精密測定用
E	ニッケルおよびクロムを主とした合金（クロメル）	銅およびニッケルを主とした合金（コンスタンタン）	-200℃〜700℃	高い熱起電力特性をもつ
N	ニッケル、クロムおよびシリコンを主とした合金（ナイクロシル）	ニッケルおよびシリコンを主とした合金（ナイシル）	-200℃〜1200℃	測定温度域が広い
R	ロジウム13%を含む白金ロジウム合金	白金	0℃〜1400℃	精度がよく安定
S	ロジウム10%を含む白金ロジウム合金	白金	0℃〜1400℃	
B	ロジウム30%を含む白金ロジウム合金	ロジウム6%を含む白金ロジウム合金	0℃〜1500℃	超高温域用

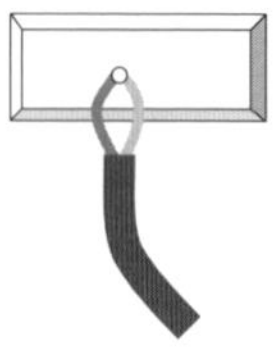

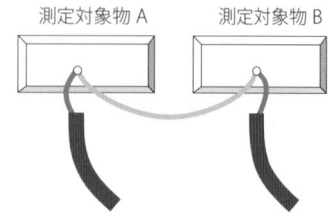

図12a　熱電対による温度測定の例

図12b　二点一対のサーモパイルによる温度差測定例

図12aは対象物Aと対象物Bの各々の表面温度を、測定精度±0.2℃の熱電対で測定している。図12bは一対のサーモパイルで双方の起電力を相殺し、温度差に相当する起電力のみを測定している。もしこの計測の目的が、AとBとの温度差を得ることであるならば、図12aでの温度差の精度が±0.4℃であるのに対し、図12bでの温度差の精度は±0.2℃と2倍の精度が得られることになる。対の数を増すことでさらに精度を上げることもできるが、サーモパイルの出力電位差を対の数で除す必要があることに注意する。

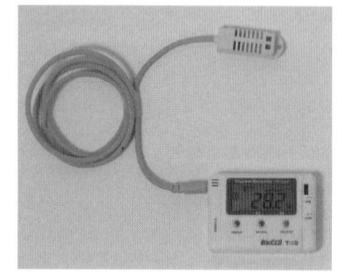

写真2　サーミスタと高分子型湿度センサーを利用した携帯型温湿度計

★絶対湿度⇒ p.062
★湿り空気線図⇒ p.062

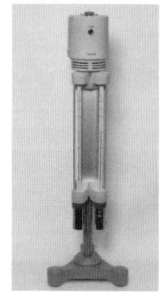

写真3　アスマン通風乾湿計

★アスマン通風乾湿計⇒ p.077

　熱電対は、その太さや接点の接触状況により精度が変わる。一般に、扱いやすさから直径0.3mm程度の素線が用いられることが多いが、高精度（0.1℃以下）での測定が必要な場合には、0.1mmが用いられる。また、熱電対の二種類の素線を直列で交互に対になるように接続して、増幅された電位差を測定する方法（示差熱電対やサーモパイルと呼ばれる）もある。対の数だけ、電位差が増幅されて測定できるので、測定値を対の数で除すことで、温度差を精度よく求めることが可能である。

　測温抵抗温度計は、温度が上昇すると抵抗が増す性質をもつ金属を利用するものと、逆に温度上昇で抵抗が低下する半導体を利用するものとがある。前者は白金抵抗体（Pt100、Pt1000などと表記される）が、後者はサーミスタが主流である。いずれの温度計も、流した電流の流れやすさ（あるいは流れにくさ）から温度を知るため、センサーに電源を供給する必要がある。また熱電対と同様に電流の検出器、または対応したデータロガーといった計器が必要である。測温抵抗体には2線式、3線式、4線式といった配線による種類があり、4線式が最も精度がよい。

　サーミスタはマンガン、ニッケル、コバルトなどからなる半導体で、温度変化による抵抗変化が大きく、小さい温度変化を速やかに測定することができるといった長所がある。その一方で湿度による影響や経年劣化が大きいため、保管時に適切な配慮をすること、また測定前に適切な校正をすることが望ましい（写真2）。

(2) 湿度の測定機器

　湿度の表現には、相対湿度、絶対湿度、水蒸気分圧など、たくさんの指標があるが、温度と異なり、正確な値を直接計測することが困難なものが多い。そこで比較的容易に計測できる湿球温度を湿度の直接測定指標として計測し、乾球温度の値とともに、湿り空気線図で相対湿度を導出する方法が一般的に利用されてきた（写真3）。

　しかし近年では、直接、相対湿度を測定することが可能な高分子型湿度センサーが普及してきた。高分子型湿度センサーは、感湿体に有機高分子材料を採用し、水分の吸着や脱着に伴う電気量の変化を測定することで相対湿度を求めている。その他、新材料の開発に伴い、さまざまな湿度センサーが登場している。

(3) 風向・風速の測定機器

　多くの風速計は、風杯や風車羽根の回転速度が風速に比例することを利用して回転数から風速を導出している。風杯を使うものでは、かつて四杯式もあったが、現在では三杯式風速計（写真4）が一般的である。三杯式風速計だけでは風向がわからないので、矢羽根式風向計などとともに設置されることが多い。風車と風向計を一体化した、風車型（飛行機型）風向風速計も多用されている。風杯にしろ風車にしろ、回転部分の重量と摩擦による初動抵抗があるために、微風の測定には適さないという欠点がある。

微風速も正確に測定できる風速計の一つに、超音波風向風速計がある。超音波風速計は、超音波の送受信機を複数もっており、これらから同時に超音波を送信する。ここで測定しているのは、送信された超音波が別の送受信機に到達するまでの時間である。風上側から風下側への超音波は風速の分だけ速く到達し、風下側から風上側への超音波は逆に遅く到達するので、これらの差から実際の風速を求めることが可能である。超音波風速計は、風速により超音波が空気中を伝わる速度が変化することを利用した風速計である。2点以上の超音波の送受信機をもち、交互に超音波を発信および受信している。写真5に二次元超音波風向風速計の例を示す。水平方向の風速が得られるだけではなく、風上方向も同定できるので、同時に風向も測定していることになる。さらに多くの送受信機を備え、高さ方向も含めた3次元空間で風向と風速を同定できるものは、三次元超音波風向風速計という。

屋内での風速測定など、降雨の心配がない場合には、熱線式風速計（写真6）もしばしば利用される。熱線式風速計は、細い電線に電気を流し発熱させておき、風が当たったときの冷却量から風速を推定するしくみになっている。熱線式風速計は微風でも測定することができるという特長がある反面、熱線に風の当たる向きによっては精度が低下する。これを指向性という。測定時にはセンサーを風に対して正しい向き、つまり回転させてみて風速が最も大きくなるように調整するとよい。

(4) 日射量の測定機器

日射量の測定には、通常、全天日射計を用いる。ある程度の精度を有するものはいずれも、半球のガラスドームの中に検出器が入った形状をしている。ガラスを用いているのは風雨の影響を避けるだけでなく、ガラスが日射を透過し長波放射をほとんど通さないという特性をもつためである。またドーム型の形状となっているため、真上だけではなく半球の全方向から入射する日射を取り込める。精密全天日射計（写真7）に代表される熱型日射計は検出器に日射吸収率が既知の受熱板1～2枚が設置されており、この温度から日射量を求めている。簡易型の日射計は一般に太陽電池素子を検出器としており、安価だが、波長域により感度が異なるためあまり精度は高くない。一般的な日射計は電圧で出力されるものが多く、計測にはデータロガー等に接続する必要がある。日射量の単位は $[W/m^2]$ である。

日照計と呼ばれる機器は、前述のように日照（直達日射による日当たり）が得られる時間を測定するもので、日射量を測定するものではない。また、照度計は明るさを測定する機器で、測定値の単位は $[lx]$ である。

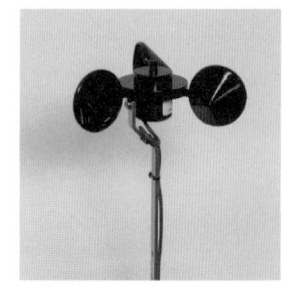

写真4　小型三杯式風速計

写真5　二次元超音波風向風速計

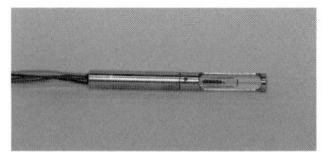

写真6　熱線式風速計

写真7　精密全天日射計

★日照⇒ p.012
★直達日射⇒ p.020
★照度⇒ p.106

地方気象台によって、観測されている気象要素や観測期間が異なるので注意すること。

★年推移のグラフ化⇒p.156

演習問題 1
気象庁のホームページ（ホーム > 気象統計情報 > 過去の気象データ検索）*では、気象統計情報として、全国の気象台の観測データが公開されている。自分の住む地域に最も近い気象観測地点を検索し、任意の気象データ（日平均気温、年間降水量、積雪量など）の年推移をグラフ化しなさい。また何が読み取れるか簡単に記述しなさい。

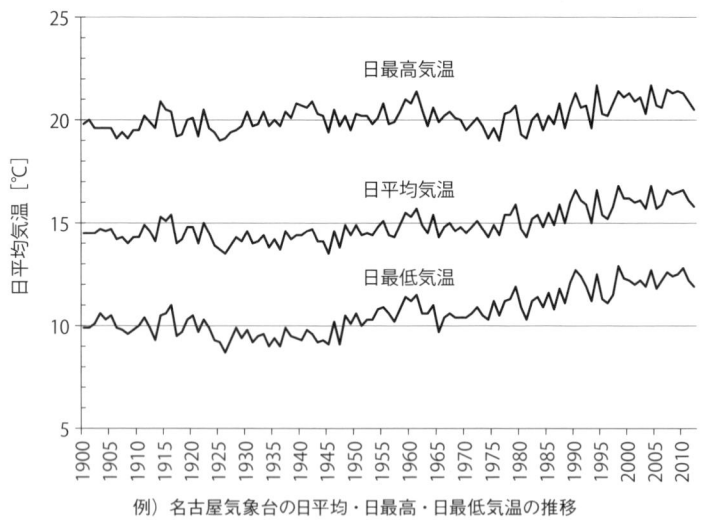

例）名古屋気象台の日平均・日最高・日最低気温の推移

演習問題 2
気象庁のホームページまたは理科年表を利用して、3つの地域のクリモグラフを作成し、これから何が読み取れるかを簡単に記述しなさい。

演習問題 3
気象庁のホームページまたは理科年表を利用して、自分の住む地域の夏季と冬季の卓越風を調べなさい（その地域で伝統的に使われている名称がある場合も多い。しばしば、○○おろし、と称される）。また、風を利用した伝統的な建築や都市のしくみがあるかどうか調べなさい。

演習問題 4
身近なところで気象観測がされている場所を見つけ、どんな機器が使われているか観察しなさい。たとえば高速道路や高い場所にある線路沿いでは、交通機関への影響を考慮するため、しばしば風速が測定されている。

2章 日射

1 | 放射の基礎と太陽からの放射

絶対零度より高い表面温度をもつ物体はすべて、自身の絶対温度の4乗に比例したエネルギーをもつ電磁波を放出している。これを**放射**（radiation）、あるいは**熱放射**（heat radiation）と呼ぶ。

$$I = \sigma \varepsilon T^4 \quad \cdots\cdots\cdots\cdots\cdots\cdots\cdots\cdots\cdots\cdots\cdots ①$$

ここで、σはステファン・ボルツマン係数（= 5.67×10^{-8} [W/m²·K⁴]）、εは物体によって決まる放射率（emissivity、0～1の値）[−]、Tは物体の絶対温度 [K] である。この放射エネルギーには、さまざまな波長[1]の電磁波が無数に含まれている。図1は表面温度が1,000～6,000Kの物体が放出する放射スペクトルである。この面積が式①の左辺に相当する。放射熱は絶対温度の4乗に比例するので、1,000Kと6,000Kでは熱量が大きく異なるが、それに加えピーク波長の位置が一様に移動していることがわかるだろう。物体の温度が低くなるほど、ピーク波長は長くなる。これを**ウィーンの変位則**（Wien's displacement law）[2] という。

さて、太陽は内部の核融合反応により表面温度が約6,000Kと高く、約0.2～3μmの波長の電磁波を放射している。図2に大気圏外と地表面における太陽放射のエネルギー分布（分光分布、またはスペクトルという）を示す。地表面には、大気に含まれる多くの種類の分子により吸収または散乱されたのちの太陽放射が到達するため、エネルギーが随分と弱められていることがわかる。顕著なのは、0.35μm以下と0.6μmあたりのオゾン（O_3）の吸収、1.0μm・1.4μm・1.8μmあたりの水蒸気（H_2O）の吸収、二酸化炭素の吸収などである。また、生命体に危険をもたらす短い波長の紫外線は、大気層の外側にあるオゾン層が吸収しているため、地表面にはほとんど到達していない。

それでは私たちの身の回りにある物体はどのような波長の電磁波

★電磁波⇒ p.102

★放射⇒ p.038

1) 電磁波は粒子と波の2つの性質を併せ持っていることがわかっている。波の間隔は波長（[μm]、[nm] など）または、波長の逆数である周波数（[Hz] など）で表される。第8章で扱う音も波の仲間だが、一般に音の特徴は周波数で、放射の特徴は波長で表す。

2) ウィーンの変位則により、ピーク波長は以下の式で表される。
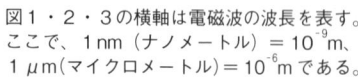
ここで、λ_{max} はピーク波長 [m] でTは完全黒体（⇒ p.106）の絶対温度 [K] である。

図1・2・3の横軸は電磁波の波長を表す。ここで、1nm（ナノメートル）= 10^{-9}m、1μm（マイクロメートル）= 10^{-6}m である。

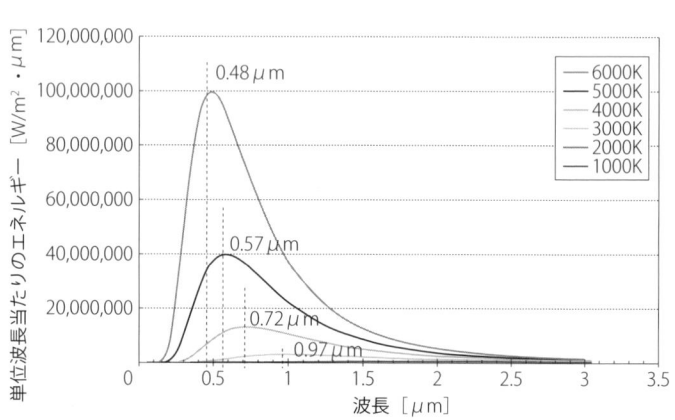

図1　表面温度による放射の分光分布の変化

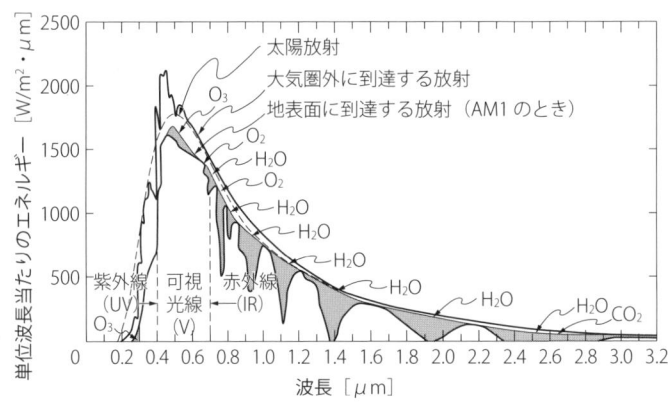

図2　単位面積の黒体放射の分光分布

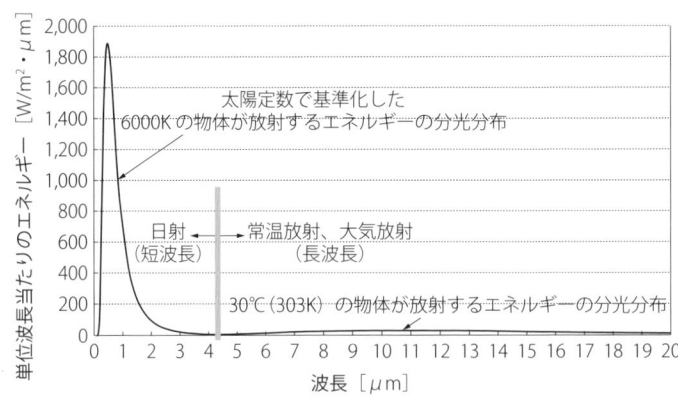

図3　大気圏外日射と常温放射の分光分布比較

を放出しているのだろうか。図3は6,000Kと30℃（≒303K）の物体が発する放射の分光分布を比較したグラフである。これより、いわゆる常温と呼ばれる物体は太陽の放射する電磁波よりもずっと長い波長域の電磁波を発していることがわかる。そもそも通常の生活環境においては、400K（常温）程度から6,000K（太陽の表面温度）までの温度を有する物体はまず存在しないため、建築環境工学の分野では、太陽に起因する放射と、大気や地表面などの常温に近い物体に起因する放射を分けて考えると便利である。そこで、常温の物体が出す電磁波（およそ$5\mu m$以上の波長）を常温放射または長波長放射と呼び、太陽の放射（およそ$3\mu m$以下の波長）を日射または短波長放射と呼ぶことにする[3]。

2　地表面での日射

大気圏外の単位面当たりに垂直に入射する太陽放射のエネルギーを、**太陽定数**（solar constant）と呼ぶ。これは太陽の活動や公転による地球と太陽間の距離の変化などにより変動するが、建築環境工学の分野では擬似的に定数（$1,367W/m^2$）として扱っている。

図2に示したように、地球の表面を覆っている大気中の成分はそ

[3] 本書では、「日射」という用語は太陽放射のうち大気を透過あるいは散乱して地表面に到達した成分、すなわち短波長放射のことを示す。「放射」は短波長にも長波長にも用い、長波長のみを指す場合には「長波放射」と記すことにする。
また、文献によっては放射のことを輻（ふく）射と記しているものもあるが、どちらも同じものである。

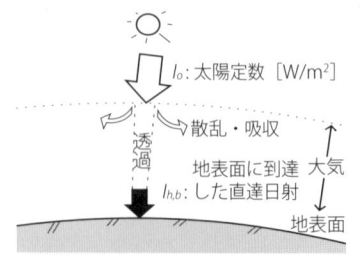

図4 大気透過率

れぞれ固有の波長のエネルギーを吸収しており、地表面に到達する太陽放射の分光分布は、大気圏外のなめらかな曲線よりもいびつな線になっている。最終的にどのくらいの割合の日射が地表面に到達したかを表すために、大気透過率という指標を用いる（図4）。

ここで、太陽定数を I_o [W/m^2]、大気圏を透過して地表面に垂直に到達した放射エネルギーを $I_{h,b}$ [W/m^2] で表すと、大気透過率 P は式②で表される。

$$P = \frac{I_{h,b}}{I_o} \quad \cdots\cdots\cdots\cdots\cdots\cdots\cdots\cdots\cdots\cdots\cdots\cdots\cdots ②$$

しかし、私たちが日射と呼ぶものは、大気を透過してきた成分だけではなく、大気中の分子や塵、また地表面や地上の建造物等に当たって反射・散乱した成分も含まれる（図5）。そこで、前者を**直達日射**（beam radiation, direct radiation）、後者を**散乱日射**（diffuse radiation）と区別することにする。直達日射は太陽から対象地点まで直線的に到達するので、方向が一定である。しかし散乱日射は雲や大気中の分子や粉じんなどによりさまざまな方向に反射・散乱して到達した日射成分であるので、さまざまな方向から入射することになる。散乱日射をさらに細分化して、大気中の成分により散乱して到達した日射を天空日射（sky diffuse radiation）、また地表面や建造物等の地物により反射して到達した日射を地表面反射日射（ground refrect radiation）と呼ぶこともある。これらすべての日射成分を含めた、ある面に入射したすべての太陽放射エネルギーを、全日射（total radiation）という[4]。

これを式で表すと③式になる。

$$\begin{aligned} I_{h,tot} &= I_{h,b} + I_{h,d} \\ &= I_{h,b} + I_{h,d,sky} + I_{h,d,grd} \end{aligned} \quad \cdots\cdots\cdots\cdots\cdots ③$$

水平面直達日射量 $I_{h,b}$ は、直接測定することが困難であるため、直達日射に対し垂直な面に入射する量を法線面直達日射（normal beam radiation）$I_{n,b}$ として測定する。対象面への入射角度 θ が決

★直射日光⇒ p.107
★天空日射⇒ p.107
★地表面反射日射⇒ p.107

4）放射に対する添字は、対象面と日射成分の順で以下により表している。
【対象面】 h：水平面（horizontal）
　　　　　n：法線面（normal）
【日射成分】b：直達（beam）
　　　　　　d：散乱（diffuse）
　　　　　　sky：天空（sky）
　　　　　　grd：地表面反射（ground）

5）大気に吸収された日射のエネルギーはどこに行ってしまうのだろうか？ 吸収した分子は自らの温度を上げ、やはり絶対温度の4乗に比例した電磁波を放出する。このとき大気の温度は100℃以下の常温であるため、大気から放射された電磁波は長波長放射となる。これは大気放射と呼ばれ、一部は地表面にも到達する。

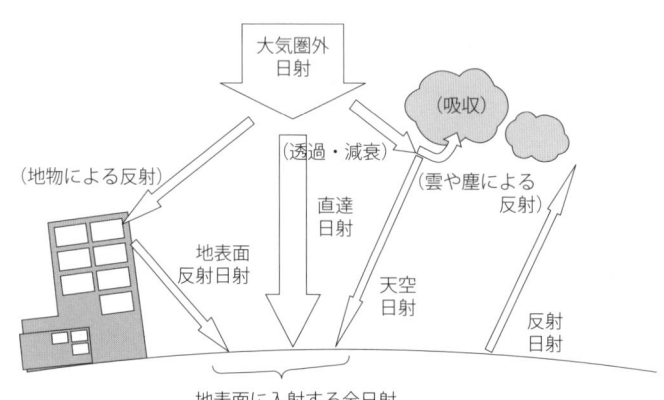

図5 地表面に到達する日射成分[5]

定すると、対象面に垂直な方向と水平な方向にベクトルを分離して、対象面の直達日射量が求められる。ここで水平面を対象面とすると、図6また次式④で水平面直達日射量が表される。

$$I_{h,b} = I_{n,b} \times \cos \theta \quad \cdots\cdots\cdots\cdots\cdots\cdots\cdots\cdots ④$$

また、地表面反射日射は、地表面の日射反射率によって変化する。比較的広域な地表面の日射反射率のことを、**アルベド**（albedo）という（表1）。

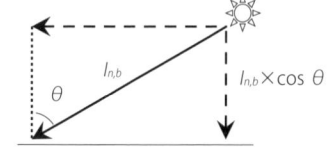

図6　法線面直達日射と入射角θの面の直達日射の関係

★日射反射率⇒ p.157

表1　アルベドの参考値

表面状態		アルベド [%]
砂地	乾いた	18
	濡れた	9
草地	緑	26
	枯れた	19
裸地		15
雪面	新雪	81
道路	コンクリート	28
	アスファルト	14

3　紫外線・可視光線・赤外線

(1) 紫外線

日射はしばしば、波長域によって紫外線・可視光線・赤外線の3つに分けられる。放射エネルギーすなわち電磁波は、波長が短いほど単位粒子がもつエネルギーが大きい。そのため、**紫外線**（UV：ultraviolet ray）と呼ばれる約1〜380nmの短い電磁波は、物体に当たると化学反応を起こしやすく、日焼けや殺菌作用をもたらす。このことより、紫外線は化学線とも呼ばれる。さらに紫外線のなかでも波長の短いほうから、VUV（1〜200nm）、UV-C（200〜280nm）、UV-B（280〜320nm）、UV-A（320〜380nm）と分けられる[6]。全太陽放射における紫外線の占める割合はそう大きくないが、波長の短いものほど単位粒子がもつ化学的エネルギーが大きいため、実際の影響は著しい。VUV は真空紫外線とも呼ばれ、オゾンはもとより、大気中に大量にある窒素でも吸収されるので地表面には到達しない。UV-C はこれまで地表面に到達しないとされていたが、オゾン層破壊問題で楽観視できなくなってきた。UV-B はいわゆる日焼け（皮膚の色素細胞がメラニンを生成）を起こす波長域で、発がん性との関連も指摘されている。UV-A は UV-B が生成したメラニンを酸化し、褐色化させることで知られる。

建物内にいても、紫外線の透過率が高い普通のガラス窓であれば、紫外線の影響を受けることになる。また美術品の収蔵庫や展示室な

6) 波長域は厳密な定義はなされておらず、およその目安である。

ど紫外線による退色等が考えられる場所では紫外線対策が重要である。

(2) 可視光線

★可視光線⇒ p.102

約380〜780nmの波長の電磁波は**可視光線**（visible ray）と呼ばれ、私たちの目に入ると、網膜中の視物質の分子構造を変えることから、色を認識することができる。短いほうから紫、青、緑、黄色、オレンジ、赤色に連続的に変化する。物体の色は、物体が反射した可視光線が網膜に入ることで初めて認識される。このことは、目の前を「横切る」可視光線は目に見えない、という点でも理解できるだろう。可視光線、これに関連する光については第7章で詳しく述べる。

晴天下では、紫外線と可視光線を合わせたエネルギーが全太陽放射の約半分に相当する。

(3) 赤外線

780nmより長い波長は、**赤外線**（infrared ray）と呼ばれ、紫外線や可視光線に比較して単位粒子がもつエネルギーが小さい。したがって、衝突した分子に化学変化を与えることはできず、分子を振動させる。これはつまり、その物体を温めることを意味する。そのため、赤外線は熱線とも呼ばれる。

図7は電磁波の波長と名称をまとめた図である。われわれの生活にはさまざまな波長の電磁派が存在するが、建築環境工学ではこのうち主として紫外線から赤外線までを扱う。

長波長放射は、780nmはもとより3,000nmよりずっと長い波長域なので、赤外線の仲間である。同じように、目には見えず、当たった物体に熱のみを与える。赤外放射のうち相対的に短い波長域を近赤外線、また長い波長域を遠赤外線と表現することもある。しかし、これらが示す波長域は一義的に定められておらず、また専門分野によって異なるため注意が必要である。

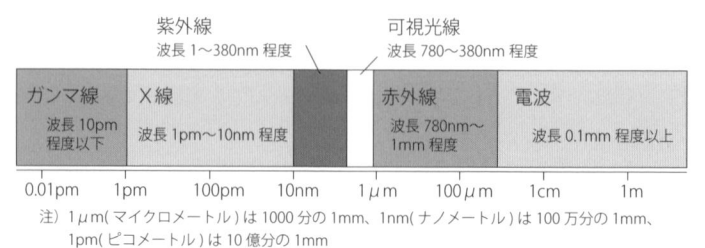

図7　電磁波の波長と名称

4 ｜ 太陽位置

建築物が落とす影、窓から室内に入ってくる自然光、また壁や屋根に当たる日射熱エネルギーの量などを把握することは、設計の初期段階から非常に重要になってくる。これらの情報を正確に得るためには、まず対象とする表面（影の場合はさらに対象物）と太陽と

の位置関係を把握することが必要になるが、ここではまず、地球と太陽の位置関係について理解しよう。

図8に示すように、地球は24時間周期で自転しながら、およそ1年かけて太陽の周りを公転している。自転軸（地軸）が公転軸に対して約23.4°傾いているために、北半球では夏至（6月21日ごろ）に最も太陽に近くなり、同時に日中が長く、地表面から見た太陽の位置が最も高くなる。逆に、冬至（12月22日ごろ）には最も太陽から遠く、日中が短く、そして太陽は低い軌道を通過するように見える。また春分（3月21日ごろ）と秋分（9月23日ごろ）には、日の出から日没まで、日没から日の出までの時間がほぼ等しくなる。図9（左）は夏至のときの北半球に着目して、緯度による太陽との位置関係の影響を示している。これより、緯度が低い地域では、緯度の高い地域に比べて、太陽が頭上高くに位置することがわかる。

図8や図9は太陽と地球とを客観的に見た図で、実際に地球の表面に立つわれわれには直感的になじみにくいかもしれない。そこで、地表面を基準に、太陽が東の地平線から上り、西の地平線に沈む様子となるように描き直すと、図10のようになり、あたかも観察者の頭上に半球状の天空が広がっているように見える。これを天球と呼ぶ。

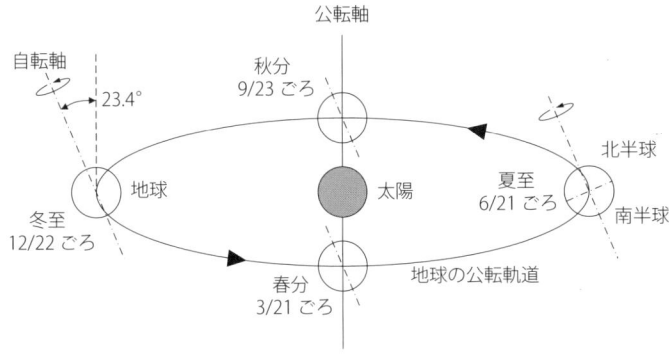

図8　太陽に対する地球の動き

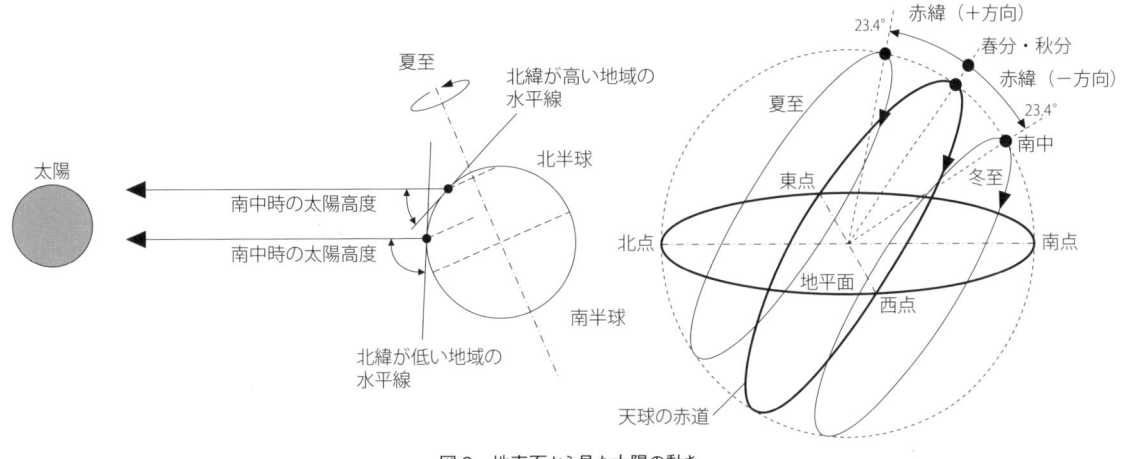

図9　地表面から見た太陽の動き

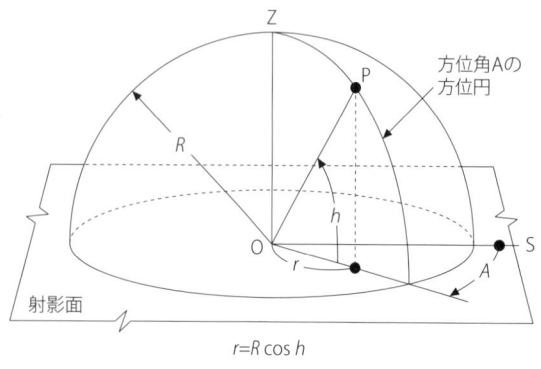

図10 太陽位置の指標

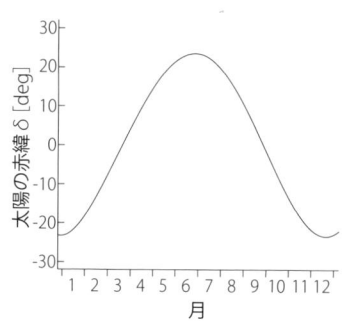

図11 太陽赤緯の月変化

図9(右)の天球上の春・秋分の太陽の軌道を天球の赤道と呼ぶ。天球の赤道と太陽とのなす角を太陽赤緯と呼ぶ。夏至の太陽赤緯は+23.4°、冬至は-23.4°、春・秋分はちょうど0°である。図11に太陽赤緯の月変化を表す。

3次元となる天球上の太陽の位置は、XYZ座標系で表そうとすると3つの変数が必要となるが、極座標系を用いると2つの変数で特定することができる。この2つの変数に利用されるのは**太陽方位角**(solar azimuth angle)と**太陽高度**(solar altitude)である。太陽方位角は、太陽と観測点とを結ぶ直線を地表面に投影した直線と南方向とのなす角を、時計回りを正(つまり西側が正)として表したものである。図10の角度Aに相当する。太陽高度は太陽と地表面とのなす角で、図10のhに相当する。ある日において$A=0$のとき、つまり太陽が最も南に来たときを**南中**(culmination)といい、南中時の太陽高度のことを南中高度と呼ぶ。また太陽と天球の子午線とのなす角を**時角**(hour angle)という。ここでは時角は南中(つまり子午線上)を0°、真太陽時(後述)の午前を負、午後を正で表す。

改めて図9を見ると、夏至は太陽高度が高く、冬至は太陽高度が低い。これにより、水平面が受ける日射量は、夏に大きく、冬に小さくなることが直感的に理解できるだろう。

太陽位置を計算により求めるには、以下の式を用いる。

$$\sin h = \sin \phi \sin \delta + \cos \phi \cos \delta \cos t \quad \cdots\cdots\cdots ⑤$$

$$\sin A = \frac{\cos \delta \sin t}{\cos h} \quad \cdots\cdots\cdots ⑥$$

ここで、

h:太陽高度(0〜90°)、A:太陽方位角(-180〜180°)[7]

ϕ:緯度(-90〜90°)[8]、δ:赤緯(-23.4°〜+23.4°)

t:時角(-180〜180°)

時角は太陽と子午線とのなす角をいい、後述する真太陽時Tを用いて、以下の式で求められる[9]。

$$t = (T - 12) \times 15 \quad \cdots\cdots\cdots ⑦$$

7) ここでは、太陽方位角は真南を0°とし西回りに正とする。文献によって基準方位が異なるため注意が必要。

8) 緯度は理科年表または、インターネットの情報提供サイト(たとえば http://www.geocoding.jp/ など)で知ることができる。

9) 24時間で1周するため、換算は360°÷24時間=15°/時間となる。

特に近年は気候変動やヒートアイランド現象の進行などで夏季の暑熱化が進んでいることもあり、建築設計における暑熱環境対策への要求が高い。ルーバーなどの日射遮蔽装置を設計する際に、すぐに必要となる指標は夏至と冬至の太陽高度である。太陽位置の導出はやや複雑であったが、実は夏至と冬至の南中時の太陽高度だけであれば、ごく簡単な幾何学問題に帰着するため、暗算で導出できるよう覚えておくとよい。ただし、日本の多くの地域で外気温度がもっとも高くなる時期は8月中旬であるため、実際に設計を固めていく過程では、先の手法で太陽位置を計算するか、後述する日影曲線を活用する必要がある。

★ヒートアイランド現象⇒p.156

北半球における夏至と冬至における南中時の太陽高度は、北緯のみを用いて以下の式で求められる。

夏至の南中時太陽高度：$90 - \phi + 23.4$ [°] …………⑧
冬至の南中時太陽高度：$90 - \phi - 23.4$ [°] …………⑨

例題 1
図10を参考にして、⑧式と⑨式が幾何学的にどのように導出できるかを考えなさい。

解答

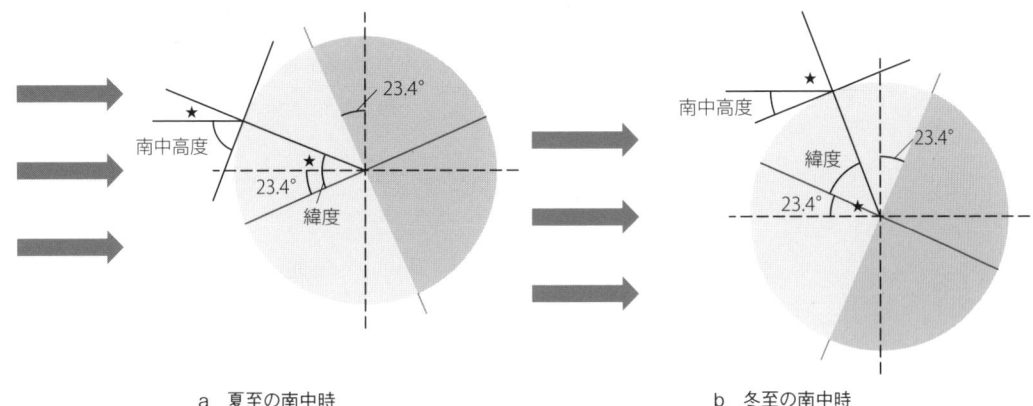

a　夏至の南中時　　　　　　b　冬至の南中時

例題 2
春分・秋分における、南中時の太陽高度を求める式を導出しなさい。

解答

春分・秋分では地軸の傾きは影響しない（図8を参照）ため、以下の式で求められる。

春分・秋分の南中時太陽高度：$90 - \phi$ [°] …………⑩

例題 3

北海道庁所在地（北緯 43.1°）と、沖縄県庁所在地（北緯 26.2°）における夏至の南中時太陽高度を求めなさい。

解答

北海道：90 − 43.1 + 23.4 = 70.3 [°]　　　　　　　北海道　70.3°
沖　縄：90 − 26.2 + 23.4 = 87.2 [°]　　　　　　　沖　縄　87.2°

5 | 時刻

　ある場所において、太陽が南中したときから次の南中時までの長さを1日として表された時刻を**真太陽時**（solar time）T という。しかし地球の公転軌道は正確な円ではなくわずかに歪んでいるため、季節により1日（24時間）の長さが変動するという不都合が生じる。これを解消するため、真太陽時による1日の年平均長さを改めて1日とおき、これを基準に時刻を決定する方法が採用されている。これより決定された時刻を**平均太陽時**（mean solar time）、または地方平均太陽時 T_m と呼ぶ。平均太陽時と真太陽時の差を**均時差**（equation of time）という。均時差は年4回ゼロとなる（図12）。

　当然ながら平均太陽時であっても、その場所の経度によって変化するため、ある生活のまとまり（たとえば国や地域）において共通の時刻である標準時が必要である。そこで、日本では東経135°（兵庫県明石市）の平均太陽時を**日本標準時**（Japan standard time）[10]と定めている。法律上は中央標準時と呼ばれるが、建築環境工学の分野では同じものとみなしてよい。日本標準時と地方平均太陽時あるいは真太陽時との換算は以下の式を用いる。ここで、L − 135°は対象地域の東経と東経135°との差、つまり標準時との「ずれ」を経度で表したものであり、経度の「ずれ」を時間で表すために15°で除している。

$$T - T_m = e \quad \cdots\cdots\cdots\cdots ⑩$$

$$T_m = T_s + \frac{L - 135}{15} \quad \cdots\cdots\cdots\cdots ⑪$$

$$T = T_s + \frac{L - 135}{15} + e \quad \cdots\cdots\cdots\cdots ⑫$$

ここで、
　T：真太陽時［時］
　T_m：平均太陽時［時］
　e：均時差［時］
　T_s：日本標準時［時］
　L：経度［°］

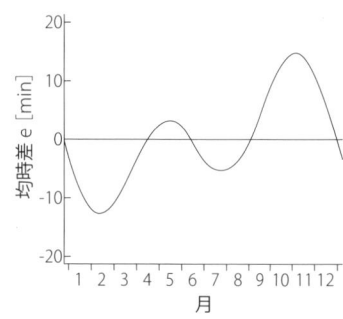

図12　均時差の年変化の例

均時差は年によりわずかに変動するため、正確な値が必要な場合は理科年表などで確認する。

10）正確には、日本標準時は協定世界時（世界共通で用いる標準時）を9時間早めた時刻である。

例題 4

1) 2013 年 11 月 1 日（赤緯 − 14°24′、均時差 16 分 25 秒）、東京都庁（東経 139°41′、北緯 35°41′）において、電波時計（日本標準時）が 14：00 を示しているときの、平均太陽時と真太陽時を求めなさい。

2) 引き続き、太陽高度と太陽方位角を求めなさい。

解答

1) 表 2 より、東京の平均太陽時を求める。
まず対象地の東経 139°41′ は、度（°）の単位に統一したほうが計算が容易であるため、139 ＋（41 ÷ 60）≒ 139.68［°］と換算しておく。

平均太陽時　$14 + \dfrac{139.68 - 135}{15} = 14.312$

　　　　　　　　　　　　　　　　平均太陽時　14.31 時

（0.31 時を分で表示すると、0.31 × 60 ＝ 18.6［分］であるため、およそ 14 時 19 分）

真太陽時を求める前に、均時差 16 分 25 秒を「時」単位に換算しておく。

　均時差（16 ÷ 60）＋（25 ÷ 3600）≒ 0.27［時］
　真太陽時　14.31 ＋ 0.27 ＝ 14.58

　　　　　　　　　　　　　　　　真太陽時　14.58 時

（0.58［時］× 60 ＝ 34.8［分］であるため、およそ 14 時 35 分）

2) 太陽高度を求める前に、真太陽時から時角を求めておく必要がある。

　時角（14.58 − 12）× 15 ＝ 38.7［°］

太陽高度 h は⑤式より求められる。ここで、各三角関数に代入する角度は、すべて度［°］に統一している。関数電卓や表計算ソフトで演算をするときには、ラジアンと度の使い分けに注意する。

$\sin h = \sin 35.68 \times \sin(-14.4) + \cos 35.68 \times \cos(-14.4) \times \cos 38.7$
$\quad\quad = 0.469$
$h = \sin^{-1} 0.469$
$\quad = 27.96$

　　　　　　　　　　　　　　　　太陽高度　27.96°

太陽方位角 A は⑥式より求められる。太陽高度と同様に角度の扱いに注意する。

$\sin A = \cos(-14.4) \times \sin 38.7 \div \cos 27.96$
$\quad\quad = 0.686$
$A = \sin^{-1} 0.686$
$\quad = 43.29$

　　　　　太陽方位角（南を 0°として西回りに）43.29°

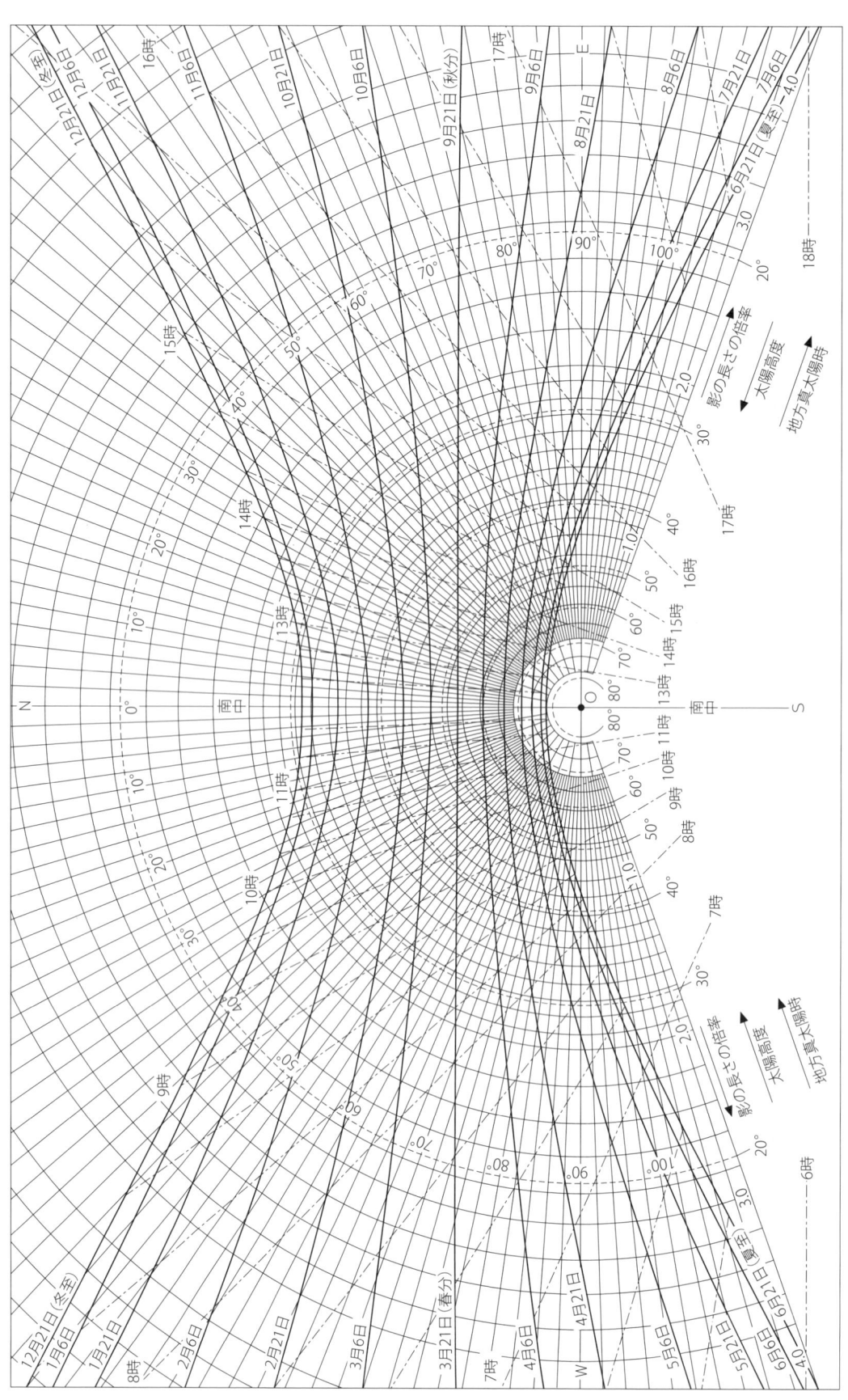

図13 日影曲線

演習問題

1) 2013 年 11 月 30 日（赤緯− 21°37′、均時差 11 分 28 秒）、日本標準時で正午のときの、大阪府庁（東経 135°31′、北緯 34°41′）における、平均太陽時と真太陽時を求めなさい。
2) 引き続き、太陽高度と太陽方位角を求めなさい。

6 日影曲線と日影図

図 13 は、北緯 35°地点における日影曲線[11]である。日影曲線とは、単位長さの棒を原点 O に立てたときの棒の先端が落とす影の軌跡を記した図であり、ある日時における影の方位と長さを簡単に知ることができる。原点に対し手前が南、上方が北となっている。冬至には太陽が真東より南から昇り低い太陽高度で南中し、真西より南の位置に沈むため、原点から離れた北側に曲線を描くことになる。これに対し夏至には太陽が真東より北から昇り、真西より北に沈むため、朝の早い時間と夕方には影が原点より南側へ落ちている。また太陽高度が高いため影の長さは冬至に比べて随分と短い。春・秋分における 1 日の影の軌跡はほぼ一直線になることに特徴がある。

棒の影の方位は太陽の方位のちょうど反対側になるので、この図を用いて太陽の方位角も知ることができる。もう一つの太陽位置の指標である太陽高度と、影の長さの割合との関係は簡単に表される（図 15）。

$$\tan h = \frac{L_o}{L_s} \quad \cdots\cdots\cdots\cdots\cdots\cdots ⑬$$

ここで、L_o：棒の長さ [m]、L_s：棒の影の長さ [m]、h：太陽高度 [°]

一般に建物が落とす影の影響は影が最も長い冬至の日で検討される。立方体形状の建物の影を知りたい場合、4 つの隅角に垂直棒が立っているとみなし毎時刻の建物最上部の影を追えばよい（トレーシングペーパーを日影曲線に重ねると便利である）。また対象建物により 1 時間日影になる範囲を囲った線を 1 時間日影線、同様に 2 時間日影になる範囲を 2 時間日影線、というように等時間日影線を得ることができる（図 14）。一日中一度も直達日射の当たらない範囲のことを終日日影と呼ぶ（図 15）。夏至の終日日影は、すなわち 1 年を通じて直達日射の当たらない範囲であるため、永久日影とも呼ばれる。また、2 つの建物の影が影響し合うことで、ある特定の領域のみ、周囲に比較して長い日影時間となる場合がある。このエリアを島日影と呼ぶ。

11) 日影曲線は「ひかげきょくせん」と読む。

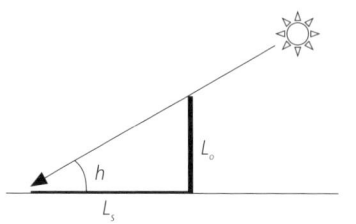

図14 棒の影の長さと太陽高度

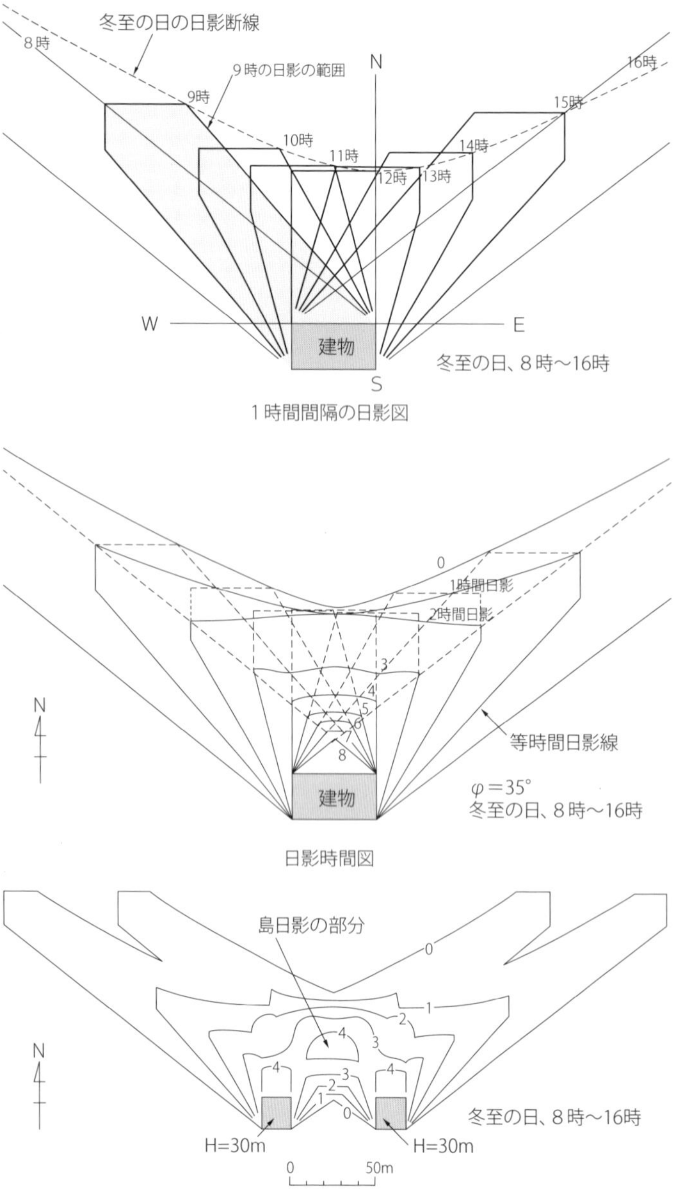

図15 日影図時間と等時間日影図

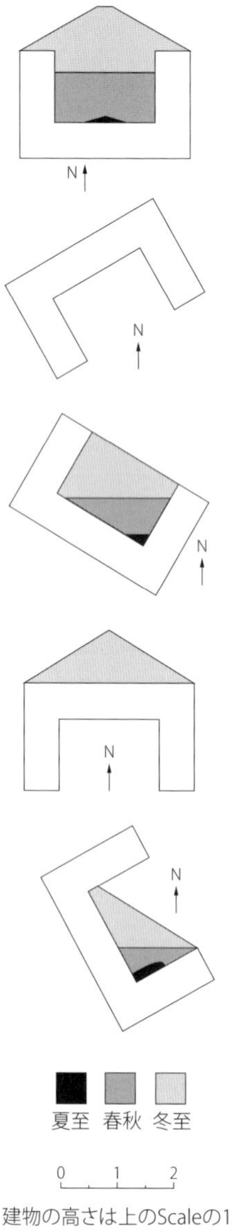

図16 終日日影例

2章 日射

例題 5

日影曲線を用いて、高さ 5m の垂直に立てた棒が、冬至の日の 9 時に落とす影の方位と長さを示しなさい。

解答

日影曲線で、冬至の日の曲線（実線）と 9 時の直線（一点鎖線）との交点を得る。同心円状の補助線（細線）をガイドラインに、「影の長さの倍率」を読み取ると、3.2 の目盛と 3.4 の目盛の間にあり、目視でおよそ 3.24 倍であるとわかる。したがって、影の長さは 5[m]×3.24[倍]＝16.2[m] である。

影の長さ　16.2m

影の方位は下の図のようになる。

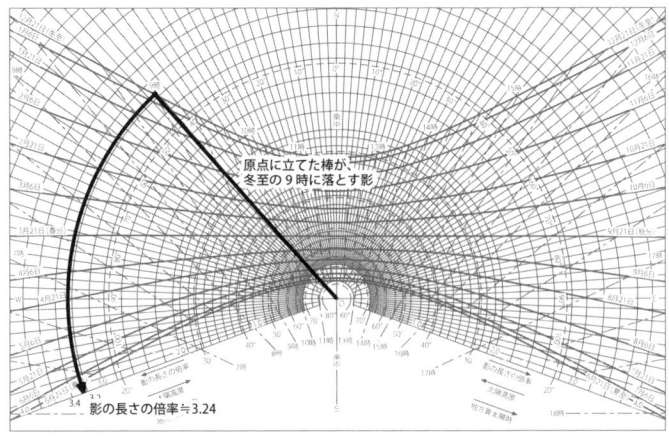

例題 6

日影曲線を用いて、一辺が 6m の立方体形状をした建物が、冬至の 9～15 時に落とす影の軌跡を示しなさい。

解答

①まず、日影曲線の原点に対象建物の外形のいずれかの角を置き、建物外形を記入する。ここでは北西角を原点に置いて説明する。なお、縮尺は、原点から「影の長さの倍率」1.0 までの長さが基準高さ（建物高さである 6m）となるようにする。
②建物の北西角（今は原点上にある）が、冬至の 9 時に落とす影の先端（点 A）を書き込む。原点から点 A まで引いた線分が、建物の北西角が落とす影である。
③トレーシングペーパーを重ねている場合は、建物の別の角が原点にくるよう移動させ、同様にその角が落とす影を書き込む。日影曲線図に直接書き込む場合は、建物外形を点 A まで平行移動するとよい。各建物の角と、その角が落とす影の先端を意識して、建物の影の外形を書き込む（9 時には、建物の南東角の影は、他の部分の

影に隠れている)。

④同様に、10時から15時までの各時刻において、建物が落とす影を書く(日影曲線の時刻は真太陽時であるため、正午を中心に、東西対称の影となる)。

⑤この時点では、毎正時しか書き込んでいないが、たとえば9時と10時との間に影が推移する範囲を推定し、影の外形の境界を滑らかにつなげる。

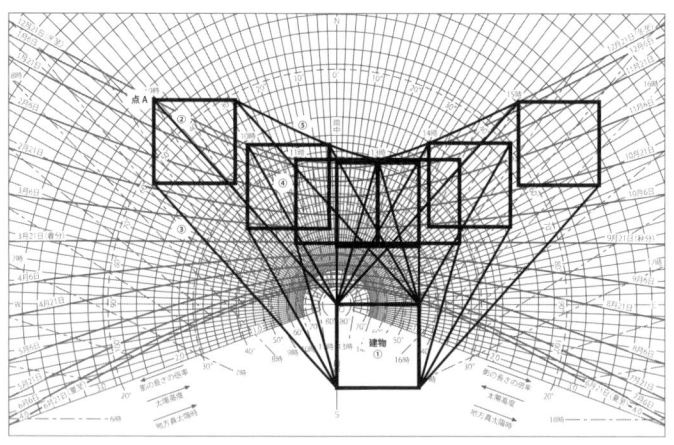

よって、影の推移は以下のようになる。

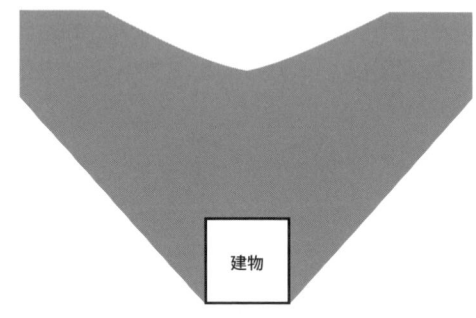

7 水平面と垂直面における日射

「2. 地表面での日射」で述べたように、日射には直達日射だけではなく散乱日射や地表面反射日射もあるので、日中であれば北向きの垂直面でも日射量がゼロということはない。しかし、同時刻、同周囲条件の垂直面だけを想定すれば、東西南北の各面で散乱日量はほとんど変わらないため、各面の全日射量の大小関係は直達日射に依存するといってよいだろう。春夏秋冬の各季節における、東西南北および水平面に入射する直達日射量の日変化を図17に示す[12]。なお、横軸は真太陽時であるため、正午に南中し、東と西の各面の日射量は正午を軸に対称となっている。

北緯35°では、夏の南中時の太陽高度は約78°であり、45°より大

12) 図17は北緯35°、大気透過率 $P=0.7$ の場合の計算値である。

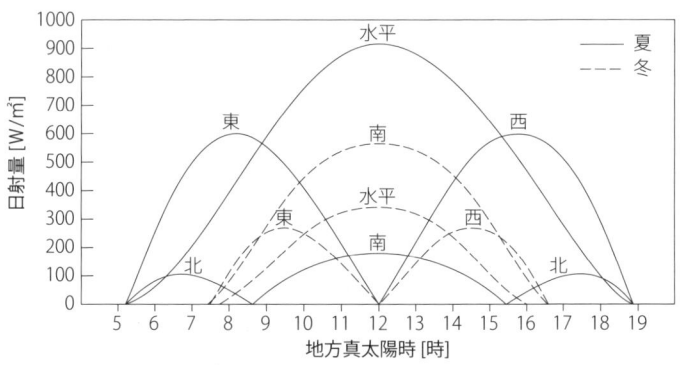

図17 直達日射量の方位・季節別変化

きいので、南向き垂直面よりも水平面のほうが日射量が大きくなる。また冬の南中時の太陽高度は約32°なので、南向き垂直面のほうが水平面よりも日射量が大きくなる。このような太陽の動きと日射量の大小を理解することは、建物の温熱環境を適切に設計するために非常に有効である。

8 | 短波長放射と長波長放射

これまでは主に日射、つまり3,000nm以下の短い波長の放射に焦点を当ててきた。しかし、地表面に到達する放射エネルギーは短波長だけではなく、長波長もかなりの量を占めている。

地表面では、図18に示すような放射熱収支が起こっている。「1. 放射の基礎と太陽からの放射」で説明したように、すべての物体はその表面温度の4乗に比例した放射エネルギーを発しており、日射の場合は約6,000Kという高い表面温度のため、3μmより短い波長の電磁波である。しかし、いったん何かほかの物体表面で吸収された日射はもはや3μm以下の電磁波ではなく、対象の物体の温度を上昇させる働きに転じることになる。日射の当たったその物体はさらに自分自身の表面温度に応じた電磁波を放つが、このとき物体温度は6,000Kよりはるかに低い温度になるので、5μmよりずっと長い波長、すなわち長波長を放射する。たとえば、大気や雲も日射を吸収し、長波長としてエネルギーを放出している。これを大気放射という。地表面も同様に日射を吸収し、自らの温度に応じ

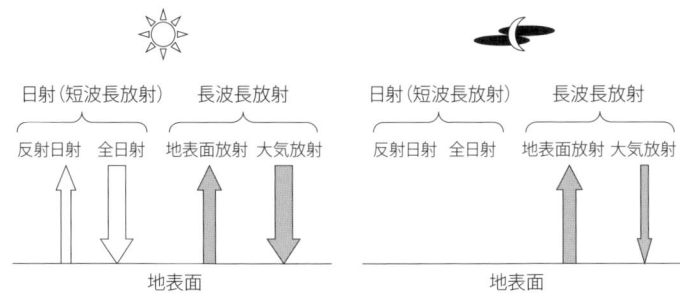

図18 地表面の放射熱収支（左図：日中、右図：夜間）

た長波長放射を発している。これを地表面放射という。地表面からみると、大気放射は鉛直下向きにやってくるように、地表面放射は鉛直上向きに放出されるように表現できる。

全日射（直達日射、散乱日射を含む）も反射日射も、太陽が沈む夜間にはなくなるが、長波長放射は夜間も存在する。日中は大気が日射で熱せられるので、天空放射と地表面放射はほぼ同じか、天空放射のほうが大きい。しかし夜間は天空放射が小さくなり、相対的に地表面放射が大きくなる。

地表面放射から大気放射を差し引いた値は、わが国では**夜間放射**と呼ばれ、長波長放射の指標とされてきた[13]。夜間放射という名称は夜しか存在しないと誤解されやすいが、そうではない。日中は地表面のほうが大気よりも高温となるため、夜間放射は負の値となり、夜間に大気が冷やされ地表面放射のほうが大きくなると初めて正の値となる。夜間放射の正負を逆転し、すなわち大気放射から地表面放射を差し引いた値を**実効放射**（effective radiation）と呼ぶこともある。すべての短波長放射、長波長放射について鉛直下向き（地表面に入射する方向を正）に合計したものは、**正味放射**（net radiation）と呼ばれる。

正味放射量は放射収支計で測定される。しかし近年では、上下方向の短波長放射、上下方向の長波長放射の合計4成分を独立して把握できたほうが分析に便利であるため、長短波放射計が用いられるようになってきた。長短波放射計は、2つの全天日射計、2つの赤外放射計を一体化した測定機器である（写真1）。

大気放射量に関しては、ブラント（Brunt）が快晴日における実測からの推定式を提案している。

$$J_a = \sigma T_a^4 (0.526 + 0.076\sqrt{f}) \ [\mathrm{W/m^2}] \quad \cdots\cdots\cdots\cdots \text{⑭}$$

ここで、

σ：ステファン・ボルツマン係数 5.67×10^{-8} [W/m² · K⁴]
T_a：地表付近の空気の絶対温度 [K]
f：地表付近の空気の水蒸気分圧 [mmHg]

である。この式からもわかるように、大気放射量は H_2O の量に影響を受けやすいといえる。

13) 夜間放射は海外ではあまり用いられない指標である。

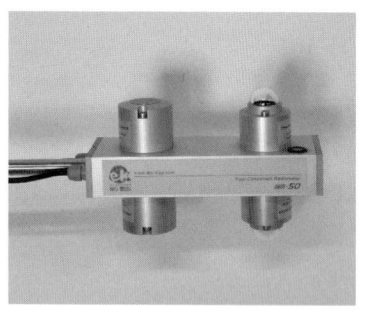

写真1　四成分長短波放射計
左上のセンサーが天空放射量を、左下のセンサーが地表面放射量を、右上のセンサーが水平面全天日射量を、右下のセンサーが反射日射量を、それぞれ測定する。

コラム

太陽エネルギーをつかまえる

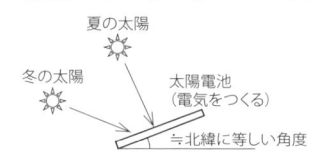

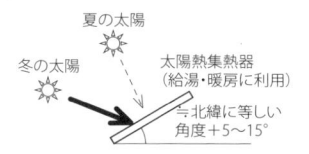

太陽光発電と太陽熱集熱器の最適傾斜角度

屋根一体型太陽熱集熱器の例

　住宅で太陽エネルギーを利用するには、大きく2つの方法がある。一つは太陽光発電、もう一つは太陽熱利用だ。

　太陽光発電は、シリコンなどの半導体などを利用して、太陽放射のなかに含まれるある特定の電磁波のエネルギーを直流電力に変換し、さらに交流電力に変換し利用するシステムで、発電部分は太陽電池や太陽光パネルとも呼ばれる。電気が得られるので、年間を通じて需要があり、また空調にも一般家電製品にも使えて便利だが、現在の技術ではまだパネルが受けた全太陽エネルギーの5〜18%程度しか電力にすることができない。これは、太陽電池の種類により発電に使える電磁波の波長が決まっていることが関係しており、たとえばアモルファスシリコン太陽電池の場合は紫外線や青〜紫色の可視光線といった短い波長の電磁波を、結晶系シリコン太陽電池では黄〜赤色の可視光線といった比較的長い波長の電磁波を利用して発電する。

　一方の太陽熱利用では、住宅の屋根に設置した太陽熱集熱器と呼ばれる熱交換装置で、太陽エネルギーを温水や温風といった「熱」の形で集めて使う。温水として集めた太陽熱は貯湯タンクにためておき、風呂の湯はりやキッチンの給湯に使えるし、温風として集めた太陽熱は、建物の床下や居室に送風をし、暖房をすることができる。太陽熱利用は、太陽の放射エネルギーを電磁波の波長にこだわらずに吸収するので、集熱器が受けた全太陽エネルギーの40〜70%もの熱を利用できる。給湯への利用だけであれば、4m^{2}の集熱器と200ℓの貯湯タンクといった小規模なシステムで、年間の給湯量の約40%を太陽エネルギーで賄うことができる。

　太陽光発電と太陽熱利用は、どちらも屋根で太陽エネルギーを捕まえるシステムなので、太陽電池あるいは集熱器の設置方位角は当然ながら0°（南）が理想だが、最適な傾斜角度という点では少し異なる。太陽電池は、年間を通じて最大の日射を得ることができる角度に向けたい。この角度はほぼ北緯に等しいため、たとえば北緯約35°の東京であれば、35°の傾斜角度になる。一方、集熱器では、給湯も暖房も冬に需要が大きく、夏には小さいという特徴があるため、冬に多くの日射が得られるように勾配を決める。冬の太陽高度は夏の太陽高度よりも低いため、給湯や暖房の利用条件にもよるが、一般に北緯に等しい傾斜角度よりもさらに5〜15°程度大きな勾配になるのである。

　太陽位置や放射熱を理解し自分で計算できるようになるということは、自然エネルギーを活用する住宅設計にもとても必要なスキルなのだ。

3章 熱環境

1 熱移動の基礎

(1) 熱の流れのプロセス

熱エネルギーは温度の高いほうから低いほうへ流れる。建物では、壁や屋根、窓ガラスなどを通じて、夏季には屋外から室内へと熱が流入し、冬季には室内から屋外へと熱が流出する。図1のように一般的な木造住宅の外壁は何層もの建材で構成されているが、この内部を通過して熱が流れる。この熱の流れのことを**熱貫流**（heat transmission）という。

熱貫流のプロセスを建物の壁体で見てみると、図2のように、熱エネルギーは壁体内部を流れる**熱伝導**（heat conduction）と、壁体表面を出入りする**熱伝達**（heat transfer）によって伝わる。熱伝達はさらに、固体表面と流体（空気・水など）の間の熱の流れである**熱対流**（heat convection）と、固体表面どうしの電磁波による熱の流れである**熱放射**（heat radiation）に分けられる。冬季の熱の流れを例にとると、室内の暖かい空気やストーブの熱が壁表面に伝わり（熱伝達）、この熱が壁の中を伝わって外側表面まで辿り着き（熱伝導）、最後は冷たい外気や周囲の地面などに伝わる（熱伝達）という過程で、高温側から低温側へと熱が移動する。

なお、この熱エネルギーの流れは、図3のような電気回路を流れる電流と同様に考えられる。すなわち、電気回路の抵抗に相当する熱抵抗（熱の流れにくさ）を考えると、貫流熱の熱抵抗（熱貫流抵抗）は、各過程の熱抵抗の合計（室内側熱伝達抵抗＋熱伝導抵抗＋外気側熱伝達抵抗）に等しい。温度差は電圧に相当し、オームの法則も成り立つ。

ここでは、熱伝導・熱対流・熱放射の3つの基本となる熱移動プロセスについて解説する。

(2) 熱伝導

熱エネルギーが主として固体中を高温側から低温側へ移動する現

図1　壁構成と熱の流れ

★熱放射⇒ p.018

図2　熱貫流のプロセス

図3　熱貫流と電気回路

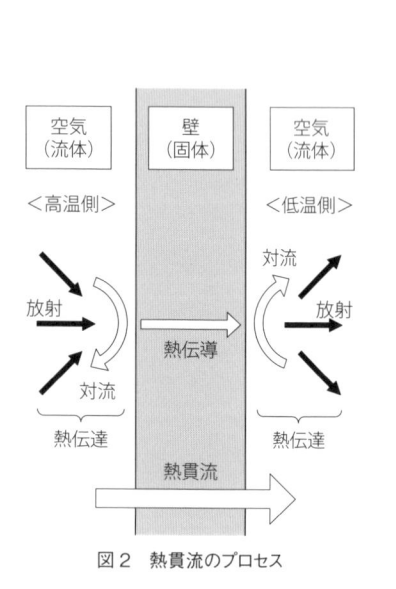

象を**熱伝導**と呼ぶ。この熱伝導の基礎式は、次のフーリエ（Fourier）の式で表される。

$$q = -\lambda \frac{\partial \theta}{\partial n} \ [\text{W/m}^2] \quad \cdots\cdots\cdots\cdots\cdots\cdots\cdots ①$$

q [W/m²] は単位面積・単位時間当たりの伝熱量、θ [℃] は温度、n [m] は熱の流れの方向の微小長さである。λ [W/m·K] はその材料の熱の伝わりやすさを表す材料固有の数値であり、**熱伝導率**（thermal conductivity）という。言い換えれば、「厚さ1 mの材料の両側の温度差が1℃のときに、1秒間当たりに流れる熱量」である。$\partial \theta / \partial n$ は熱の流れの方向への温度勾配を表す。マイナス符号がつくのは、熱が温度勾配とは逆方向（高温側から低温側）に流れることを示している。各部位の温度が経過時間にかかわらず変化しない**定常状態**[1]を想定すると、$\partial \theta / \partial n$ は一定値、すなわち温度勾配が直線（図4）となる。しかし実際の状況では外気温度や室温は時々刻々と変化する**非定常状態**であって温度勾配も曲線となるが、微小区間での温度勾配を直線と考えて微分を使って熱の流れが求められるため、$\partial \theta / \partial n$ という表現となっている。

実務上では熱移動を検討する際には定常状態を想定することが多く、式①は以下の式②のように書き換えられる。

均質な材料でできた厚さ d [m] の固体両側の温度が θ_1 [℃]、θ_2 [℃] のとき、定常状態における伝熱量 q [W/m²] は、次の式で表される。

$$q = \lambda \frac{\theta_1 - \theta_2}{d} \ [\text{W/m}^2] \quad \cdots\cdots\cdots\cdots\cdots\cdots ②$$

この関係式を前述した電気回路のオームの法則と対応させると図5のようになり、同様の考え方で理解できることがわかる。このなかの熱抵抗 r は次の式で表される。

$$r = \frac{d}{\lambda} \ [\text{m}^2\cdot\text{K/W}] \quad \cdots\cdots\cdots\cdots\cdots\cdots\cdots\cdots ③$$

この熱抵抗は、実際の厚みがある材料の断熱性を数値で表したものといえる。

また、熱抵抗値の逆数は、熱コンダクタンス C と呼ばれる。

$$C = \frac{\lambda}{d} \ [\text{W/m}^2\cdot\text{K}] \quad \cdots\cdots\cdots\cdots\cdots\cdots\cdots\cdots ④$$

なお、$\theta_1 < \theta_2$ の場合は温度差に $\theta_2 - \theta_1$ を用いる。両側の温度差が等しければ、厚さが厚く、熱伝導率 λ が小さい材料ほど、熱を伝えにくい（＝断熱性が高い）といえる。熱伝導率 λ の値は実験によって求められ、詳しくは表1のとおりである。これを、材料密度との関係で示すと図6のようになる。熱エネルギーは分子の運動エネルギーや振動エネルギーによって伝わるため、金属のように電気を伝えやすい物質、すなわち、分子数が大きく密度も大きい固体ほど、熱も伝えやすい傾向にある。なお、同じ物質では一般に温度が

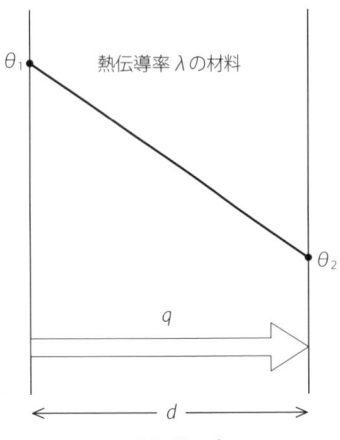

図4　熱伝導のプロセス

1）定常と非定常
内外の空気温度や各部位の温度が時間的に変化がなく一定している状態を定常状態といい、逆に時間とともに変化する過渡的な状態を非定常状態という。
実際の建築伝熱では温度が長時間一定であることはないため常に非定常であるが、暖房時の伝熱など、近似的に定常状態を仮定して考えることが一般的である。

$$\theta_1 - \theta_2 = \frac{d}{\lambda} \times q$$
温度差＝熱抵抗×熱流

⇅ 対応関係

$$V = R \times I$$
電位差（電圧）＝電気抵抗×電流

図5　熱伝導と電気回路の対応

表1　各種建築材料の熱定数

分類	材料名	熱伝導率 [W/m·K]	容積比熱 [kJ/m³·K]	比熱 [kJ/kg·K]	密度 [kg/m³]
金属	銅	386	3,400	0.38	8,950
	アルミニウム	204	2,400	0.90	2,710
	鋼材	54	3,600	0.47	7,830
	ステンレス鋼	16.3	3,600	0.46	7,820
石・土	花崗岩	4.3	2,900	1.1	2,650
	大理石	2.8	2,100	0.81	2,600
	有機質土	0.7	2,300	1.7	1,340
	砂利	0.62	1,600	0.84	1,850
コンクリート	普通コンクリート	1.4	1,900	0.88	2,200
	軽量コンクリート	0.78	1,600	1.0	1,600
	PCコンクリート	1.5	1,900	0.8	2,400
	ALC	0.17	660	1.1	600
	コンクリートブロック(重量)	1.1	1,800	0.78	2,300
	コンクリートブロック(軽量)	0.53	1,600	1.1	1,500
左官材	セメントモルタル	1.4	2,200	1.1	2,020
	プラスター	0.62	2,100	1.10	1,940
	漆喰	0.74	1,400	1.1	1,300
	土壁	0.69	1,100	0.88	1,280
焼成品	ガラス	0.78	1,900	0.77	2,540
	タイル	1.3	2,000	0.84	2,400
	れんが	0.62	1,400	0.84	1,650
	かわら・スレート	0.96	1,500	0.76	2,000
木材	重量材（桜・ナラなど）	0.18	910	1.3	700
	中量材（松・ラワンなど）	0.14	650	1.3	500
	軽量材（杉・ヒノキなど）	0.12	520	1.3	400
	合板	0.15	715	1.3	550
アスファルト・樹脂	アスファルトルーフィング	0.11	920	0.92	1,000
	プラスチックタイル	0.19	1,800	1.2	1,500
ボード・畳・カーペット類	石膏ボード	0.17	1,000	1.13	910
	けい酸カルシウム板	0.15	570	0.76	750
	普通木毛セメント板	0.18	970	1.7	570
	普通木片セメント板	0.19	1,100	1.68	630
	パーティクルボード	0.17	720	1.3	550
	軟質繊維板	0.056	330	1.3	250
	シージングボード	0.06	390	1.3	300
	半硬質繊維板	0.13	1,000	1.67	600
	硬質繊維板	0.22	1,400	1.3	1,050
	畳	0.11	530	2.3	230
	合成畳	0.065	260	1.3	200
	カーペット類	0.073	330	0.82	400
断熱材（繊維材）	グラスウール（10K）	0.051	8.4	0.84	10
	グラスウール（12K）	0.048	10.1	0.84	12
	グラスウール（16K）	0.044	13.4	0.84	16
	グラスウール（20K）	0.041	16.8	0.84	20
	グラスウール（24K）	0.039	20.2	0.84	24
	グラスウール（32K）	0.036	26.9	0.84	32
	岩綿保温材	0.038	84	0.84	100
	吹付岩綿	0.046	170	0.84	200
	岩綿吸音板	0.058	250	0.84	300
断熱材（樹脂フォーム）	ビーズ法ポリスチレンフォーム（1号）	0.037	37.5	1.25	30
	ビーズ法ポリスチレンフォーム（2号）	0.038	31.3	1.25	25
	ビーズ法ポリスチレンフォーム（3号）	0.041	25.0	1.25	20
	ビーズ法ポリスチレンフォーム（4号）	0.044	20.0	1.25	16
	押出発泡ポリスチレンフォーム（普通品）	0.037	35.0	1.25	28
	押出発泡ポリスチレンフォーム（フロン発泡）	0.025	50.0	1.25	40
	硬質ウレタンフォーム（2号）	0.027	46.9	1.25	38
	吹付硬質ウレタンフォーム（フロン発泡）	0.028	46.9	1.25	38
	ポリエチレンフォーム	0.044	65.0	1.3	50
	フェノールフォーム（1種1号）	0.022	37.5	1.5	25
	フェノールフォーム（1種2号）	0.022	67.5	1.5	45
その他	空気（静止）	0.025	1.3	1.0	1.3
	水	0.6	4,200	4.2	1,000
	氷	2.2	1,900	2.1	917
	雪	0.06	180	1.8	100

高いほど熱伝導率も大きくなる傾向にあるが、建築で扱う温度範囲では定数とみなして扱うことが多い。

建築材料で見ると、鉄やコンクリートなど構造材として使用されることが多い材料は密度が大きいが、熱伝導率もおおむね1［W/m·K］以上と大きく、熱を通しやすい。一方、断熱材として使用されるグラスウール[2]やウレタンフォーム[3]は密度が非常に小さく、熱伝導率も0.05［W/m·K］以下で非常に熱を通しにくい。内装などに多く用いられる木材や石膏ボードは、密度も熱伝導率もこれらの中間といえる。

図6に示すように静止空気の熱伝導率は非常に小さい。断熱材など熱伝導率が低い材料は、空気に代表されるような熱伝導率の小さい気体を微小な空間に閉じ込めていることによる。したがってグラスウールの場合でも、原料であるガラス繊維自体に断熱性能があるわけではなく、繊維状マットの内部の空気によって断熱性能を発揮している。断熱材は繊維系（グラスウールなどのマット・フェルトタイプ）と発泡系（ウレタンフォームなどのボードタイプ）の2種類に大別でき、さらに原料や製法の違いによってさまざまな種類に分類される（写真1）が、どのタイプも基本的な断熱の原理は同じである。

発泡系の断熱材では内部の空隙に気体が閉じ込められるため、気体自体の熱伝導率の大小も材料としての断熱性に関わってくる。ただし、この空隙が大きいと内部で気体が動き回って熱を伝えてしまうので、空隙はなるべく微細であることが必要である。

このように断熱材では密度と熱伝導率の関係は複雑で、素材量と内部気体の混合バランスによって断熱性能は変化し、図7に示すように材料の種類ごとに最小のλを示す密度が存在する。ちなみにグラスウールの種類で使われる10Kや16Kという記号は材料の密度

2）グラスウール
ガラス繊維を綿状にしたもので、建築用断熱材や配管・ダクト用断熱材、吸音材などに広く使われている。ガラス原料の大部分は、回収したガラスビンなどのリサイクルガラスが使われている。

3）ウレタンフォーム
ポリウレタン樹脂を主成分として、発泡させてボード状にしたもの。内部の気泡が独立しているため高い断熱性能を発揮する。建築用断熱材や設備機器の断熱材などに使われている。同じく建築用断熱材として多用されている押出し発泡ポリスチレンフォームなども含めて以前は発泡剤にフロンガスが用いられていたが、近年は炭化水素系ガスなどノンフロン化が進んでいる。

写真1　さまざまな断熱材

左上から順に、グラスウール、押出発泡ポリスチレンフォーム（2種類）、ウレタンフォーム、ポリエステル繊維、ウール

図6　材料の密度と熱伝導率

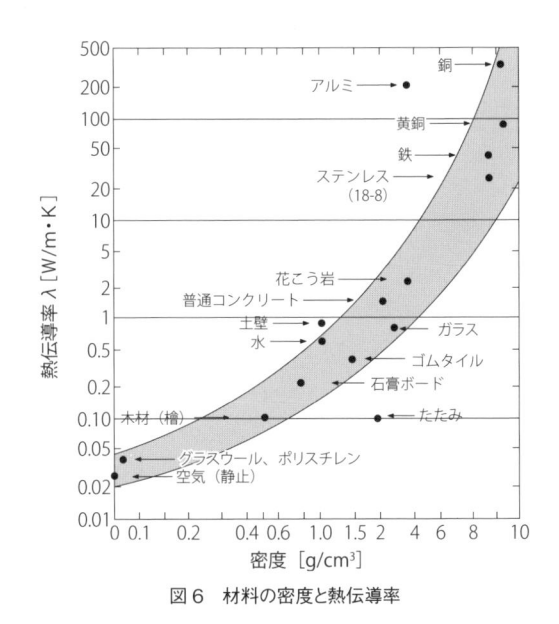

図7　繊維材料の熱伝導率と密度

表2 さまざまな断熱材の種類と性能

分類	名称（＊自然素材）	形状	熱伝導率 [W/m・K]
繊維系	グラスウール	マット、ボード	0.036〜0.052
	ロックウール	マット、ボード、フェルト	0.036〜0.052
	セルロースファイバー*	綿状（吹込，吹付）	0.040 前後
	木質繊維*	ボード	0.045〜0.050
	植物繊維*	マット、ボード、フェルト	0.039〜0.045
	ウール（羊毛）*	マット、バラ状	0.038〜0.045
	コットン*	マット、バラ状	0.040 前後
	ポリエステル（PET）	マット、ボード、バラ状	0.040 前後
発泡系（合成樹脂）	押出し発泡ポリスチレン	ボード	0.028〜0.040
	ビーズ法ポリスチレン	ボード	0.034〜0.043
	硬質ウレタンフォーム	ボード、吹付	0.023〜0.026
	フェノールフォーム	ボード	0.020〜0.036
	高発泡ポリエチレン	ボード	0.038〜0.042
発泡系（その他）	発泡ガラス	ボード	0.040〜0.060
	発泡炭酸カルシウム	ボード	0.040 前後
	炭化発泡コルク*	ボード、粒	0.045 前後

を表し、10K は 10 [kg/m^3] の密度を意味している。

　最近では、羊毛やセルロースファイバー（古紙を繊維状に加工したもの）などの自然素材を使用した断熱材や、ペットボトルをリサイクルした再生ポリエステル繊維断熱材なども出てきている。さまざまな断熱材の種類と性能を表2に示す。

例題 1

熱伝導率 1.4W/m・K、厚さ 200mm、面積 15m^2 のコンクリート打放しの壁がある。室内側表面が 20℃、室外側表面が 10℃のとき、伝導熱流量を求めよ。

解答

式②より、単位面積当たりの伝導熱流量は、

$$q = 1.4 \times \frac{20 - 10}{0.2} = 70 \text{ [W/m}^2\text{]}$$

面積 15m^2 であるから、

$$q = 70 \times 15 = 1,050 \text{ [W]}$$

伝導熱流量　1,050W

(3) 熱対流

　流体が熱により移動・循環する現象を**熱対流**といい、固体表面から流体に熱が伝わることを、対流による熱伝達という。建築では、壁体の表面とそれに接する空気の間の熱のやり取りが代表的である。流体の移動が温度上昇に伴う浮力のみによって起こるものを自然対流、外部風や送風機などの強制力を伴うものを強制対流という。

　対流による伝熱量 q_c [W/m^2] は、表面温度 θ_s [℃] の物体（壁

体など）が θ_a [℃] の空気に接している場合、次の式⑤で表される。

$$q_c = a_c(\theta_s - \theta_a) \ [\text{W/m}^2] \quad \cdots\cdots\cdots\cdots ⑤$$

a_c は**対流熱伝達率** [W/m²·K] と呼ばれる定数で、流体の種類（λ の値）や流速などで変わり、この値が大きいほど熱が伝わりやすい。自然対流の場合は温度差などに左右され、強制対流の場合は主に風速と表面の粗滑状態に左右される[4]。一般に屋外では室内よりも風速が大きいため、屋外の対流熱伝達率のほうが大きな数値が用いられる。

身近な事例として、熱いものを食べるときに息を吹きかけると早く冷めるのは、強い風を当てることで対流熱伝達率が上がり、熱が空気中に放散されやすくなるためである。扇風機の風に当たっていると体表面の温度が下がるのも同じ理由である。

(4) 熱放射

物体表面どうしの電磁波による熱エネルギーの移動を**熱放射**（または熱輻射）という。たき火やストーブの前では空気の温度が低くても暖かく感じるのは、体表面に直接放射熱を受けるためである。なお、熱放射では熱伝導や熱対流のように高温側から低温側に一方向的に流れるのではなく、絶対零度以上の物体であればすべて電磁波を放射しており、結果的に差し引きされた熱量が高温側から低温側へと移動していることになる。

放射量は物体表面の放射率および表面温度の4乗に比例すること（シュテファン・ボルツマンの法則[5]）が知られているが、建築環境設計ではこれらを表面温度と周辺空気温度に置き換えて、扱いを簡単にしている。

すなわち放射による伝熱量 q_r [W/m²] は、表面温度 θ_s [℃] の物体（壁体など）が θ_a [℃] の物体や空気に囲まれている場合、次の式で表される。

$$q_r = a_r(\theta_s - \theta_a) \ [\text{W/m}^2] \quad \cdots\cdots\cdots\cdots ⑥$$

a_r は**放射熱伝達率** [W/m²·K] と呼ばれる定数で、屋外と室内ではそれほど大きな違いはない。なお、アルミ箔など光沢のある金属は熱放射を遮断する性質があるため、その場合の表面の a_r は非常に小さくなる。

(5) 総合熱伝達率

対流と放射を合わせた総合熱伝達による伝熱量は、式⑤と⑥を合わせて、次の式で表される。

$$q = q_c + q_r = (a_c + a_r)(\theta_s - \theta_a)$$
$$= a(\theta_s - \theta_a) \ [\text{W/m}^2] \quad \cdots\cdots\cdots ⑦$$

a は**総合熱伝達率**と呼ばれ、次式で表される。

総合熱伝達率 a ＝ 対流熱伝達率 a_c ＋ 放射熱伝達率 a_r

4）ユルゲスの式
ユルゲスの実験によると、外部風がある強制対流時の表面熱伝達率は次式で表される（v：風速 [m/s]）。

〈普通面〉
$a_c = 5.8 + 3.9v \quad (v \leq 5\text{m/s})$
$a_c = 7.1v^{0.78} \quad (v > 5\text{m/s})$

〈粗面〉
$a_c = 6.2 + 4.2v \quad (v \leq 5\text{m/s})$
$a_c = 7.5v^{0.78} \quad (v > 5\text{m/s})$

5）シュテファン・ボルツマンの法則
$E_b = \sigma T^4$ [W/m²] …… 黒体（吸収率 $a = 1$、放射率 $\varepsilon = 1$ の物体）の場合
$E = \varepsilon \sigma T^4$ [W/m²] …… 一般材料（灰色体 $\varepsilon < 1$）の場合

E_b, E：放射熱量
ε：放射率
σ：シュテファン・ボルツマン定数
　　5.67×10^{-8} [W/m²·K⁴]
T：物体表面の絶対温度 [K]

表3 設計用熱伝達率

	対流熱伝達率 [W/m²·K]	放射熱伝達率 [W/m²·K]	総合熱伝達率 [W/m²·K]
室内側	4	5	9
屋外側	18	5	23

　この総合熱伝達率には、室内側（総合）熱伝達率 a_i と屋外側（総合）熱伝達率 a_o がある。どちらも放射熱伝達率はほぼ同じであるが、一般に設計用熱伝達率としては表3のように、室内側は無風状態、屋外側は平均風速約3m/sとして、室内側熱伝達率 $a_i = 9$ [W/m²·K]、屋外側熱伝達率 $a_o = 23$ [W/m²·K] が用いられる。なお、室内側については、水平面の下向き熱流（天井→空気や空気→床）のみ、$a_i = 7$ [W/m²·K] として使い分けることがある。また屋外側については、建物の外部風速が3m/sよりも大きい場合は、想定風速によって計算して23W/m²·Kよりも大きな値を用いることもある。

2 熱貫流

(1) 熱貫流率と熱貫流抵抗

　「1. 熱移動の基礎」で述べたように、熱エネルギーは建物壁体などを高温側から低温側へと流れる（図8）。このとき、壁体の内外の温度が長時間一定に保たれた場合、壁体を流れる熱流量はどの部位でも等しくなり、各部位の温度が時間変化しない定常状態となる。室温 θ_i [℃]、外気温度 θ_o [℃] で室内側から屋外側に熱が流れる（$\theta_i > \theta_o$）とき、熱貫流量 q [W/m²] は次式で表される。

$$q = K(\theta_i - \theta_o) \ [\text{W/m}^2] \quad \text{⑧}$$

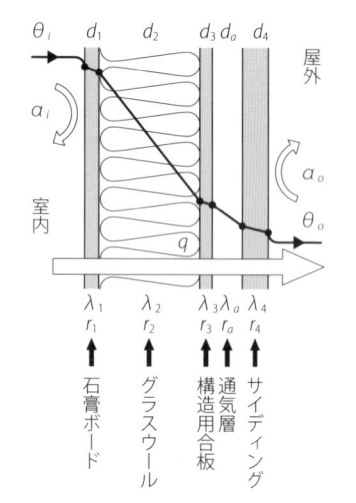

図8　多層壁の熱貫流

　このとき、K を**熱貫流率** [W/m²·K] といい、1m²の壁体の内外に1℃の温度差があるときの熱貫流量を表している。この熱貫流率が大きいほど熱を通しやすく、小さいほど断熱性能が高いといえる。熱貫流率は、次のように**熱貫流抵抗** R [m²·K/W] の逆数である。

$$K = \frac{1}{R} \quad \text{⑨}$$

　多層壁を考えると、各抵抗は直列と考えられるから、熱貫流抵抗 R は各部の熱抵抗の合計となり、次式で表される。

$$R = r_i + (r_1 + r_2 \cdots + r_n) + r_a + r_o \quad \text{⑩}$$

　このとき、r_i：室内側総合熱伝達抵抗 $= \dfrac{1}{a_i}$

　　　　　r_o：外気側総合熱伝達抵抗 $= \dfrac{1}{a_o}$

r_n：n番目の層の熱伝導抵抗 $= \dfrac{d_n}{\lambda_n}$

r_a：空気層の熱伝達抵抗（空気層がある場合のみ）

これらより、熱貫流率 K は次式で表される

$$K = \frac{1}{R} = \frac{1}{\dfrac{1}{a_i} + \sum_n \dfrac{d_n}{\lambda_n} + r_a + \dfrac{1}{a_o}} \;\; [\text{W/m}^2 \cdot \text{K}] \quad \cdots\cdots\cdots\cdots ⑪$$

ここで、
d_n：n番目の材料の厚さ［m］
λ_n：n番目の材料の熱伝導率［W/m・K］

詳しくは次の（2）で述べるが、空気層の熱抵抗は厚みによらず、主にその密閉度によって決まるため、r_a の値を直接用いる。

面積 S の壁体の貫流熱量 q［W］は、⑧式より次式で表される。

$$q = KS(\theta_i - \theta_o) = \frac{S}{R}(\theta_i - \theta_o) \;\; [\text{W}] \quad \cdots\cdots\cdots\cdots ⑫$$

(2) 中空層の熱伝達

壁体内や**複層ガラス**[6]内には、その機能性向上のための**中空層**と呼ばれる空気層がある。壁体内では内部結露防止などのために通気目的に設けられるため比較的密閉度は低い。一方、複層ガラスでは断熱性を高める目的で設けられるため密閉度は高い。この中空層の熱移動では、図9のように空気層の厚さが2～3cm程度までは粘性のために流動しにくいが、それを超えると対流による熱伝達が大きくなり、熱抵抗は徐々に減少していく。このように伝導・対流が複雑に影響するため、一般に設計時には表4のような熱抵抗値が用いられている。

6）複層ガラス
2枚あるいは3枚のガラスの間に空気を密閉することで断熱性能を高めたガラス。空気の代わりにアルゴンガスやクリプトンガスなど比重が重く、より対流しにくい気体が使われた製品もある。

表4　中空層の熱抵抗設計値

中空層の種類	熱抵抗値 [m²・K/W]	適用例
密閉	0.18	複層ガラス内の中空層
半密閉	0.09	壁体の中空層

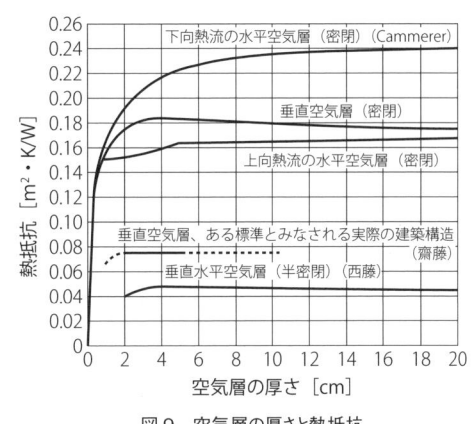

図9　空気層の厚さと熱抵抗

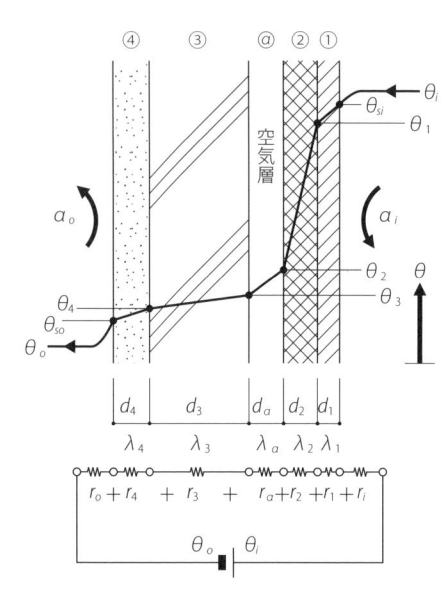

材料	厚さ [mm]	λ
①木材	15	0.179
②グラスウール	30	0.051
ⓐ空気層	(20)	r_a=0.09
③コンクリート	120	1.637
④モルタル	30	1.087

a_i=9 [W/m²・K]
a_o=23 [W/m²・K]

図10 壁体の構成図と構成表

図10に示すように、縦方向を温度軸として各部の温度をつないで折線グラフを描くと、断熱材の部分の勾配が非常に大きくなることがわかる。このような温度分布図は壁体の層構成による熱流の伝わり方を視覚的にわかりやすく表現できるため、よく用いられる。

例題 2

図10に示す壁体について、表に示す値を用いて熱貫流抵抗 R、熱貫流率 K、貫流熱量 q を求めよ。ただし、室内温度は20℃、外気温度は0℃、壁面積は10m²とする。

解答

式⑩、⑪より、

$$R = \frac{1}{9} + \frac{0.015}{0.179} + \frac{0.030}{0.051} + 0.09 + \frac{0.120}{1.637} + \frac{0.030}{1.087} + \frac{1}{23}$$
$$= 0.111 + 0.084 + 0.588 + 0.09 + 0.073 + 0.028 + 0.043$$
$$= 1.02 \ [\text{m}^2\cdot\text{K/W}]$$

<u>熱貫流抵抗　1.02m²・K/W</u>

$$K = \frac{1}{R} = 0.98 \ [\text{W/m}^2\cdot\text{K}]$$

<u>熱貫流率　0.98W/m²・K</u>

式⑫より、

$$q = 0.98 \times 10 \times (20-0) = 196 \ [\text{W}]$$

<u>貫流熱量　196W</u>

(3) 表面および内部温度の計算

図10について定常状態で考えると、壁体全体の貫流熱流と各部を伝わる熱流は等しいから、次式が成り立つ。

$$K(\theta_i - \theta_o) = a_i(\theta_i - \theta_{si}) = \frac{\lambda_1}{d_1}(\theta_{si} - \theta_1)$$

$$= \frac{\lambda_2}{d_2}(\theta_1 - \theta_2) = \frac{1}{r_a}(\theta_2 - \theta_3)$$

$$= \frac{\lambda_3}{d_3}(\theta_3 - \theta_4) = \frac{\lambda_4}{d_4}(\theta_4 - \theta_{so})$$

$$= a_o(\theta_{so} - \theta_o) \cdots\cdots\cdots\cdots\cdots\cdots\cdots\cdots ⑬$$

この式で内表面温度 θ_{si} または外表面温度 θ_{so} のいずれかより順に計算していけば、各部の内部温度 $\theta_1 \sim \theta_4$ がすべて決まる。

例題 3
図10に示す壁体について、θ_{si}、θ_{so}、$\theta_1 \sim \theta_4$ を求めよ。

解答
式⑬より、

$$0.98 \times (20 - 0) = 9 \times (20 - \theta_{si})$$

$$\theta_{si} = 20 - 0.98 \times \frac{20 - 0}{9} = 17.8 \ [℃]$$

以下、同様にして、

$$\theta_{so} = 0.98 \times \frac{20 - 0}{23} + 0 = 0.9 \ [℃]$$

$$\theta_1 = 17.8 - 0.98 \times (20 - 0) \times \frac{0.015}{0.179} = 16.2 \ [℃]$$

$$\theta_2 = 16.2 - 0.98 \times (20 - 0) \times \frac{0.030}{0.051} = 4.7 \ [℃]$$

$$\theta_3 = 4.7 - 0.98 \times (20 - 0) \times 0.09 = 2.9 \ [℃]$$

$$\theta_4 = 2.9 - 0.98 \times (20 - 0) \times \frac{0.120}{1.637} = 1.5 \ [℃]$$

$$\underline{\theta_{si} : 17.8℃, \theta_{so} : 0.9℃,}$$
$$\underline{\theta_1 : 16.2℃, \theta_2 : 4.7℃, \theta_3 : 2.9℃, \theta_4 : 1.5℃}$$

(4) 断熱材の配置と内断熱・外断熱

図11に示すように、コンクリート壁体において、コンクリートの室内側に断熱材を張る構成を**内断熱**、屋外側に断熱材を張る構成を**外断熱**という[7]。壁体を構成する各材料の熱伝導率と厚さが同じであれば、壁体としての熱貫流抵抗 R および熱貫流率 K も同じとなる。

ただし、内断熱と外断熱では、実際の使用状況では熱の伝わり方の様子は異なる。コンクリートのように暖まりにくく冷めにくい性質の材料を、熱容量が大きい材料という。詳しくは後述するが、熱容量［kJ/K］とは、ある材料の温度を1℃上昇させるのに必要な熱量を意味する物性値である。内断熱の場合、コンクリートは屋外側となるため、室内を暖房するとすぐに室温は上がるが、止めると

7) 木造建築物の場合も内断熱・外断熱と呼ばれることもあるが、正しくは、柱と柱の間に断熱材を充填する充填断熱と、柱よりも外側に断熱材を張る外張り断熱に分けられる。一般に充填断熱にはグラスウールなどの繊維系断熱材が、外張り断熱には発泡ポリスチレンフォームなどの発泡系断熱材が用いられることが多い。

（a）内断熱　　　　　　　（b）外断熱

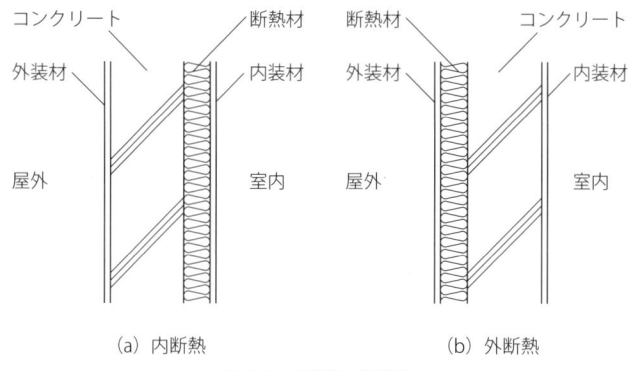

図11　内断熱と外断熱

室温が下がるのも早い。これが外断熱の場合はコンクリートが室内側となるため、室内を暖房しても温度が上がるのに時間がかかる代わりに、止めても室温はなかなか下がらない。このように冷暖房時の室温変化の様子が大きく異なるため、断熱材の配置は地域や使い方を考えて適用する必要がある。

3 外表面の熱授受

(1) 相当外気温度SAT

外壁面に日射が当たると、この日射熱の一部を吸収して外壁表面の温度は上昇し、室内への熱貫流量も増加する。そこで、この日射の影響を考慮すると、壁面に入射する全日射量を J [W/m²]、壁面の日射吸収率を a_s [-] とすると、壁面から流入する熱量は次式で表される[8]。

8) 外表面の熱授受として正確には外壁面では日射の入射に加えて夜間放射の放出もあるが、ここでは省略する。

$$q = a_o(\theta_o - \theta_s) + a_s J$$
$$= a_o\left\{\left(\theta_o + \frac{Ja_s}{a_o}\right) - \theta_s\right\}$$
$$= a_o(\text{SAT} - \theta_s) \quad \cdots\cdots\text{⑭}$$

このとき、$\text{SAT} = \theta_o + \dfrac{Ja_s}{a_o}$

このSATを**SAT（サット）温度**または**相当外気温度**（sol-air temperature）という。

すなわち、日射の分だけ外気温度が上昇すると仮想して計算することを意味しており、外気温度をSATに置き換えれば、日射の当たっている外壁の貫流熱量は次式で表される。

$$q = K(\text{SAT} - \theta_i) \text{ [W/m}^2\text{]} \quad \cdots\cdots\text{⑮}$$

上式からもわかるようにSATは外壁表面の日射反射率 a_s が影響するため、日射吸収率の低い（＝日射反射率の高い）素材や色の仕上げ材を用いれば、貫流熱量を軽減することができる。

(2) 窓ガラスの日射熱授受

窓ガラスに日射が当たる場合に室内に侵入する日射熱は、図12に示すように、室内に直接透過する成分（透過成分）とガラスに吸収されて再放熱される成分（吸収対流成分）があり、これに加えて内外温度差によって熱貫流として流入する成分（貫流成分）がある。また、カーテンやブラインドなどの日射遮蔽部材との組合せによっても侵入熱量は変わってくる。

まず窓ガラスの材料特性として、日射透過率 τ、日射吸収率 a、日射反射率 ρ を考える。図13は3mm厚の普通透明ガラスの τ、a、ρ と日射入射角の関係を表したものである。中でも τ と ρ は日射入射角によって大きく変わることがわかるが、常に $\tau + a + \rho = 1$ の関係が成り立っている。

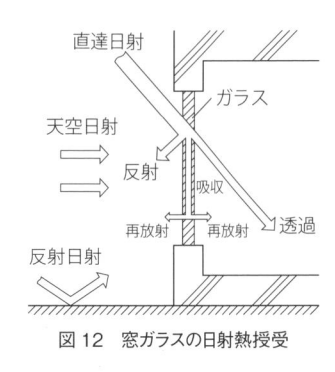

図12 窓ガラスの日射熱授受

★日射遮蔽部材⇒ p.110

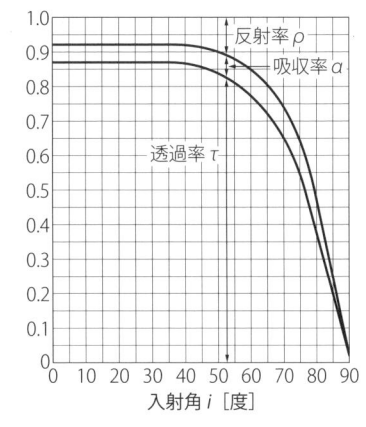

図13 3mm厚の普通透明ガラスの τ, a, ρ と日射入射角の関係

写真2 よしずによる日射遮蔽

一般に日本では室内側にカーテンやブラインドを設置するケースが多いが、日射熱はガラスを通過して室内に侵入してから遮蔽されるためその効果は限られる。屋外用のブラインドやルーバーを設置したり、よしずやすだれを掛けるなどして日射がガラスに当たる前で遮蔽するほうが日射侵入の抑制効果ははるかに大きい。

(3) 日射熱取得率と日射遮蔽係数

窓面から室内に侵入する日射熱取得量 q [W/m²] は、窓面に当たる全日射量を J [W/m²] として次式で表される。

$$q = \eta J \ [\text{W/m}^2] \quad \text{⑯}$$

このとき、η（イータ）を**日射熱取得率**（または**日射侵入率**）[-] という。この値が小さいガラス窓ほど侵入する日射熱量が少なく、夏季には冷房負荷軽減につながる。η はカーテンやブラインドとの組合せによっても下げることができる。

厚さ3mmの透明ガラスの日射熱取得を基準として、各種ガラス材料の日射熱取得の割合を表した指標を**日射遮蔽係数 SC**（shading coefficient、shading factor）という。この SC は、日射熱取得率 η

表5 窓ガラスの主な種類と性能

窓ガラスの種類	厚さと構成 [mm]	日射遮蔽係数 SC [－]	日射熱取得率 η [－]	熱貫流率 K [W/m²・K]
普通単板ガラス	3	1	0.88	6.0
	6	0.96	0.84	5.9
複層ガラス	3-A6-3	0.90	0.79	3.4
	3-A12-3	0.90	0.79	2.9
Low-E 複層ガラス	L3-A6-3	0.48	0.42	2.6
	L3-A12-3	0.47	0.41	1.7
熱線反射ガラス	6	0.62〜0.78	0.54〜0.68	5.8〜5.9
熱線反射ガラス（高性能タイプ）	6	0.26〜0.55	0.23〜0.48	4.7〜5.4
熱線吸収ガラス	6	0.70〜0.75	0.62〜0.66	5.8〜5.9
真空ガラス	L3-V0.2-3	－	0.65	1.4

※A：空気層厚、L：Low-E ガラス厚、V：真空層厚
※表中の性能値は代表例であり、メーカー・製品や詳細仕様によって異なる

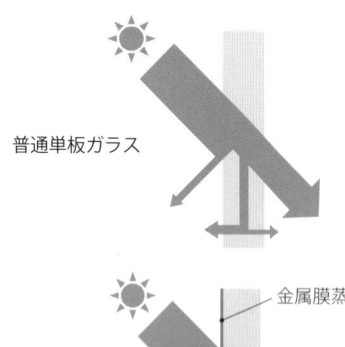

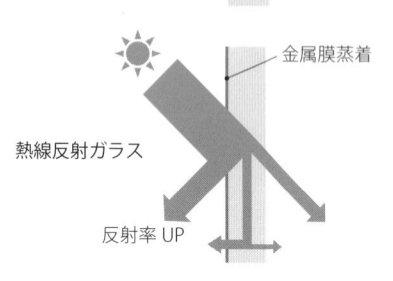

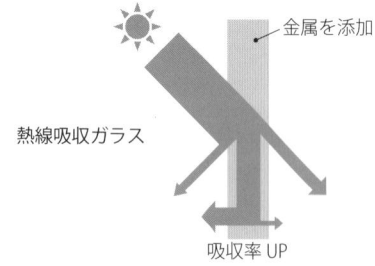

図14 窓ガラスの主な種類と特徴

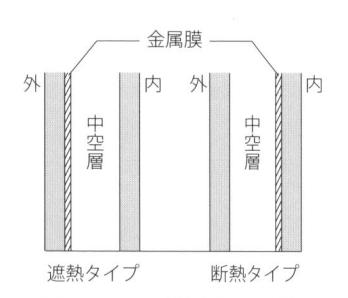

図15 Low-E 複層ガラスの種類

を用いて次式で表される。

$$SC = \frac{SC を求めたいガラス材料の \eta}{厚さ 3 \text{mm} 透明ガラスの \eta (= 0.88)} \quad \cdots\cdots\cdots ⑰$$

すなわち、厚さ3mm透明ガラスのSC = 1を基準として、$0 < SC \leq 1$である。

(4) 窓ガラスの種類と特徴

建物の冷暖房負荷となる夏季の熱流入および冬季の熱損失は、ともに開口部の影響が非常に大きい。すなわち、夏季は日射遮蔽性能、冬季は断熱性能の高い開口部を選定することが省エネルギー化につながる。

表5に、窓ガラスの主な種類ごとの性能値として、日射熱取得率、日射遮蔽係数、熱貫流率のデータ例を示す。**熱線反射ガラス**とは、ガラス表面に金属薄膜をコーティングすることで反射率 ρ を高めて日射熱取得を抑制するものである。外部から見ると周囲の景色が鏡のように映り込んで見えることがある。**熱線吸収ガラス**とは、長波長成分をよく吸収する鉄分やコバルトなどを加えて製造することで吸収率 a を高めたものである。ガラスに吸収された日射熱は風速の大きい外気側により多く放熱されるため、ガラス自体は普通ガラスよりも熱くなるが、結果として日射熱取得を抑制する効果がある。これらの遮熱系ガラスは、蒸融着・添加されている金属の種類によってガラスに青系や茶系の色みが付き、その遮熱性能にも幅が現れている。

Low-E（Low-Emissivity）ガラスとは、ガラス表面に特殊金属薄膜をコーティングすることで熱エネルギー（遠赤外線）の放射率（emissivity）を低減したものである。熱線反射ガラスに比べて可視光線の透過率が確保されているが、金属膜が空気中の水分で酸化しやすいため複層ガラスや合わせガラスとして使用される。**Low-E 複層ガラス**は複層ガラスの片側にLow-Eガラスを使用したもので、

遮熱性能と断熱性能を併せ持つガラスである。日射熱侵入の抑制を重視した室外側コーティングタイプ（遮熱タイプ）と、暖房熱損失の抑制を重視した室内側コーティングタイプ（断熱タイプ）の2種類がある。空調エネルギー削減のために近年では新築住宅での使用が増えてきている。真空ガラスは2枚のガラスの間に真空層を挟み込んで断熱性能をさらに高めたものである。

　高機能で性能値の優れたガラスは価格も高めであるが、省エネルギーと冷暖房のランニングコストを考えて選定すべきといえる。

4 ｜ 建物の熱特性

(1) 総合熱貫流率と熱損失係数

　建物全体としての熱的特性は、室内外温度差1℃当たりの熱損失量あるいは熱取得量として、総合熱貫流率によって表される。図16に示すように、屋根、壁、床の全面が外気に接している建物を考えると、冬期の暖房時の建物全体からの熱損失量 $\overline{q}$ [W] は、各部位の熱貫流率 K_j [W/m²·K]、面積 A_j [m²]、室温 θ_i [℃]、外気温 θ_o [℃]、空気の容積比熱 0.35 [W/m³·K]、換気回数 n [回/h][9)]、住宅の気積 B [m³] として、以下の式で求められる。

$$\overline{q} = \underbrace{\sum_j K_j A_j (\theta_i - \theta_o)}_{\text{貫流による熱損失}} + \underbrace{0.35 n B (\theta_i - \theta_o)}_{\text{換気による熱損失}}$$

$$= \left(\sum_j K_j A_j + 0.35 n B \right)(\theta_i - \theta_o)$$

$$= \overline{KA}(\theta_i - \theta_o) \text{ [W]} \cdots\cdots ⑱$$

　このとき、$\overline{KA}$ を**総合熱貫流率**という。これは、各部位の熱貫流率が大きければ（すなわち断熱性能が低ければ）大きくなるが、建物規模が大きくなっても各部位の面積が大きくなるため大きくなる。そこで、建物規模の影響を取り除いて評価するため、総合熱貫流率 $\overline{KA}$ [W/K] を延べ床面積 A_o [m²] で除した値が用いられる。これを**熱損失係数 Q** といい、以下の式で表される。

$$Q = \frac{\overline{KA}}{A_o} \text{ [W/m²·K]} \cdots\cdots ⑲$$

建物の Q 値は小さいほど断熱性能がよいといえる。

(2) 冷暖房負荷の考え方

　建物内部の温湿度は、外部の気象や室内で発生する熱の影響を受ける。外部から室内に侵入する熱および人体・照明など内部で発生する熱のことを**熱取得**といい、外部に出ていく熱のことを**熱損失**という。

　外気温が室温より高い夏季の場合、ガラス面からの日射や壁体からの貫流、換気、室内の人体・照明・発熱機器などが熱取得となる。このような熱取得に対して部屋を快適な状態に維持するために除去しなくてはならない熱量のことを**冷房負荷**（cooling load）という。

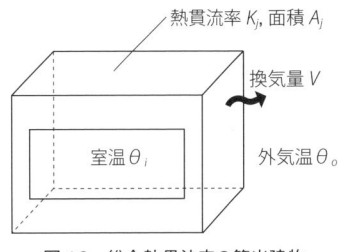

図16　総合熱貫流率の算出建物

9) 原則として 0.5 として計算するが、熱回収装置がある場合には、その効果を見込んだうえでの計算を行うことができる。
★換気回数⇒ p.090

冷房負荷を低減するには日射熱取得の抑制が非常に重要である。そのため、日射遮蔽物の設置やガラス自体に日射熱取得が小さいものを使用するなどの工夫が必要となる。

一方、外気温が室温より低い冬季の場合、日射や内部発生熱は夏季と同じく熱取得となるが、貫流や換気は逆に熱損失となる。このような状況に対して部屋を快適な状態に維持するために供給しなくてはならない熱量のことを**暖房負荷**（heating load）という。暖房負荷を低減するには、まず熱損失を抑制すること、すなわち前述の総合熱貫流率$\overline{KA}$や熱損失係数Qの値を小さく抑えることが非常に重要となる。もちろん、晴天日には日射熱取得を最大限に活用する工夫も重要である。冷房負荷と暖房負荷を合わせて**熱負荷**（heat load）とも呼ぶ。

図17に熱負荷の要素について示す。①a、②bおよび③、⑦は内外温度差に左右され、冬季は逆に熱損失となる要素である。①bは隣室や天井裏の温度によって熱取得・熱損失のどちらにもなりうる。④〜⑥の内部発熱は常に熱取得となるため、②aの日照とともに冬季には暖房負荷を削減する方向に働く。冷暖房設備は、これらすべての要素に配慮して設計を行う必要がある。

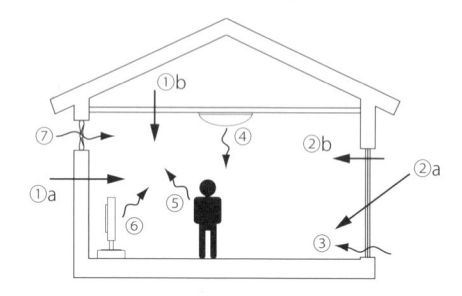

侵入熱（熱損失）
① a　外壁・屋根からの貫流熱
① b　内壁・天井からの貫流熱
② a　窓からの日射熱
② b　窓からの貫流熱
③　　すきま風による熱

内部発熱
④　照明の発熱
⑤　人体の発熱
⑥　OA機器類の発熱

外気負荷
⑦　換気のための外気負荷

図17　熱負荷の要素

(3) 住宅の省エネルギー基準

住宅の省エネルギー化、特に年間エネルギー消費の3割以上を占める暖房エネルギー削減のためには、断熱性能を高める必要がある。そこで定められたのが「省エネルギー基準」である。1970年代の二度のオイルショックを受けて、1979年に「エネルギーの使用の合理化に関する法律」（通称「省エネ法」）が制定され、1980（昭和55）年には住宅の断熱化などを努力義務とした「**省エネルギー基準**」（1980年基準）が制定された。その後、1992（平成4）年と1999（平成11）年に改正・強化され、それぞれ通称「**新省エネルギー基準**」（1992年基準）、「**次世代省エネルギー基準**」（1999年基準）とも呼

表6 省エネルギー基準ごとの熱損失係数（Q値 [W/m²·K]）の基準値

省エネルギー基準	気候地域区分					
	Ⅰ	Ⅱ	Ⅲ	Ⅳ	Ⅴ	Ⅵ
1980年基準（省エネルギー基準）	2.8	4.0	4.7	5.2	8.3	―
1992年基準（新省エネルギー基準）	1.8	2.7	3.3	4.2	4.6	8.1
1999年基準（次世代省エネルギー基準）	1.6	1.9	2.4	2.7	2.7	3.7

表7 気候地域区分

気候地域区分（以前の区分）	都道府県名
1, 2（Ⅰ）	北海道
3（Ⅱ）	青森県　岩手県　秋田県
4（Ⅲ）	宮城県　山形県　福島県　栃木県　新潟県　長野県
5, 6（Ⅳ）	茨城県　群馬県　埼玉県　千葉県　東京都　神奈川県　富山県 石川県　福井県　山梨県　岐阜県　静岡県　愛知県　三重県 滋賀県　京都府　大阪府　兵庫県　奈良県　和歌山県　鳥取県 島根県　岡山県　広島県　山口県　徳島県　香川県　愛媛県 高知県　福岡県　佐賀県　長崎県　熊本県　大分県
7（Ⅴ）	宮崎県　鹿児島県
8（Ⅵ）	沖縄県

※表は都道府県ごとの大まかな区分であり、表中とは異なる地域に区分される市町村も多数ある。

表8 気候地域区分の変更と改正省エネ基準における基準値

気候地域区分	1999年基準（次世代省エネ基準）	Ⅰ		Ⅱ	Ⅲ	Ⅳ		Ⅴ	Ⅵ
	住宅事業建築主基準（2009年一部改正）	Ⅰa	Ⅰb	Ⅱ	Ⅲ	Ⅳa	Ⅳb	Ⅴ	Ⅵ
	改正省エネ基準	1	2	3	4	5	6	7	8
外皮平均熱貫流率 U_A 値		0.46	0.46	0.56	0.75	0.87	0.87	0.87	―
平均日射熱取得率 η_A 値		―	―	―	―	3.0	2.8	2.7	3.2

ばれている。

　その後、2009年の一部改正などを経て、2012年に「都市の低炭素化の促進に関する法律」に基づいて低炭素住宅の認定制度が施行され、これに伴って2013年1月に省エネルギー基準が改正・公布された（通称「**改正省エネ基準**」）。

　基準の内容としては、1999年基準までは冷暖房負荷のみを対象としており、日本全国をⅠ～Ⅵの6地域に分けて、地域ごとに熱損失係数（Q値）（表6）や年間冷暖房負荷、夏季の日射取得係数（μ値）などの基準値が定められている。日本の住宅の断熱基準を国際比較してみると、改正を重ねて1999年基準で欧米並みとなったことがわかる（図18）。

　改正省エネ基準では、これまでの省エネ基準から大幅改正となり、生活全般の消費エネルギーを一次エネルギーで捉える**一次エネル**

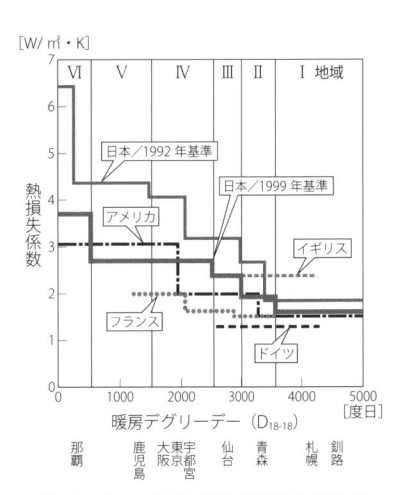

図18 日本の住宅の断熱基準の国際比較

ギー基準と、外皮の断熱性を捉える**外皮基準**の二本立てとなっている。一次エネルギー基準では、設計段階で、1999年基準＋現状の標準的な設備機器レベルの基準一次エネルギー以下となることが求められ、「暖冷房」「換気」「照明」「給湯」「家電・調理」および「太陽光発電による再生可能エネルギー導入量等」の各用途について算定する。外皮基準では、1999年基準と同程度の水準が求められるが、表7のように地域区分が1～8地域の8区分になり、求められる基準値も、熱損失係数（Q値）は**外皮平均熱貫流率**（U_A値）に、夏季の日射取得係数（μ値）は**平均日射熱取得率**（η_A値）に変更となった（表8）。

外皮平均熱貫流率（U_A値）[W/m²·K]は、外皮総熱損失量 q [W/K]、総外皮面積 A [m²] として、次式で求められる。

$$U_A = \frac{q}{A} \quad [\text{W/m}^2 \cdot \text{K}] \quad \cdots\cdots\cdots ⑳$$

このときの q は、屋根または天井、外壁、開口部、床の熱損失合計であり、熱損失係数（Q値）で考慮している換気の熱損失は含まれない。また、算定式の分母が床面積から外皮面積に変わることで、小規模住宅では床面積に対して外皮表面積が大きいため Q 値が大きくなりやすいという課題にも対応する形となっている。

計算方法の詳細はここでは割愛するが、2020年を目途とした改正省エネルギー基準の義務化、低炭素住宅認定（一次エネルギー消費量で改正省エネルギー基準値の－10％以上）、その先のゼロエネルギー住宅と、住宅の省エネルギー化の流れは避けて通れないものとなってきている。

(4) 非定常伝熱と熱容量

各部位の温度が経過時間にかかわらず変化しない定常状態に対して、外気温度や室内温度が時間とともに常に変化し、壁体内部の温度なども変化している状態を非定常状態という。非定常状態では熱貫流率が同じでも壁体の熱しやすさが違えば熱の伝わり方も異なる。この壁体の熱しやすさを表すものとして、材料の比熱 c [kJ/kg·K] に密度 ρ [kg/m³] をかけた**容積比熱** $c\rho$ [kJ/m³·K] がある。これは、ある材料1m³の温度を1℃上げるのに必要な熱量であり、熱伝導率と同じく材料固有の値（物性値）である（p.40 表1）。容積比熱に部位・部材の体積をかけたものを**熱容量** [kJ/K]（thermal capacity）といい、熱容量が大きい部位・部材ほど熱しにくく冷めにくい。

たとえば、コンクリートやれんがは木材に比べると熱容量が大きいため、日射が当たっても暖まるのには時間がかかるが、いったん暖まるとなかなか冷めないという特徴があり、**ダイレクトゲイン**[10]の床材やトロンブウォール[11]として活用されている。暖炉や薪ストーブの周囲をれんがやブロックで覆うことが多いのも、消した後の放熱を持続させる理由からである。

写真3 蓄熱タイル床へのダイレクトゲインの様子

10）ダイレクトゲイン
パッシブソーラー技術のひとつで、日射を開口部から直接取り入れて熱容量の大きな床材などで集熱する方法。

11）トロンブウォール
開口部ガラスの内側に設けて日射を集熱する蓄熱壁のこと。同じくパッシブソーラー技術のひとつ。

なお、鉄のように熱容量が大きい材料でも、熱伝導率が極端に大きいため単体での外装材等の使用には適さない。つまり、屋根や外壁など建物外皮の熱特性をふまえた蓄熱性を考える場合は、熱容量と断熱性のバランスに考慮する必要がある。ここで、熱伝導率 λ を容積比熱 $c\rho$ で除したものを、**熱拡散率**または**温度伝導率**（heat diffusivity）といい、次式

$$a \ [\mathrm{m^2/h}] = \frac{\lambda}{c\rho} \quad \cdots\cdots\cdots\cdots\cdots\cdots\cdots ㉑$$

で表される。熱拡散率は熱の伝わりにくさも考慮した蓄熱性ともいうべき指標であり、適度な断熱性と熱容量を併せ持った木材などは、非常に数値が小さく蓄熱性に優れた材料といえる。

(5) 建物の熱特性と室温変動

建物の熱容量の大小と断熱性の良否によって建物の熱特性は大きく変わり、室温変動にも大きな影響を及ぼす。

図19に、熱容量・断熱性と暖房時の室温変動を表したグラフを示す。熱容量が小さいと、暖房開始後に室温はすぐに上がるが、暖房停止後の低下も早い。一方熱容量が大きいと、立ち上がりは遅いが暖房停止後、室温はすぐには下がらない。断熱性が悪いと室温変動を大きくするだけでなく、このグラフには現れてこないが暖房エネルギーを増大させることにもつながる。

また、冷暖房をしない状態での熱容量の大小による自然室温の変動を見ると、夏季の場合、図20のように熱容量が大きい建物のほうが小さい建物よりも最高温度が低く抑えられるのと同時に、最高温度となる時刻が外気の最高温度の時刻に比べて遅れて現れるのも特徴である。

図19　熱容量・断熱性と室温変動

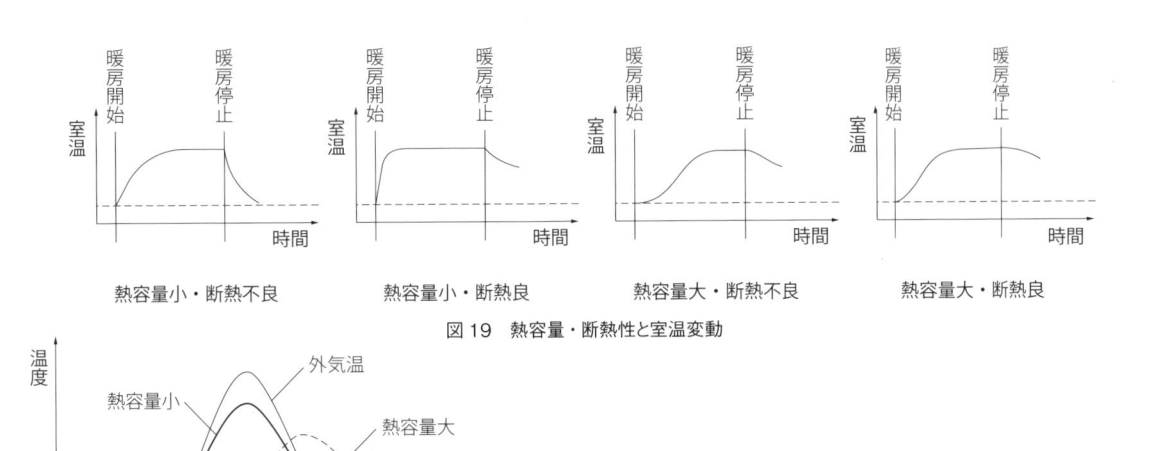

図20　熱容量と夏期の自然室温変動

コラム

気候と熱特性を考慮した世界各地の建物の工夫

写真a　日本の土蔵

写真b　石造りの家（ギリシャ）

写真c　土屋根の建物（デンマーク）

　世界各地の建物、特に伝統的な民家などでは、その土地で使いやすい材料で、かつその土地の気候を考慮して温熱環境的にもすごしやすく工夫されているものが多い。

　日本の土蔵（写真a）は、厚い土壁に漆喰を厚く塗り重ねた壁をもつものが多いが、この躯体の大きな熱容量は断熱性向上にもつながっている。これによって、1日の室温変動を抑制するとともに、夏は涼しく、冬は暖かい環境を維持している。

　ヨーロッパの石造りの家（写真b）は、大きな熱容量と少ない開口部によって、夏季の室内に涼しい環境をつくり出している。外壁を白く塗装しているのは、日射熱の吸収を抑える工夫であるのと同時に、反射光によって狭い路地空間を明るくする効果ももっている。

　写真cはデンマーク郊外のエコビレッジ内にある建物で、伝統的なものではないが、半分土に埋まっている。地中の恒温性を利用しながら、土の熱容量によって夏季には屋根からの熱流入が抑制され、冬季には高い保温効果を発揮している。

　このように、材料の熱特性を上手に生かすことは、建築を設計するうえで非常に重要なことといえる。

演習問題 1
建築雑誌などに掲載されている建物資料から外壁断面詳細図（材料名・寸法の記載があるもの）を探し、その壁体の熱貫流率を計算せよ。

演習問題 2
普段利用している建物において、内外装の仕上げ材として使用されている建材とその熱特性を調べ、それらの建材が室内の熱環境にどのような影響を与えているかを考えよ。

演習問題 3
身近のさまざまな建物において、窓にどのようなガラスが使用されているかを観察せよ。そして複層ガラスや熱線反射ガラスなどの機能性ガラスが使用されている場合は、その箇所に使用されている理由とその効果を考えよ。

4章 湿度・湿気

湿度（humidity）や湿気と呼ばれる空気中の水分は、われわれ人間の感じる温熱感に大きく影響を与える。この章では、温熱感の立場から空気中の水分をどのように取り扱い、考えていくかを学ぶ。

1 湿り空気と温度

(1) 湿り空気と乾き空気

水蒸気を含まない標準的な空気の体積組成は、図1に示すように窒素78%、酸素21%程度であり、残り1%を二酸化炭素やその他の微量気体が占めていると表現されることが多い。ただし実際の空気は、この空気に水蒸気（気体として存在する水分）が加わった混合空気となり、さらにこれに汚染物質が加わることとなる。汚染物質については第6章で扱うのでここでは省略し、標準的な空気と水蒸気の関係を考える。水分を含まない空気のことを、**乾き空気**（dry air）と呼び、これに**水蒸気**（vapor）が加わったものを**湿り空気**（humid air）と呼ぶ。水蒸気を混合できる量の上限は、0.1～3%程度と少ない。しかし、このわずかな水蒸気がいわゆる湿気として、温熱環境や空気調和設備の負荷などに大きく影響する。乾き空気と水蒸気を考える際、温熱環境の分野では、湿り空気を図2に示すように、乾き空気1 kgと水蒸気 x kgを混合した状態を基本と

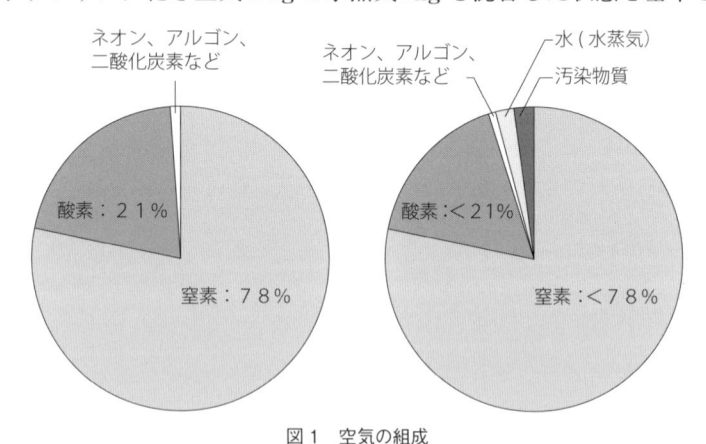

図1　空気の組成

	乾き空気	水蒸気	湿り空気
体積	V [m³]	V [m³]	V [m³]
質量	1 [kg]	x [kg]	$(1+x)$ [kg]
圧力	p_a [Pa]	p_w [Pa]	$p_w + p_a = 101.3$ [kPa]

図2　湿り空気の考え方

して考える。湿り空気の状態を考える際、部屋の容積（volume）は一定と考え、圧力（pressure）については乾き空気のもつ分圧 p_a と、水蒸気のもつ分圧 p_w の和（つまり湿り空気全体のもつ圧力）は、ダルトンの法則[1]に従い1気圧（＝101.3kPa）となるように考える。

1) ダルトンの法則とは、理想気体に対して成立する法則。複数の気体の分圧の和は、それらからなる混合ガスの全圧に等しい。

1）温度と圧力の関係

乾き空気、空気中に含まれる水蒸気は、常温・常圧の環境下においてはほぼ理想気体（ideal gas）とみなすことができる。そのため、ボイル‐シャルル（Boyle-Charles）の法則が成り立つ。具体的には下記の式に従う。

$$PV = nR_0 T \quad \cdots\cdots\cdots ①$$

ここで、
- P：気体の圧力 [Pa]
- V：気体の体積 [m³]
- n：モル数 [mol]
- R_0：一般気体定数 8.3143 [J/mol·K]
- T：絶対温度 [K]

である。また、気体の状態方程式を気体の質量 m [kg]、気体定数 R [J/kg·K] で示すと次式のようになる。

$$PV = mRT \quad \cdots\cdots\cdots ②$$

ここで、気体定数 R は気体ごとに定まる値であり、乾き空気の場合、平均分子量 M_a は28.97 [g/mol] であるため、乾き空気の気体定数 R_a は、

$$R_a = \frac{R_0}{M_a} = \frac{8.314}{0.02897} = 287.1 \ [\text{J/kg·K}] \quad \cdots\cdots ③$$

となる。また同様に水蒸気の分子量 M_w は18.02 [g/mol] であるため、水蒸気の気体定数 R_w は同様に、

$$R_w = \frac{R_0}{M_w} = \frac{8.314}{0.01802} = 461.5 \ [\text{J/kg·K}] \quad \cdots\cdots ④$$

となる。

2）相対湿度（relative humidity）

ある一定の温度の空気が含み得る水蒸気の量には上限がある。このときの水蒸気圧を**飽和水蒸気圧**（saturated vapor pressure）と呼ぶ。飽和水蒸気圧[2]は、気温が高くなるほど大きくなるという傾向がある。そのため、空気中の水分量が同じでも、気温が変わると相対湿度は変化する、という特徴がある。対象としている空気がもつ水蒸気圧を p_w とし、そのときの空気の温度がもつ飽和水蒸気圧 p_{ws} に対する比をパーセントで表したものを**相対湿度**（ϕ [%]）と呼ぶ。式の形で記述すると、

$$\phi = \frac{p_w}{p_{ws}} \times 100 \ [\%] \quad \cdots\cdots\cdots ⑤$$

2) 飽和水蒸気圧は温度、圧力などの影響を受けるため、簡便な数式では表現できない。厳密な数値は空気調和・衛生工学会などから発表されている数値表による。

★相対湿度⇒ p.008

となる。相対湿度100%とは、その空気が水蒸気をそれ以上含み得ない状態である。また、空気の温度を下げていくと飽和水蒸気圧がどんどん小さくなるため、水分量が変わらなくても相対湿度が大きくなっていく。さらに、相対湿度が100%になると、空気中に水蒸気が気体として存在できなくなるため、液体となって出現する。この現象を**結露**（dew condensation）と呼ぶ。また、このときの温度を**露点温度**（dew point temperature）と呼び、後述する絶対湿度によって決まってくる値である。

3) 絶対湿度（absolute humidity）

空気中の水蒸気の質量を、乾き空気の質量との関係で表したものを絶対湿度と呼び、乾き空気1 kgに対して水蒸気の質量が$x$kg存在するときの状態をx［kg/kg（DA）］と表現する。なお、単位中に使用される（DA）とはDry Airつまり乾き空気のことを表しており、乾き空気1 kgに対して、という意味を強調するために付加して使用されることが多い。ここで、乾き空気の質量をm_a［kg］、水蒸気の質量をm_w［kg］とすると

$$x = \frac{m_w}{m_a + m_w} \fallingdotseq \frac{m_w}{m_a} = \frac{287.1}{461.5} \cdot \frac{p_w}{p_a} \quad \cdots\cdots\cdots ⑥$$

との関係がわかる。

ここでさらに$m_a = 1.0$［kg］、$p_a = p - p_w$とおくと水蒸気圧と絶対湿度は、

$$x = 0.622 \frac{p_w}{p - p_w} \quad \cdots\cdots\cdots ⑦$$

ただし、

p_a：乾き空気の分圧［kPa］
p_w：水蒸気の分圧［kPa］
p ：湿り空気の全圧［kPa］

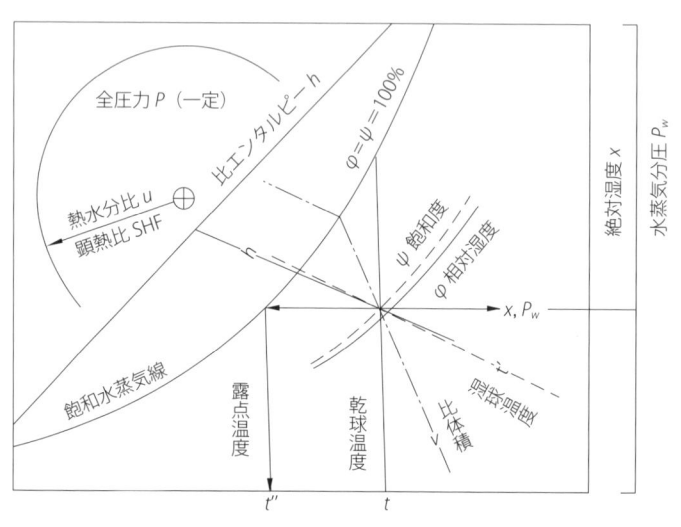

図3 空気線図の読み方

図4 空気線図（h-x線図）

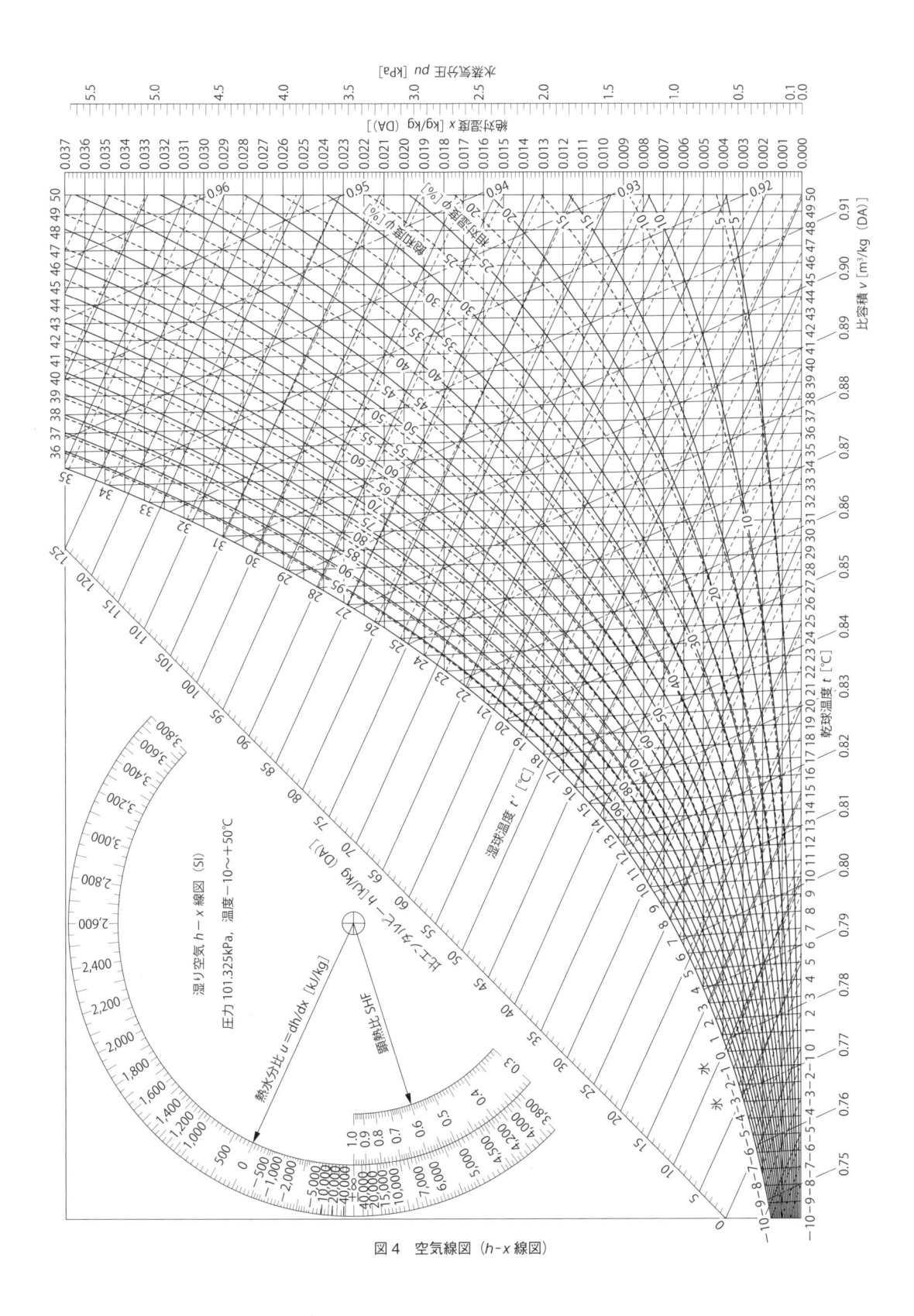

との関係となる。

(2)湿り空気線図
1) 湿り空気線図 (psychrometric chart)

前節でも示したとおり、通常の空気は必ずいくらかの水蒸気を含む。水蒸気の絶対量は重量比で0.1〜3％程度であるが、天候などによって大きく変化し、また人間の温熱感に大きく作用することは先に述べたとおりである。そのため空気環境を考える際には、乾き空気に、水蒸気が混合してできた湿り空気として考える。湿り空気の状態をチャートの形で表現したものを**湿り空気線図**と呼ぶ。湿り空気線図には、**乾球温度、湿球温度、絶対湿度、相対湿度**、後述する比エンタルピーなどの関係が示されている。湿り空気線図には軸の取り方によりいくつかの種類があるが、その代表的なものを図4に示す。これは比エンタルピー（h）と絶対湿度（x）を基準として作成されたもので、***h-x* 線図**[3]と呼ばれている。

2) 湿り空気線図上での状態点

湿り空気線図は、乾球温度、湿球温度といった湿り空気の状態を表す値のうち2つが決まれば、その2つの値が示す点（状態点と呼ぶ）から、他の値を求められるように作成されている。

ⅰ）状態点

状態点の取り方を例に示す。図5において、乾球温度（t = 25℃）、相対湿度（ϕ = 50％）の2つの値が決まれば状態点①が定まる。この状態点から、絶対湿度や比エンタルピーを求めることもできる。

例題 1
状態点①のときの絶対湿度と比エンタルピーを求めよ。

解答
図5より絶対湿度は 0.010 [kg/kg（DA）]、比エンタルピーは 50.0 [kJ/kg（DA）] である。

ⅱ）加熱時、冷却時の変化

水分量を変化させないで、湿り空気を加熱する場合を考える。水分量は変わらないので絶対湿度は変化しないが、温度は上昇する。このことを湿り空気線図で表すと、状態点が湿り空気線図上を高温側つまり右側に移動していくこととなる。冷却の場合は逆に低温側つまり左側に移動することになる。

たとえば図6のように、状態点①の空気を25℃から30℃まで加熱して、状態点②となったとすると、絶対湿度は一定であるが、相対湿度については50％から37％へ低下する。このような現象は冬季に部屋を暖房することによって、より一層湿度が低下し、部屋が乾燥する現象として知られている。

★乾球温度⇒ p.008
★湿球温度⇒ p.008

3) h-x 線図は、比エンタルピーhと絶対湿度xの2軸によって張られた斜行座標である。この2つはそれぞれエネルギー保存則、質量保存則に基づくため、h-x 線図は学術的に正確な線図といえる。そのため、温度、湿度の関係だけでなく、図3に示すようにさまざまな数値をこの線図から読み取ることができる。

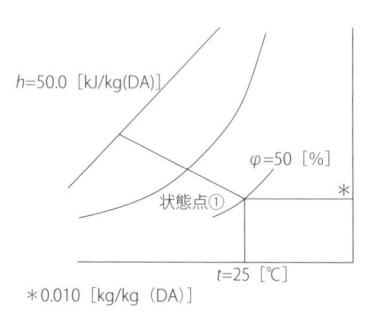

図5 状態点の表し方

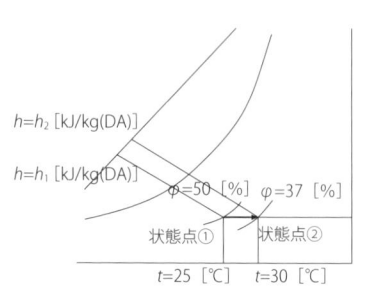

図6 加熱時の状態点の変化

例題 2
状態点①から状態点②へ移動するときに必要な比エンタルピー量を求めよ。

解答
図6より

$$\Delta h = h_2 - h_1 = 55.8 - 50.0 = 5.8 \ [\text{kJ/kg(DA)}]$$

として算出される。

ⅲ) 2つの空気の混合後の状態値を求める

2つの状態の空気、すなわち状態点①の空気と状態点②の空気を混合する場合について考える。状態点①の空気の質量を G_1 [kg/h]、温度を t_1 [℃]、比エンタルピーを h_1 [kJ/kg(DA)]、絶対湿度を x_1 [kg/kg(DA)] とし、状態点②の空気についてもそれぞれ同様に G_2、t_2、h_2、x_2 とする。この2つの空気を混合したとき、混合後に得られる空気の状態点③(G_3、t_3、h_3、x_3)には以下のような関係が成り立つ。

$$G_3 = G_1 + G_2$$
$$x_3 = \frac{G_1 x_1 + G_2 x_2}{G_3} \quad \cdots\cdots\cdots\cdots ⑧$$
$$h_3 = \frac{G_1 h_1 + G_2 h_2}{G_3}$$

この関係は、水分量および比エンタルピーについて、それぞれ質量保存則およびエネルギー保存則が成り立つことより示されることである。h-x 線図では質量およびエネルギーの2つの軸より成り立っているため、物理的に正確な指標とされる理由である[4]。

混合された空気の状態点③は、空気線図上で状態点①と②を結んだ直線上に、質量の比で按分する点として得られる(図7)。ただし温度については、

$$t_3 \cong \frac{G_1 t_1 + G_2 t_2}{G_3} \quad \cdots\cdots\cdots\cdots ⑨$$

という近似の形でしか成り立たない点には注意が必要である。

(3) 湿り空気のもつ熱量
1) 比エンタルピー(specific enthalpy)

比エンタルピーとは、単位重量の湿り空気がもつ熱量のことをいい、建築環境の分野では通常0℃の乾燥空気がもつ熱量を基準(= 0 kJ/kg(DA))として考える。乾球温度 t [℃]、絶対湿度 x [kg/kg(DA)] の湿り空気がもつ比エンタルピー h [kJ/kg(DA)] は、乾き空気1.0 [kg] が温度変化することでもつ比エンタルピーと、水蒸気 x [kg] がもつ比エンタルピーの合計であり、水蒸気が

---

4) 前述したとおり、h-x 線図はエネルギー保存則と質量保存則に基づいて張られた斜交座標系の線図(チャート)である。そのため、線図上では物理的な現象をそのまま再現できる、という点が有利である。ただし、横軸のように見える温度については、数学的に正確な軸ではないことに注意。

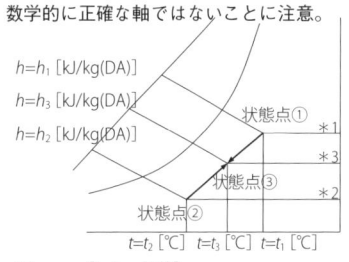

*1 $x = x_1$ [kg/kg(DA)]
*2 $x = x_2$ [kg/kg(DA)]
*3 $x = x_3$ [kg/kg(DA)]

図7 混合時の状態点の考え方

5）物理学で定義するエンタルピー（Enthalpy）は、ある物質に対する放熱・吸熱および外部に対する仕事量の総和に関する数値であり、エネルギーと同じ次元をもつ。建築環境工学で用いるエンタルピーは、これを参考に湿り空気の状態変化を扱うのに適した形に簡略化したものであり、物理学的な厳密な定義とは異なるので注意。なお、エンタルピーと似た言葉にエントロピー（Entropy）があるが、これとは全く別であることにも注意。

もつ比エンタルピーは、水蒸気が温度変化分としてもつ熱量と、水（液体）から水蒸気（気体）へと相変化することでもつ熱量に分かれる[5]。これらを式で示すと、

$$\begin{aligned} h &= c_p \cdot t + \gamma_0 \cdot x = (c_{pa} + c_{pw} \cdot x) t + \gamma_0 \cdot x \\ &= c_{pa} \cdot t + (c_{pw} \cdot t + \gamma_0) x \\ &= 1.006 t + (1.085 t + 2.501) x \ [\mathrm{kJ/kg(DA)}] \end{aligned} \quad \text{⑩}$$

ここで、
c_p：湿り空気の定圧比熱 [kJ/kg (DA)・K]
c_{pa}：乾き空気の定圧比熱 [kJ/kg (DA)・K]
c_{pw}：水蒸気の定圧比熱 [kJ/kg (DA)・K]
γ_0：0℃の水蒸気がもつ蒸発潜熱 [kJ/kg]
t：気温 [℃]

これはあくまで0℃の乾き空気がもつ熱量を基準としているため、数値としては負の値をとることもある。また、⑩式において、第1項（$(c_p + c_{pw} \cdot x)t$）は乾き空気および水蒸気の温度が上昇したことによる熱量であり、これを**顕熱**（sensible heat）と呼ぶ[6]。また第2項（$\gamma_0 \cdot x$）は、水（液体）が水蒸気（気体）に相変化したことによる熱量であり、これを**潜熱**（latent heat）と呼ぶ。潜熱と顕熱の両者を合わせたものを**全熱**（total heat）と呼ぶ。

6）顕熱（Sensible Heat）とは、「測ることができる熱」という意味であり、潜熱（Latent Heat）とは、「隠れている、目に見えない熱」という意味である。

★顕熱⇒ p.158
★潜熱⇒ p.158

2 ｜ 湿気とその対策

(1) 露点温度と結露

図8に示す空気線図上で、絶対湿度を同一に維持したまま冷却すると、はじめの状態点①は水平に左方向に移動する。それにつれて次第に相対湿度が増加しながら、やがて飽和水蒸気線に到達する（状態点②）。このとき、空気は含み得る最大量の水蒸気をもつこととなり、これ以上冷却すると結露が始まる。このときの温度t_2 [℃]を**露点温度**と呼ぶ。露点温度のときの湿り空気は相対湿度100％で、乾球温度、湿球温度はともに露点温度と等しい。

さらに露点温度以下に冷却すると、空気が含み得る水蒸気圧は小さくなり、その分の水分が水蒸気（気体）から水（液体）へと変化（凝縮）する。このことを湿り空気線図上で表現すると、図8に示すように状態点は飽和水蒸気線に沿って左下方に移動し、やがて状態点③に達することになる。このときの絶対湿度の差$(x_1 - x_3)$ [kg/kg (DA)] が結露した水分量となる。

図8　結露時のプロセス

(2) 結露の防止

1) 表面結露[7]

通常、室内においては空気中の水分量そのもの（＝絶対湿度）の空間的な分布は比較的小さい。そのため、局所的に温度が低い場所があると、その場所での飽和水蒸気量が減少し、結果として結露が

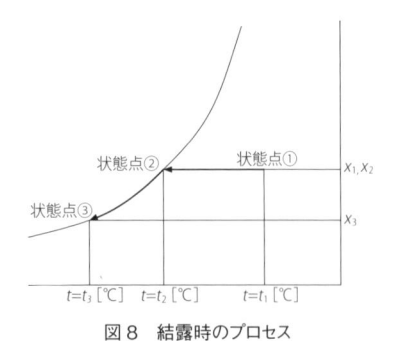

7）表面結露を防止するうえで最も重要なのは、ガラス窓であろう。設計にもよるが、ガラス窓は特に対策を行わない場合、周囲の断熱された壁面に比べ、熱貫流率は数倍〜十数倍にも達する。そのため、ガラス窓は熱的には完全に「穴」の状態となる。その対策として、最近では複層ガラス（ガラスが二重、三重になっている）や、二重ガラスの間が真空になっており、魔法瓶と同様の効果を狙ったものなどがある。

発生する。これは、冷たい水を入れたグラス表面での結露の発生など、われわれが日常的に経験していることではあるが、同様の現象が窓のガラス面や壁面でも生じることがある。このことを後述する壁内結露に対して**表面結露**と呼ぶ。結露が発生すると、壁体そのものや周囲にある家具類の汚損や腐敗、またカビの発生の間接的な要因ともなるので、注意が必要である。

北側面の壁や夜間のガラス窓面は、表面温度が下がりやすいために結露が生じやすい。また収納家具の裏面なども温度が下がりやすく、結露が生じやすい場所である。いずれにしても、室内で発生する水蒸気の量を必要以上に多くしないこと、および室内の空気の温度を均一に保つことが、結露防止のうえでは重要なことである。

2) 熱橋[8]

現在の建築物は、空調負荷の軽減および室内の温熱環境を良好に維持するために、壁に断熱がなされている。しかし、躯体の入り隅部分などでは、局所的に断熱が途切れることがある。このような部分では建物の内外で熱的につながったような状態となるため、**熱橋**（heat bridge：**ヒートブリッジ**）と呼ばれる。同様の現象は、窓のアルミサッシや乾式工法の壁の間柱部など、断熱材が切れている場所でも見られることがある。熱橋となった部分では、局所的に結露が発生しやすくなるため注意が必要である。また特に窓のサッシ部などは、壁の小口部分に接しており、部分的な結露でも壁内部に水が浸入しやすく、後述する壁内結露の場合と同様、気がつかない間に壁を傷めやすいので、十分に注意が必要である。

3) 壁内結露

木材に代表されるように、壁材として用いられる材質の多くは内部に空隙があり、ある程度の量の水分を材質の内部に保持すると同時に、水分が透過する場合が多い。材質がどの程度の水分を保持しているかを示す値を、**含水率**（water content）または**含湿率**（moisture content）と呼ぶ。含水率は周囲の空気の湿度に大きく影響される。一定の温度、湿度の空気中に長時間材質を放置すると、やがて含水率は一定の値となるが、このときの含水率のことを**平衡含水率**と呼ぶ。平衡含水率の値は、吸湿時と放湿時で異なり、一般に放湿時のほうが高い値となりやすい。このことは、「一度湿ったものは乾きにくい」という現象として日常的に経験するところと一致する。

また、材質内部での水分の移動は、湿度が低いときには水蒸気（気体）の形で、湿度が高いときには水（液体）の形での移動分が多くなるが、これらの移動は複数の要因が同時に起こる複雑な現象であるため、正確な数値の計算は難しいとされている。これはたとえば木材の板目に沿った方向かどうかなどといった方向性があるものもあり、また計測する際に、水蒸気として透過したものかどうかが厳密には判断できない点などがあるためである。また、金属などのよ

8) 熱橋は建物のさまざまな箇所に発生する。たとえば窓ガラスのサッシなどがその代表であろう。サッシは通常、アルミや鉄といった非常に熱伝導率の高い材質でつくられている場合が多いためである。窓ガラスという重いものを支え、かつ可動する場合が多いので、力学的強度が求められるため工夫が必要な所である。近年では断面に断熱材を挟み込んだものや、樹脂製のサッシなど、熱橋対策を行ったものが増えている。

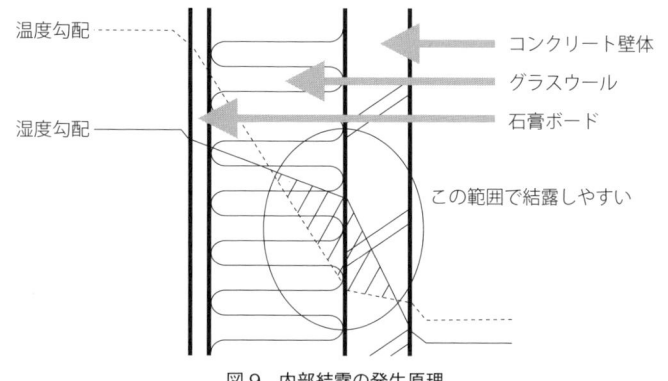

図9 内部結露の発生原理

うに、非常に薄くても全く水分を透過させない材質もある。冬季で暖房かつ加湿しているような状態であると熱、水蒸気ともに外側に向かって流れていくが、図9に示すように壁の内部で水蒸気圧がその場所の温度から決まる飽和水蒸気圧を超えてしまう場合がある。その結果、壁の内部でも水蒸気が水へ凝縮し結露が発生する。このような現象を**壁内結露**と呼ぶ。壁内での結露は発見しにくく、気がつかないうちに壁の内部に損害を与えたり、断熱性を低下させたりすることがある。この現象を避けるためには、水蒸気圧が高い側に、湿気の伝導率がきわめて低い材質からなる防湿層を設けることが有効となる。

演習問題 1
湿り空気とは、何と何の混合体か。

演習問題 2
気温30℃、相対湿度60%の空気の露点温度は何度か。

演習問題 3
気温35℃、相対湿度50%の空気と気温20℃、相対湿度70%の空気を同じ量だけ混合した空気は、気温は何℃で絶対湿度は何kg/kg（DA）となるか。

演習問題 4
気温30℃、絶対湿度0.001kg/kg（DA）の湿り空気がもつ比エンタルピーを算出せよ。

5章 温熱環境

1 人体の熱収支

(1) 代謝と熱収支

　人間は恒温動物であり、その体温は通常、36〜37℃に保たれている。皮膚の表面温度は周囲の環境によってそれなりに変化するが、皮下より内部にあたる深部体温はほとんど変化しない。これは、発汗による放熱や筋肉の震えによる産熱などによって体温を維持しようとする生理反応が働くためである。

　人間は食物を摂取して栄養分を消費し、仕事と熱エネルギーを発生する。この現象を**代謝**（metabolism）という。代謝量は人の活動状態によって変わってくるが、椅子座・安静時の状態のエネルギー消費量 58.2 [W/m^2] を基本単位として、**エネルギー代謝率 Met**（metabolic rate）を用いて表される（図1、図2）。

$$1 \text{ [Met]} = 58.2 \text{ [W/m}^2\text{]} \cdots\cdots\cdots\cdots\cdots\cdots\cdots ①$$

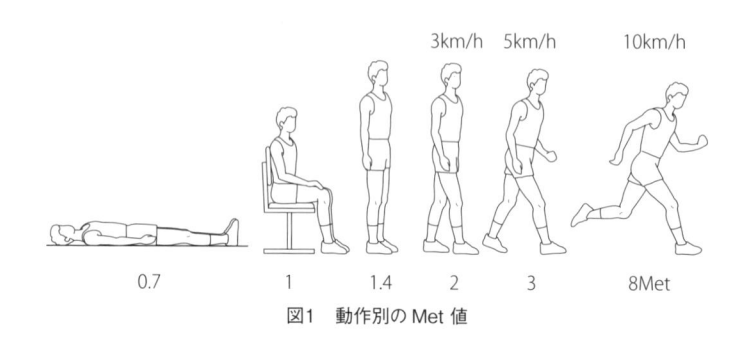

図1　動作別の Met 値

図2　各種作業の代謝量

表1 身体活動と代謝率

活　　動	代謝率*[W]	[Met]
安息時　睡眠時	70	0.7
休　息　椅子座	75	0.8
立　位	120	1.2
事務所　椅子座・読書	95	1.0
椅子座・ワープロ	110	1.1
椅子座・ファイル整理	120	1.2
立位・ファイル整理	135	1.4
歩き回る	170	1.7
梱包作業	205	2.1
平坦地歩行　3.2km/h	195	2.0
4.8km/h	255	2.6
6.4km/h	375	3.8
自動車運転　乗用車	100〜195	1.0〜2.0
重　機	315	3.2
家庭内作業　料　理	160〜195	1.6〜2.0
掃　除	195〜340	2.0〜3.4
工場内作業　ミシン掛け	180	1.8
軽作業	195〜240	2.0〜2.4
重	400	4.0
ツルハシ、ショベル作業	400〜475	4.0〜4.8
レジャー　社交ダンス	240〜435	2.4〜4.4
美容体操	300〜400	3.0〜4.0
テニス、シングルス	360〜460	3.6〜4.7
バスケットボール	490〜750	5.0〜7.6
競技レスリング	700〜860	7.0〜8.7

＊標準的な体表面積1.7m²のヒト（成人男子）を想定している

　単位のm²は、体表面積1m²当たりを表している。標準的な体表面積1.7m²の人（成人男子）を想定すると、表1のように、睡眠時で70W、椅子座休息時で75W、椅子座事務作業で110〜120W程度となる。女子はこの80〜85%程度の値である。

　人体はこの代謝によって熱を生産するが、周囲の環境へ熱放散しながらつり合いを保とうとしている。人体と周囲環境が熱平衡となっているとき、この関係は次式で表される。

$$M = C + R + E \quad \cdots\cdots\cdots ②$$

　ここに、M：熱生産量（代謝量）、C：対流による放熱量、R：放射による放熱量、E：水分蒸発による放熱量である。CとRについては負の値（受熱の状態）の場合もある。左辺が大きいときは放熱が不足して暑く感じている状態、右辺が大きいときは放熱が過剰で寒く感じている状態であるが、常に体温調節機構が働いて熱平衡が図られている。

(2) 温熱環境の6要素と着衣量

　人が感じる暑さや寒さの感覚、すなわち体感温度は、①気温、②相対湿度、③気流（風速）、④放射、⑤代謝量、⑥着衣量の6つの

要素によって決まる（図3）。①から④の環境側の要素を温熱要素といい、前述の人体の放熱機構と密接に関係している。気温が高くても湿度が低く風が吹いていれば涼しく感じたり、気温が低くても焚き火やストーブの前にいれば暖かく感じたりと、体感温度はこれらのバランスによって大きく変わる。⑤と⑥は人体側の要素であり、寒いときに体を動かして暖まるのは、代謝量を上げて熱生産を増やしている状態である。

また、人は暑さを感じれば服を脱いで薄着になり、寒さを感じれば着込んで厚着になる。着衣は体表面から周囲環境への熱移動を素材自体や空気層によって制御する働きがあるためである。着衣量は衣服による断熱力（熱抵抗）として **clo（クロ）** 値が用いられ、次のように表される。

$$1\,[\mathrm{clo}] = 0.155\,[\mathrm{m^2 \cdot K/W}] \quad \cdots\cdots\cdots\cdots\cdots\cdots\cdots ③$$

着衣量とclo値の関係を図4に示す。標準的なスーツ姿が1［clo］であり、clo値が大きいほど熱抵抗が大きくなるため、厚着ほどclo値は大きくなり、薄着であるほど小さくなる。裸体が0［clo］である。

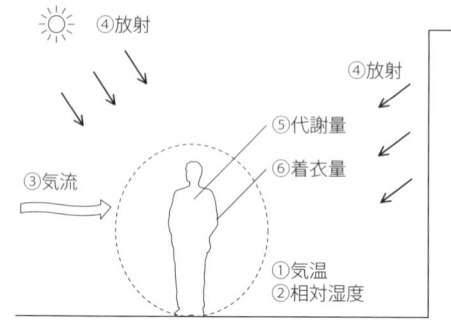

図3　体感温度を決める6要素

図4　代表的な着衣の状態とclo値

2　熱的快適性指標

(1) グローブ温度と平均放射温度MRT

体感温度を決定する温熱要素は気温、相対湿度、気流、放射であることは先に述べた。このうち放射は、**平均放射温度MRT**（mean radiant temperature）によって表される。人体は周囲のさまざまな表面温度の壁や天井との間で放射熱のやり取りをしているが、こ

★平均放射温度MRT ⇒ p.072

れと同じ放射量を示す平均周囲表面温度のことを平均放射温度MRTという。

MRTを正確に求めるには、周囲のすべての表面温度と測定点への影響の度合い（形態係数）を考慮して重み付けした平均値を求める必要があるが、かなり複雑である。そこで、グローブ温度計（globe thermometer）という機器を用いて**グローブ温度**（globe temperature）を測定することでMRTを概算する方法が使われている。

グローブ温度計とは、写真1、図5のように直径15cmの黒色つや消し塗装の銅球に温度計を挿入したものである。黒球に覆われることで、グローブ温度は周壁表面との放射熱交換の影響を強く受けたものとなる。MRTは、このグローブ温度θ_gと室温θ_i、風速vを測定することによって、次式により概算されることが知られている。

$$\text{MRT} \fallingdotseq \theta_g + 2.37\sqrt{v}\,(\theta_g - \theta_i)\ [℃] \quad \cdots\cdots ④$$

グローブ温度と室温が等しいときは、MRTも室温に等しいことになる。なお、計測機器に使用されるグローブ温度計には、前述の銅球の代わりに黒色つや消し塗装を施した樹脂製の球（ピンポン球など）[1]が使用されることもある。

MRTは形態係数の代わりに簡易に面積を用いて重み付けして概算する場合もある。このときは、周囲表面温度をθ_{si} [℃]、周囲表面積をA_i [m^2] として、次式のようになる。

$$\text{MRT} \fallingdotseq \frac{\theta_{s1}A_1 + \theta_{s2}A_2 + \cdots\cdots + \theta_{si}A_i}{A_1 + A_2 + \cdots\cdots A_i} = \frac{\sum_j \theta_{si}A_j}{\sum_j A_j}\ [℃] \quad \cdots\cdots ⑤$$

(2) 有効温度ETと修正有効温度CET

有効温度ET（effective temperature）はヤグロー（C.P.Yaglou）らによって提唱された、多数の被験者実験に基づいた温熱環境指標であり、気温、湿度、気流の3要素を総合化した最初の総合的体感温度である。「ある気温、湿度、気流の組合せと同じ温熱感覚となる相対湿度100%、無風時の気温」で定義される。

このETの算定には、図6のET線図が使われる。たとえば、対流式暖房室において通常の着衣で椅子座または軽作業の場合、乾球温度22℃、湿球温度18℃、気流速度0.1m/sのときの有効温度ETは、図の交点から20.5℃となる。相対湿度40～60%、気流速度0.5m/s以下の条件では、冬季：17～22℃、夏季：19～24℃が快適範囲とされている。しかし、ETでは温熱要素のうち放射の影響を考慮していないため体感と合わないケースがある。そこでこの欠点を補うために提案された指標が、**修正有効温度CET**（corrected effective temperature）である。CETでは乾球温度の代わりにグローブ温度を用い、ET線図上で同様に求めるものである。

写真1　グローブ温度計

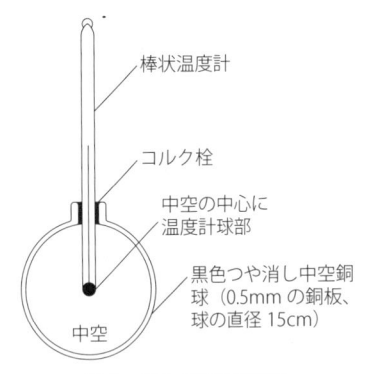

図5　グローブ温度計構造

1) 黒色ピンポン球などをグローブ温度計として使用する際には、正確には測定温度を径の違いによる補正式で補正する必要がある。

(3) 新有効温度 ET*と作用温度 OT

新有効温度 ET*（new effective temperature）は、温熱環境の環境側4要素（気温、相対湿度、気流、放射）、人間側2要素（代謝量、着衣量）のすべてを総合化した指標である。「ある気温、湿度、気流、放射の組合せと同じ温熱感覚となる、相対湿度50%、静穏時気流（0.1～0.15m/s）、気温とMRTが等しい状態のときの気温」で定義される。代謝量、着衣量は任意に設定できる。

また、気温とMRTが等しくない場合は、気流の代わりに**作用温度 OT**（operative temperature）が用いられる。作用温度は気温と平均放射温度を人体に対する対流および放射の熱伝達率で重み付け平均した温度である。気流が静穏である場合の放射暖房時などではこの対流および放射の熱伝達率の値はほぼ等しくなるので、作用温度は気温 θ [℃]、平均放射温度 MRT [℃] として次式で表される。

$$OT \fallingdotseq \frac{\theta + \mathrm{MRT}}{2} \ [\text{℃}] \quad \cdots\cdots\cdots\cdots\cdots\cdots\cdots\cdots ⑥$$

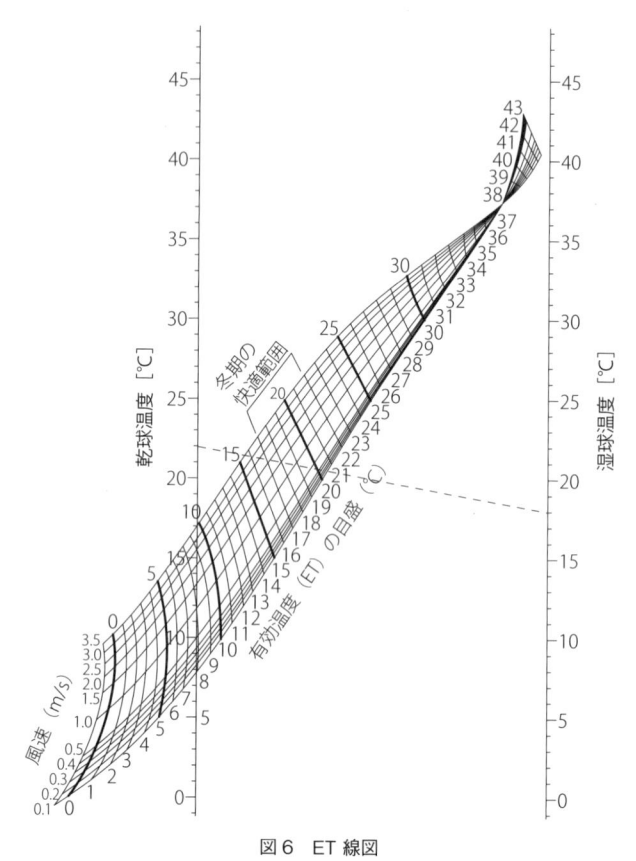

図6 ET線図
（対流式暖房の室内に通常の着衣で椅子座または軽作業の場合）

例題 1

室温 $\theta_i = 22$ [℃]、グローブ温度 $\theta_g = 20$ [℃]、風速 $v = 0.2$ [m/s] のとき、平均放射温度 MRT [℃] を求めよ。またこのときの作用温度 OT [℃] を求めよ。

解答

式④より

$$\begin{aligned} \text{MRT} &\fallingdotseq \theta_g + 2.37\sqrt{v}\,(\theta_g - \theta_i) \\ &= 20 + 2.37\sqrt{0.2}\,(20 - 22) \\ &= 17.9\ [\text{℃}] \end{aligned}$$

平均放射温度　17.9℃

式⑥より

$$\begin{aligned} \text{OT} &\fallingdotseq \frac{\theta_i + \text{MRT}}{2} \\ &= \frac{22 + 17.9}{2} \\ &= 20.0\ [\text{℃}] \end{aligned}$$

作用温度　20.0℃

(4) 標準新有効温度 SET*

標準新有効温度 SET* (standard new effective temperature) はET*の標準化を進めたものであり、「ある気温、湿度、気流、放射、代謝量、着衣量の組合せと同じ温熱感覚となる、相対湿度50%、静穏時気流 (0.1〜0.15m/s)、気温と MRT が等しい状態で、代謝量1.1 [Met] (椅子座)、着衣量0.6 [clo] (軽装) という標準的な環境のときの気温」と定義される。これによって、空間の温熱感覚の相互比較が可能となる。

たとえば、室温25℃、相対湿度40%のときのSET*は、図7で両者の交点から等SET*線を辿って相対湿度50%との交点を求め、この点からSET*は約24.7℃と求められる。図中のアミ部が、ASHRAE[2] による着衣量0.8〜1.0 [clo] のときの快適範囲である。

(5) 不快指数 DI

不快指数 DI (discomfort index) は、よく夏の蒸し暑さを表す指標として耳にする言葉であるが、これはETの一部を数式化したもので、乾球温度 θ [℃]、湿球温度 θ' [℃] として次式で表される。

$$\text{DI} = 0.72\,(\theta + \theta') + 40.6\ [\text{℃}] \quad \cdots\cdots ⑦$$

式のように、気流と放射の影響は含まないため、これらの影響が大きい環境では誤差が大きくなる。DI が75未満では快適とされ、75以上では体感と次のように対応づけられている。

DI ≧ 75：やや暑い
DI ≧ 80：暑くて汗が出る　　DI ≧ 85：暑くてたまらない

---

[2] ASHRAE (American Society of Heating, Refrigerating and Air-Conditioning Engineers, Inc.) アメリカ暖房冷凍空調学会のこと。空気調和システムに関連する工業規格やガイドラインも策定している。

★湿球温度⇒ p.077

図7　SET*線図と快適範囲

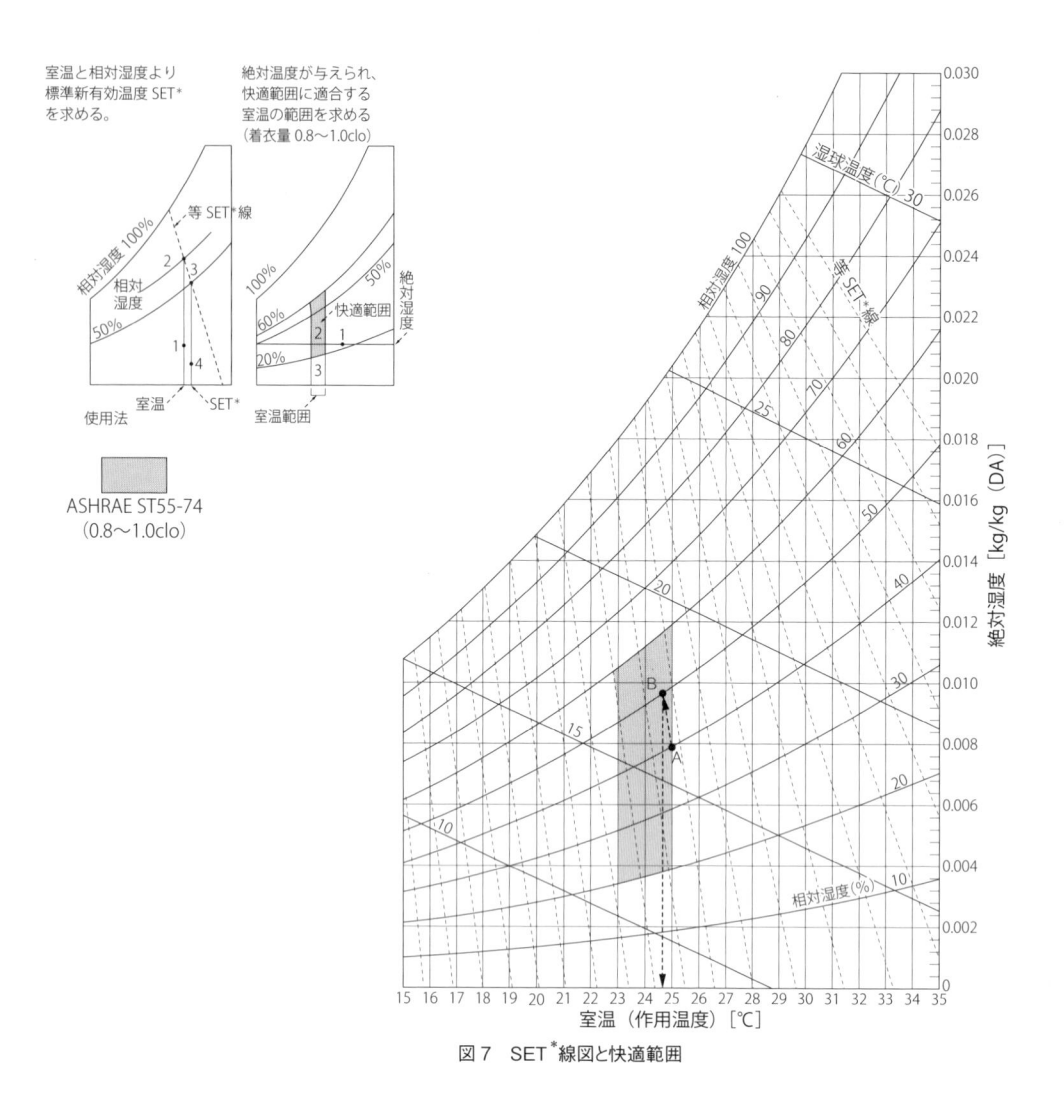

例題 2

室温 23℃、相対湿度 80％のときの標準新有効温度 SET* を求めよ。

解答

図7より、SET* = 23.8［℃］

標準新有効温度　23.8℃

(6) PMVとPPD

PMV とは Predicted Mean Vote（予測平均申告）の略語であり、ファンガー（P.O.Fanger）が提案した温熱環境指標である。温熱環境の6要素すべてを用いて、人体の熱収支式と多くの被験者実験に基づいてつくられている。計算式はやや複雑なためここでは省略するが、これまで紹介した指標がどれも体感温度［℃］として表現されていたのに対して、PMV の値は 0（どちらでもない＝中立）を中心に、－3（非常に寒い）から＋3（非常に暑い）までの温冷感

表2 PMV, PPD と温冷感

PMV	温冷感		PPD
+3	hot	非常に暑い	99%
+2	warm	暑い	75%
+1	slightly warm	やや暑い	25%
±0	neutral	どちらでもない	5%
−1	slightly cool	やや寒い	25%
−2	cool	寒い	75%
−3	cold	非常に寒い	99%

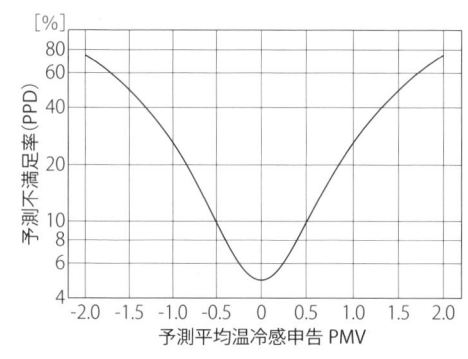

図8 PMV と PPD の関係

の数値として表現されていることが特徴である。このように、ある環境において、暑さ、寒さについて予想される平均的な申告値が求められることからPMVと呼ばれている。

PPD とは Predicted Percentage of Dissatisfied（予測不満足率）の略語で、人々の個人差によるばらつきを考慮して、各PMV値に対応して熱的に不満足と感じる人の割合を表したものである。PMVとPPDの関係を表2および図8に示す。PMV＝0でもPPDは5％となっている。また、国際標準化機構（ISO）では、−0.5＜PMV＜＋0.5（このとき、PPD＜10％）が快適推奨域とされている。

写真2のように、あらかじめMet値とclo値を入力したうえで、温度、湿度、気流、グローブ温度を測定してリアルタイムにPMV値とPPD値を算出・表示する機器もある。

(7) 湿球グローブ温度 WBGT

近年、都市部ではヒートアイランド問題の進行とともに、夏季には熱中症予防等のため屋外の暑熱環境指標が取り上げられるケースが増えてきている。代表的な指標が**湿球グローブ温度 WBGT**（wet bulb globe temperature）であり、気温 θ [℃]、グローブ温度 θ_g [℃]、湿球温度 θ' [℃] として次式で表される。

$$WBGT = 0.7\theta' + 0.2\theta_g + 0.1\theta \quad (日なたの場合) \cdots\cdots ⑧$$
$$WBGT = 0.7\theta' + 0.3\theta_g \quad (室内または日影の場合) \cdots\cdots ⑨$$

表3に示すように屋外スポーツなどの熱中症予防の指標にも用いられ、暑さ指数と呼ばれることもある。

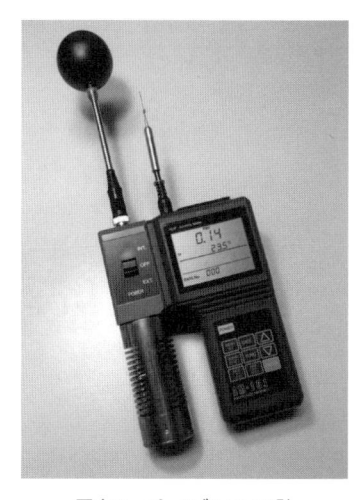

写真2 ポータブル PMV 計

★ヒートアイランド⇒ p.156

表3 熱中症予防のための運動指針とWBGT

WBGT℃	湿球温度℃	乾球温度℃	熱中症予防運動指針	
31	27	35	運動は原則中止	WBGT31℃以上では、特別の場合以外は運動を中止する。特に子どもの場合には中止すべき。
28	24	31	厳重警戒 (激しい運動は中止)	WBGT28℃以上では、熱中症の危険性が高いので、激しい運動や持久走など体温が上昇しやすい運動は避ける。運動する場合には、頻繁に休息をとり水分・塩分の補給を行う。体力の低い人、暑さになれていない人は運動中止。
25	21	28	警戒 (積極的に休息)	WBGT25℃以上では、熱中症の危険が増すので、積極的に休息をとり適宜、水分・塩分を補給する。激しい運動では、30分おきくらいに休息をとる。
21	18	24	注意 (積極的に水分補給)	WBGT21℃以上では、熱中症による死亡事故が発生する可能性がある。熱中症の兆候に注意するとともに、運動の合間に積極的に水分・塩分を補給する。
			ほぼ安全 (適宜水分補給)	WBGT21℃未満では、通常は熱中症の危険は小さいが、適宜水分・塩分の補給は必要である。市民マラソンなどではこの条件でも熱中症が発生するので注意。

1) 環境条件の評価にはWBGTが望ましい
2) 乾球温度を用いる場合には、湿度に注意する。湿度が高ければ、1ランク厳しい環境条件の運動指針を適用する

写真3のように、温度、湿度、グローブ温度を測定してリアルタイムにWBGT値を算出・表示する機器もある。

写真3 ポータブルWBGT計

例題 3

日なたにおいて、気温 $\theta = 35$ [℃]、グローブ温度 $\theta_g = 45$ [℃]、湿球温度 $\theta' = 34$ [℃] のときの湿球グローブ温度WBGTを求めよ。

解答

式⑧より
$$\begin{aligned}
WBGT &= 0.7\theta' + 0.2\theta_g + 0.1\theta \\
&= 0.7 \times 34 + 0.2 \times 45 + 0.1 \times 35 \\
&= 36.3 \text{ [℃]}
\end{aligned}$$

湿球グローブ温度　36.3℃

3 温熱環境の測定機器

(1)アスマン通風乾湿計

　感温部が乾燥している温度計を乾球温度計といい、測定値は乾球温度（＝気温）を表す。また温度計の感温部を濡れたガーゼでくるんだものを湿球温度計といい、測定値は湿球温度を表す。湿球温度計では水分が蒸発して感温部から熱を奪うため、相対湿度が低いほど湿球温度は下がり、乾球温度との差は大きくなる。逆に、相対湿度が高いほど湿球温度は上がり、相対湿度100%では乾球温度と湿球温度の値は等しくなる。アスマン通風乾湿計とは、ファンによって感温部で5m/sの気流を保つようにして乾球温度と湿球温度を正確に測定する機器である（図9）。相対湿度は、これら乾球・湿球温度の測定値から早見表を用いたり、湿り空気線図を用いたりして求める。

★アスマン通風乾湿計⇒ p.014

★湿球温度⇒ p.062

★湿り空気線図⇒ p.062

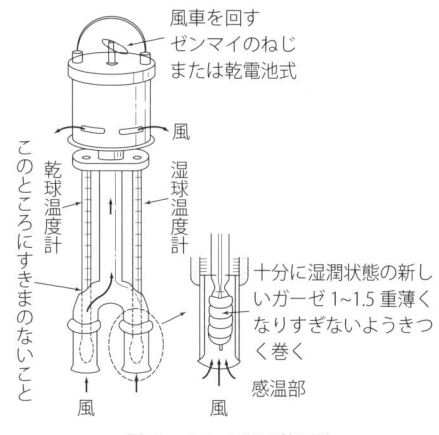

図9　アスマン通風乾湿計

(2)熱電対

　2種類の異なる金属線の両端どうしを接続し、端部に温度差があると起電力（電位差）が発生する原理（ゼーベック効果）を利用して、電位差を測定することで温度差を求めることができる。このような1対の金属線を熱電対（thermocouple）という。金属の組合せにはさまざまなものがあり、使用する温度範囲や耐熱性、耐食性などによって選定される。環境測定分野では、銅とコンスタンタンによるT型熱電対や、クロメルとアルメルによるK型熱電対が使われることが多い。熱電対に対応したデータロガーに接続して使用すれば、電位差が温度に変換されて出力されるので便利である。

★熱電対⇒ p.013

(3)熱線式風速計

　室内の気流測定には、一般に熱線式風速計が使用される。熱線（白金線やタングステン線など）の温度を一定に保つとき、気流による冷却量を電力で補う必要があるため、このときの電圧を測定するこ

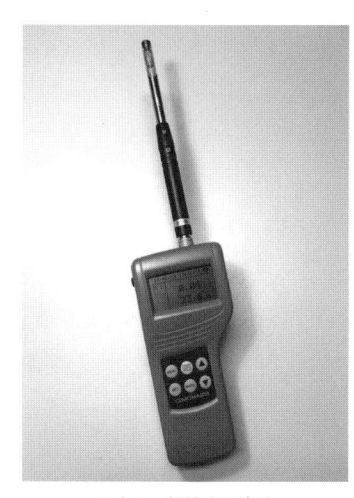

写真4　熱線式風速計

★熱線式風速計⇒ p.015

> コラム

さまざまな冷暖房機器と温熱環境

暖房機器は、大きく対流式と放射式に分けられる。家庭用を例にとると、次のような機器が挙げられる。

対流式：エアコン、石油・ガスファンヒーター等
放射式：床暖房、ストーブ、ハロゲンヒーター、オイルヒーター、ホットカーペット、暖炉等

違いを一言で言うと、対流式は空気を暖めるもので、放射式は人体や壁・床などの面を直接暖めるものである。両者の主な特徴には次のようなものが挙げられる。

[対流式暖房]
・室内の空気をかき混ぜながら部屋全体を暖める。
・石油・ガスのファンヒーターは吹出温度も高く、立ち上がりが早い。

[放射式暖房]
・気流感のない快適な温熱環境をつくりやすい。
・室内の上下温度差が小さくなるため快適性が高い。
・天井の高い空間などでは人のいない上部空間を無駄に暖めることがなく効率的である
・壁や床に熱容量の大きい材料を使用していれば蓄熱による効果も期待できる。

一方で、放射式暖房はエアコンやファンヒーターに比べると出力が小さいため部屋がすぐに暖まらなかったり、部屋全体を暖めようとすると電気代がかかったりするものも多い。

このように対流式と放射式はそれぞれ特徴があるため、部屋の大きさや用途、ライフスタイルによってうまく使い分けるのが上手な使い方である。

なお、冷房機器については、住宅用としての導入事例はまだほとんど見られないが、放射式冷房システムも注目され始めている。天井や壁に冷水パイプを設置・埋設して表面を冷やすことで気流感のない涼しい空間をつくるものである。高齢者施設や病院など、居住者が長い時間室内で生活するような施設における導入事例が増えつつある。もともとはドイツなど欧州で使われているシステムであるが、高温多湿の日本では冷却面の結露が問題となるため、除湿機を併用したり、あえて結露させながら冷却する放射式冷房システムなども使われている。

とで気流値を算出する機器である（写真4）。指向性と無指向性のものがあり、ダクト内気流は指向性、室内の微風速測定には無指向性など、用途に応じて使い分けられている。

演習問題 1

自宅のなかで、最も快適と感じる部屋と、快適でないと感じる部屋を選び、両者にどのような違いがあるのか考察せよ。夏期と冬期で部屋が異なる場合は季節ごとに選んで考察せよ。

演習問題 2

温度計（簡易なもので良い）を携帯して、比較的気温が高くても、あるいは低くても快適に感じる場所（室内・屋外は問わない）を探し、そう感じる理由について、温冷感に関わる要素の面から考察せよ。

6章 空気質環境

現代の生活は、以前の日本における平均的な生活形態に比べても、都市化の促進により建物の内部で過ごすことが多くなった。また、建物自体も、以前の日本家屋は開放的なものが主であったが、近年は高気密化の促進により、意識して換気を行わない限り、十分に室内の空気が清浄に保てなくなってきている。この章では、室内空気の中でも、暑い、寒いといった温熱環境ではなく、空気がよい、悪いといった**空気質環境**について取り扱う。

1 空気汚染物質の種類

一般に空気汚染物質というとき、必ずしも有害性が強い物質に限定せず、標準的な空気の組成に含まれないもの全体を、「汚染物質」として扱う場合が多い。また、二酸化炭素のように、もともと標準的な空気の組成に含まれてはいるが、人体などからの発生により自然界の標準外気濃度よりも高くなることで、汚染物質として扱われるものもある。

汚染物質は大きく、**ガス状汚染物質**（gaseous matter）と、**粒子状汚染物質**（particle matter）の2つに大別される。ただし、タバコ煙はこれら両方の要素を含み、かつ室内での汚染物質としてとくに対策が必要な汚染源であるので、ここでは例外として独立して説明する。

(1) ガス状汚染物質（gaseous matter）

ガス状汚染物質とは、ガス（気体）の形で存在する汚染物質である。通常は単分子で存在するため、大きさは非常に小さく0.1～数10nm程度である[1]。また、単一の物質であるため、化学的な組成や特性が明確である。代表的なものとして、一酸化炭素（CO）、窒素酸化物（NO_x）、ホルムアルデヒド（formaldehyde：HCHO）や、ベンゼン・トルエン類に代表される揮発性有機化合物（VOC：volatile organic compounds）などがある。

1) 二酸化炭素（CO_2：carbon dioxide）

二酸化炭素[2] は別名炭酸ガスとも呼ばれ、ガス状汚染物質の代表的なものであるが、標準的な空気の組成にも400ppm（0.04%）程度含まれるものである。無色・無臭の水溶性の気体である。建築物衛生法（建築物における衛生的環境の確保に関する法律）での管理基準は1,000ppm以下である（表2）。健康に対する影響としては、健康な成人では濃度が1.5%程度で軽度の代謝障害を起こし、8～10%では意識混濁を起こし昏倒するとされる。二酸化炭素の発生源としては、人間の呼気のほか、タバコや暖房・給湯器などの燃焼器具類が挙げられる。二酸化炭素はかなり高濃度でない限り有害性が比較的低いにもかかわらず、室内空気汚染を代表する指標として扱われることが多い。これは発生源が人間そのものや人間の生活に欠

写真1 検知管

ガスの測定に際しては、その対象となるガスに応じてさまざまな計測機器が用いられるが、代表的なものとして検知管がある。検知管は対象ガスと反応する物質がガラスの管の中に入っており、ポンプを用いて一定量の空気を吸い込むことで濃度を計測する測定器である。簡便かつ正確であるので、さまざまな用途に用いられる。

1) nm は 10^{-9}m（10億分の1メートル）

2) 二酸化炭素の濃度は場所により大きく変わる。都心部では、人間の活動、とりわけ自動車からの排出分が非常に多く、外気でも400～500ppm近くに達することがある。一般に換気に必要とされる量は、外気の二酸化炭素濃度を300ppmで計算したときの値が使われることが多いが、この値だと換気量が不足する場合があるので注意が必要である。

かせない機器類であり、また換気量を測る目安として汎用性が高いこと、測定が比較的容易で安価であることなどが理由である。

2) 一酸化炭素（CO：carbon monoxide）

一酸化炭素[3]は二酸化炭素と同様にガス状汚染物質の代表的なものである。無色・無臭の難水溶性の気体で、きわめて有害性が強く、建築物衛生法での管理基準は10ppm以下である（表2）。30ppmを超えると視覚や精神機能の障害が発生し、2,000ppmを超えると短時間で死亡につながる。一酸化炭素は石油や都市ガスのような炭素を含むものが不完全燃焼することによって発生する。室内での発生源としては、タバコや開放式の燃焼器具（給湯器、ストーブ、厨房）などがその代表として挙げられる。

3) 窒素酸化物（NO_x：nitrogen oxide）

窒素酸化物の多くは二酸化窒素（NO_2）であるとされている。硝酸系の強酸であり、自動車のエンジンなど高温・高圧で燃焼を行った際に発生する。その他の発生源としては燃焼器具が挙げられるが、外気からの侵入が多いとされている。また、地下に駐車場がある場合、注意が必要である。

4) 硫黄酸化物（SO_x：sulfur oxide）

二酸化硫黄は無色の気体であり、石油などに含まれる硫黄分が燃焼したときに発生する。したがって、室内での発生源は石油ストーブなどに限られる。一般に外気のほうが濃度は高いとされ、工場地域や幹線道路の近くでは、外気の侵入を防ぐことが主な対策となる。

5) ラドン（Rn：radon）

ラドンはウランの崩壊過程で発生する放射性物質であり、気体として存在することが特徴である。主な発生源は土壌であり、またラドンを含む土を使用した建材（コンクリートなど）も発生源となる。換気が十分に行われている限り、健康に深刻な影響を及ぼすことはまれとされているが、地下室などでは注意が必要である。

6) オゾン（O_3：ozone）

オゾンは酸素原子が3つ結合することでできるガスである。特有のにおいをもつ。酸素に圧力をかけることによって発生するが、そのほかに光化学反応やコロナ放電によっても発生する。近年、コピー機やプリンターから発生するものが問題視されつつある。

7) ホルムアルデヒド（HCHO：formaldehyde）

ホルムアルデヒドは特有の刺激臭がある無色の気体で、有害性は強く、建築物衛生法での管理基準値は$0.1mg/m^3$（≒0.08ppm）である。合成樹脂の生産の際に使用される化学物質である。建築資材としては、パーティクルボードや合板等を生産する際の接着剤に含まれるほか、家具類からも発生するため注意が必要である。またタバコからも発生することが知られている。皮膚や粘膜に対して強い刺激をもたらし、シックハウス症候群を引き起こす代表的な物質である。

[3] 一酸化炭素は強い毒性をもっているため、いまだに中毒事故が後を絶たない。とくに積雪の多い地方では、雪が建物全周囲を覆ってしまうため、冬場は建物の気密性が非常に高くなることがある。このような状態で、練炭などの炭火を燃やすと酸素が欠乏し、不完全燃焼が起こりやすい状態になるので、十分に注意が必要である。

8) 揮発性有機化合物（VOC：volatile organic compounds）

揮発性有機化合物とは沸点が比較的低い有機化合物の総称で、シックハウス症候群の原因のひとつとされている。ベンゼンやトルエンなどが代表的な物質であるが、これらは塗料や接着剤、その他合成樹脂製品など非常に幅広く工業製品全般に使用されているため、建材のみを対象として発生を抑えても効果には限界がある[4]。そのため、住宅では24時間換気が必要である。

9) 臭気

特有のにおいをもつガスは4,000種類を超えるといわれるが、**臭気**の定義としては、「人間が不愉快に感じるにおい」であり、非常に主観的な部分が大きい。たとえば、香水はそれ自体では好ましいにおいとして使用されているものであるが、周囲の人にとっては時として不愉快に感じることもある。臭気の強さは、表1に示す**臭気強度**という指標で定義されている。臭気強度は、図1に示すように濃度の対数に比例しており、臭気のもととなる物質の濃度と明確な関係がある。また、においの強さを示す尺度として、**臭気濃度**という指標もある。これは、臭気を含む空気を無臭の空気で希釈していって、被験者が臭気を感じなくなる倍率をもってにおいの強さを表すものである。臭気濃度が10のときの臭気強度は2.5、臭気濃度が30のときの臭気強度は3.0、臭気濃度が70のときの臭気強度は3.5に相当するとされている。

なお、臭気に限らず、人間の感覚を表す量（感覚量）は、そのもととなっているものの濃度やエネルギー量（物理量）と対数の関係にあることが多い（ウェーバー-フェヒナーの法則）[5]。つまり、人間の感覚器官は、わずかな濃度差を感じ取ることができると同時に、過剰な濃度環境下におかれたときには感覚が鈍くなることで、その器官が破綻しないようになっているといえる。

4) 揮発性有機化合物には非常に多くの種類があり、また実際に空気を測定しても、多数の種類が同時に検出されるのが通常である。そのため、揮発性有機化合物の英語での略称を表すVOCは複数形の意味でVOCsと表記されることもある。また、VOCの総和としてTVOC（Total VOC）という指標を用いることがある。

5) 物理量と心理量が対数の関係にあるものとして、におい以外では音がその代表として挙げられる。

★ウェーバー-フェヒナーの法則⇒ p.127

表1　臭気強度

指数	示性語	影響
0	無臭	全く感知しない
0.5	最小限界	きわめて微弱で、訓練された者によりかぎ出し得る
1	明確	正常人には容易にかぎ出し得るが、不快ではない
2	普通	愉快ではないが不快でもない。室内での許容強さ
3	強い	不快である。空気は嫌悪される
4	猛烈	猛烈であり、不快である
5	耐え得ず	吐き気を催す

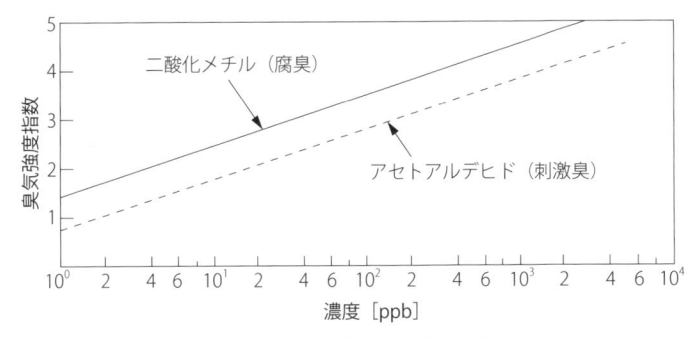

図1 臭気物質の濃度と臭気強度の関係

(2) 粒子状汚染物質 (particle matter)

粒子状汚染物質[6]は、粉じん（dust）やじんあいとも呼ばれる。粒子の大きさは10nm～数10μmで、ガス状汚染物質に比べるとはるかに大きい。また、組成としては複数のものからできており、化学的な特性が明確にできない場合が多い。また、花粉やダニの死骸などの生物由来の粒子も、粒子状汚染物質の一種と考える場合が多い。

1) 浮遊粉じん（airborne particle）

浮遊粉じんは粒子状汚染物質のなかで最も一般的なものである。浮遊粉じんには、粉じん、じんあい、浮遊微粒子、SPM（suspended particle matter）などのさまざまな呼び方があるが、いずれもほぼ同じ意味で使われている。組成としては、土壌由来のもの、繊維由来のものなどがある。土壌由来のものはケイ素が主体の、いわゆる土ほこりである。外気に多いが、室内でも床から舞い上がったものなどがある。繊維由来のものは炭化水素が主体で、いわゆる綿ぼこりである。衣服や布団などから飛散し室内に多い。いずれも、さまざまなものが混合している場合が多く、物性としては特定しにくい。そのため有害性も一言では表現できない。

6) 粒子状汚染物質と表現すると、固体を連想するが、ここで取り扱っているものの中にはオイルミストのような高分子有機化合物である液体も含まれる。こういった空気中に浮遊する微小な固体または液体の粒子のことをエアロゾル（aerosol）と呼ぶ。液体も固体も微小な状態であれば、両者の挙動はほとんど変わらないことから、粒子状の汚染物質を扱うときにはこのような考え方をすることが普通となっている。霧のような状態を想像するとよい。

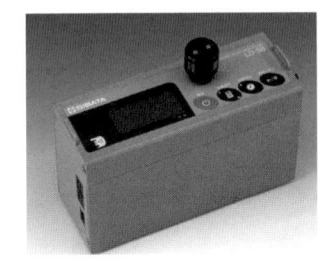

写真2 デジタル粉じん計

粒子状物質の測定の際には、デジタル粉じん計が用いられることが多い。これは粉じんに強い光を当て、その散乱光の強さから粉じん濃度を測定するものである。

コラム

PM2.5について

　粒子状汚染物質のうち、粒径が2.5μm以下の微細なものをPM2.5と呼ぶ。

　一般に粒子状汚染物質は、その生成プロセスで分類すると、大きなものが破砕してできてくるもの（一次生成粒子と呼ぶ）と、工場などからの排出ガスが、紫外線により光化学反応を起こして粒子化したもの（二次生成粒子と呼ぶ）に分かれる。

　二次生成粒子のほうが粒径は小さいが、有毒性が強いものが多い。質量濃度分布で見ると、一次生成粒子と二次生成粒子の濃度分布の分かれ目が2.5μm程度であるため、これより小さい粒子は二次生成粒子である確率が高いと考え、とくに警戒の対象としている。

2) アスベスト（asbestos）

アスベストは石綿とも呼ばれる自然界に存在する天然の鉱物である。種類は数種類あるが、いずれも太さが0.数μm〜数μm程度のきわめて細い繊維状の物質が綿状になったものである。不燃性、耐腐食性、耐摩耗性、保温性、断熱性に優れ、かつ安価であったため、1950〜60年代から、建築物の耐火被覆として鉄骨に直接吹き付けたり、強度を増すために石膏やボード類に混ぜ込んだりして利用されていた。また設備分野でも、断熱材として用いられるほか、高い耐摩耗性を活かしてエレベータのブレーキなどに使用されていた。しかし、その後アスベストが体内に吸い込まれると、肺胞まで達して中皮腫や肺がんの原因となることがわかり、現在では使用が禁止されている[7]。

3) アレルゲン（allergen）

アレルゲンとは、アレルギー反応を引き起こす物質のことである。その多くはダニなどの虫およびその糞や死骸、花粉や真菌（カビ）の胞子、ペットの毛など生物由来のものが多いが、化学物質などに対する極端な過敏症も近年問題となっている。健康への影響としては、呼吸器系疾患、鼻炎（花粉症）などが代表的であるが、劇症性のものもあるので十分注意が必要である。個人の体質や免疫の状態によりアレルゲンとなる物質が異なること、また住宅の高気密化が進んだことなどで、問題が多様化、複雑化している。

4) 浮遊微生物（airborne microbial）

微生物とは肉眼では見えない生物の総称であり、おおむね0.1mm以下の大きさで、原虫、真菌（カビ）、細菌、ウイルスなどに分類される。健康への影響としては、さまざまな病原菌となるのに加え、真菌類はカビの形で建物の壁や内装における表層や内部の劣化の原因ともなる。微生物が他の汚染物質と最も異なる点は、増殖していく点である。とくに、真菌類の繁殖リスクは、室内や建材中の含湿率が極端に上昇したり、室内の相対湿度が長期間高い状態が続いたりすることで著しく高まるため、湿度の管理が重要である。

(3) タバコ煙（tobacco smoke）

タバコ煙は、燃焼しながら発生し、発生してから秒単位の時間内で様相が変化していく。化学組成的に見れば、3,000〜4,000種類もの物質から構成され、無機ガスである一酸化炭素、二酸化炭素などから、高分子有機物質であるタール類までさまざまなものを含む。分子量の大きな物質の中には、発生当初は高温であるためガスとして存在するが、温度が下がるに伴って液体（エアロゾル）となり、壁などに付着し残り続けるものがある。タバコ煙は主流煙（mainstream smoke）、副流煙（sidestream smoke）、吐出煙の3つに分かれる[8]。主流煙とは喫煙者自身が吸い込む煙で、副流煙とは置きタバコの状態で立ち上る煙である。また、さらに喫煙者が吐き出した煙を吐出煙（呼出煙）と呼ぶ。副流煙および吐出

---

[7] アスベストとよく混同されるものに、ロックウールがある。ロックウールはアスベストの代用品としてつくられたものであるため、用途や性質にアスベストと似通った面があるが、こちらはあくまで人工物である。アスベストに比べて、繊維がもろく太い。そのためアスベストほどの強靱性をもたないが、折れやすいためにアスベストより毒性ははるかに低いとされる。

写真3　バイオサンプラー

空気中の微生物の捕集の際には、シャーレに落下菌を集める方法が以前から用いられていたが、最近では迅速に捕集するために（バイオサンプラー捕集機）が使われることが多い。

[8] タバコ煙に含まれる有害物質の濃度は、一般に副流煙のほうが5〜7倍程度高い。そのため、喫煙者本人よりもその周囲にいる非喫煙者のほうがより健康被害を受けやすい状況にあるともいえる。受動喫煙が問題となる原因の一つとなっている。

> コラム
>
> **分煙**
>
> 喫煙室の設置による分煙
>
> 喫煙者と非喫煙者の共存を目的として「分煙」を行う場合も多い。分煙とは文字どおり、「煙を分ける」ことを意味し、時間分煙と空間分煙の2つの方法がある。時間分煙とは、喫煙時間を特定の時間のみに定めることで、空間分煙とは喫煙空間と非喫煙空間を分けることである(写真)。しかしタバコ煙は粒子が非常に小さいこと、また内装材や家具の表面に付着することなどから、空間分煙、時間分煙ともに完全に煙を分断することは難しい。空間分煙のためのタバコ煙のろ過装置（分煙機）も市販されているが、フィルターに付着したタバコ煙が時間とともに徐々に分解し、ガスとして空気中に放散されるため、フィルターのみで完全にタバコ煙を除去することはやはり困難である。分煙を確実に行うためには、喫煙エリアと非喫煙エリアとを完全に分離し、空調機も別系統とするなど、根本的な対策が必要なので、改修では十分な分煙を行うことは難しく、設計段階からしっかりと対応を考えておくことが不可欠である。

煙は空間中に漂い続けるため、同じ空間にいる非喫煙者も吸引してしまうことがある。このような状態のことを受動喫煙（passive smoking）と呼び、避けるべき現象である。また、受動喫煙のもととなる空間中に漂うタバコ煙のことを環境タバコ煙(environmental tabacco smoke：ETS) と呼ぶ。空気中や付着した壁面から、一部がガス成分として蒸発することで、室内ににおい成分が残り続けるなど、他の汚染物質にはない特徴的な傾向が見られる。

2002年には、国民の健康維持と現代病予防を目的として健康増進法が制定され、公共の場での受動喫煙の防止が徹底されるようになった。これと同時に、建物内は禁煙とし、一部に喫煙ルームを設置するなど、「分煙」の考え方を採用する設計方法も一般的となっている。

2 汚染物質の除去

汚染物質を除去し室内の空気を清浄に保つには、室内の汚染空気を清浄な（汚染程度の小さい）外気で「希釈」する方法と、汚染物質のみをフィルター等で除去すなわち「ろ過（filtration）」する方法がある（写真4）。希釈とは、室内の汚染物質を含む空気を外部空間に放出し、同量の清浄な外気と交換することにほかならず、「**換気（ventilation）**」と呼ばれる。換気はガス状汚染物質に対して有効である。

一方、粒子状汚染物質に対しては、土ぼこりに代表されるよう

写真4 空調用フィルター（日本無機製中性能フィルター）

に「外気のほうが清浄である」という前提は成り立たないことが多い。そのため、換気ではなく、空調用フィルターを使ったろ過を行う必要がある。一般に効率の高いフィルターほどフィルターの価格や交換頻度など、維持管理のための費用が高くなる。ろ過の手法は空気調和設備を扱った教科書に詳しい記載があるため、ここでは以降、より環境工学的な手法である換気のみに着目して解説する。

3 | 汚染物質の許容濃度に関する指針

汚染物質を除去するにあたって、どの程度まで希釈あるいはろ過すべきか、という室内の許容濃度の設定が必要になる。建築物の室内における空気汚染の許容濃度としては、「建築物における衛生的環境の確保に関する法律」(**建築物衛生法**)で、空気調和設備を設けている居室の空気質については、表2に示す基準に適合することが求められている。この法律では、対象となる建物を3,000m^{2}以上の事務所、百貨店などの特定用途の建築物に限定しており、住宅などは対象となっていない。しかし、小規模な建物や空調設備を設けていない居室についても、この指針が参考にされることが多い。また建築基準法においては、居室で最低限必要とされる換気量として、1人当たり、1時間当たりの必要外気量を20m^3/h 人以上と定めている。

厚生労働省は、1997年以降、国内外で入手可能な毒性に関する科学的知見から、「一生涯にわたってその濃度の空気を摂取しても、健康への有害な影響は受けないであろうと判断される値」として、VOCについての**室内濃度指針値**を表3のとおり定めている。また、個々のVOCの指針値とは別に、室内空気質のTVOC(総揮発性有機化合物)の暫定目標値を400μg/m^{3}と定めている。この数値は、国内家屋の室内VOC実態調査をもとに、合理的に達成可能なレベルとして決定されており、室内空気質の化学物質許容量の目安として利用されている(表3)。

しかし、すべての汚染物質について許容濃度や指針値が定められているわけではなく、国内外の科学的知見が充実してくる過程で項目が追加されたりすることもある。建築設計に携わる者は、最新情報の収集に注意を払うと同時に、より安全側に設計をすることに配慮すべきである。

4 | 換気の種類

換気には、空気の温度差や外気風を利用する「**自然換気**(natural ventilation)」と、おもに電力をエネルギーとして人工的に気流をつくり出す「**機械換気**(mechanical ventilation)」の2種類がある。

表2　空気管理基準〔建築物衛生法管理基準による〕

管理項目	管理基準
浮遊粉じん量	0.15mg/m³以下
一酸化炭素	10ppm以下
二酸化炭素	1,000ppm以下
温度	17℃以上28℃以下
相対湿度	40%以上70%以下
気流	0.5m/s以下
ホルムアルデヒド	0.1mg/m³以下（0.08ppm以下）

表3　室内化学物質の指針値（TVOCは暫定目標値）

揮発性有機化合物	毒性指標	室内濃度指針値	設定日
ホルムアルデヒド	ヒト吸入暴露における鼻咽頭粘膜への刺激	100 μg/m³ (0.08ppm)	1997.6.13
トルエン (1)(2)	ヒト吸入暴露における神経行動機能および生殖発生への影響	260 μg/m³ (0.07ppm)	2000.6.26
キシレン (1)(2)	妊娠ラット吸入暴露における出生児の中枢神経系発達への影響	870 μg/m³ (0.20ppm)	2000.6.26
パラジクロロベンゼン (1)(2)	ビーグル犬経口暴露における肝臓および腎臓等への影響	240 μg/m³ (0.04ppm)	2000.6.26
エチルベンゼン (1)(2)(3)	マウスおよびラット吸入暴露における肝臓および腎臓への影響	3800 μg/m³ (0.88ppm)	2000.12.15
スチレン (1)(2)	ラット吸入暴露における脳や肝臓への影響	220 μg/m³ (0.05ppm)	2000.12.15
クロルピリホス (4)(5)	母ラット経口暴露における新生児の神経発達への影響および新生児脳への形態学的影響	1 μg/m³ (0.07ppb) ただし小児の場合は 0.1 μg/m³ (0.07ppb)	2000.12.15
フタル酸ジブチル (1)(3)(5)	母ラット経口暴露における新生児の生殖器の構造異常等の影響	220 μg/m³ (0.02ppm)	2000.12.15
テトラデカン (2)(6)	c8-c16混合物のラット経口暴露における肝臓への影響	330 μg/m³ (0.04ppm)	2001.7.5
フタル酸ジエチルヘキシル (3)(5)	ラット経口暴露における精巣への病理組織学的影響	120 μg/m³ (7.6ppb) 注1	2001.7.5
ダイアジノン (4)(5)	ラット吸入暴露における血尿および赤血球コリンエステラーゼ活性への影響	0.29 μg/m³ (0.02ppb)	2001.7.5
アセトアルデヒド (1)(2)	ラット経気道暴露における鼻腔嗅覚上皮への影響	48 μg/m³	2002.1.22
フェノブカルブ (3)(5)	ラットの経口暴露におけるコリンエステラーゼ活性などへの影響	33 μg/m³ (3.8ppb)	2002.1.22
総揮発性有機化合物量（TVOC) (1)(3)	国内の室内VOC実態調査の結果から、合理的に達成可能な限り低い範囲で決定	暫定目標値 400 μg/m³	2000.12.15

(1) 自然換気の種類

　自然換気には、代表的なものとして風の圧力を利用する「風力換気」と、室内外や室内の鉛直方向の温度差によって生じる空気の密度の違いを駆動力とする「温度差換気」（重力換気、密度差換気ともいう）などがある。これら自然換気は、温度や風などの成行きによって換気量が定まるため、厳密に汚染濃度や風量を制御したい空間には不向きだが、ある程度の空気質の変動が許容される建物においては、省エネルギーかつ快適な空気質・温熱環境の実現に大変有用な方法といえる。また、省エネルギーのため機械式換気の補助として併用されるケースも増えている。

> **コラム**
>
> **換気と通風**
>
> 　われわれはたとえば夏季に、「室内が暑いので、窓を開けて外気で涼む」ということを通常行っている。この場合は「汚染物質を除去するため」ではなく、風により体感温度を下げ、快適な温熱環境を得るために外気の取入れを行っており、空気質の維持が目的の換気とは異なる。これらを区別するために、涼感を得るため外気を取り入れることは「通風」と呼び区別する。通風に必要な空気の量と換気に必要な量とを単純に比較はできないが、涼感を得るには一定以上の風速が必要であることから、換気に比べて通風のほうが一般にはるかに大きな風量となる場合が多い。

★通風⇒ p.010

(2) 機械換気の種類

　機械換気とは、ファンなどの動力を用いた機械によって行われる換気の総称であり、建物の形状や平面計画に関係なく、確実に設計風量分の換気が行えるという利点がある。機械換気の方式は、通常第1種から第3種までの3つに分類される（図2）。空気調和設備の一部なので、ここでは簡単に触れるにとどめる。

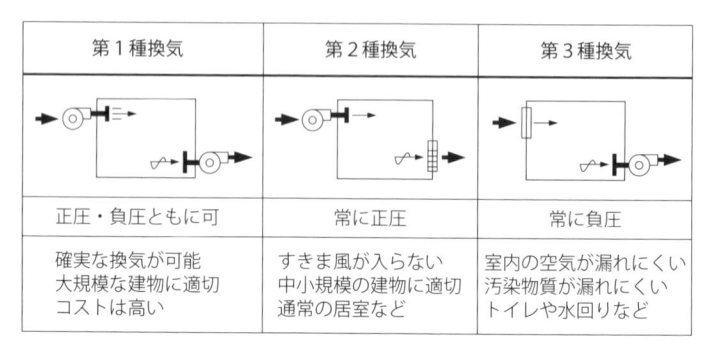

第1種換気	第2種換気	第3種換気
正圧・負圧ともに可	常に正圧	常に負圧
確実な換気が可能　大規模な建物に適切　コストは高い	すきま風が入らない　中小規模の建物に適切　通常の居室など	室内の空気が漏れにくい　汚染物質が漏れにくい　トイレや水回りなど

図2　機械換気の種類

1) 第1種機械換気

　給気側、排気側ともに機械（ファン）によって行う方式である。最も確実な換気が行え、また室内の圧力は外気に比べてプラスにもマイナスにも設計できる。大型の建物や工場などで採用されることが多い。

2) 第2種機械換気

　給気側のみ機械（ファン）によって行い、排気側は自然に任せる方式である。室内に対して常に空気を押し込む状態なので、室内は外気に比べて常にプラスの圧力に保たれる。そのため、すきまがあったとしても、すきま風は室内から屋外方向に流れ、室内への意図しない外気の侵入を防ぐことができる。このことから、屋外よりも清浄度を高く保つ必要がある居室などに広く使用される。

3) 第3種機械換気と局所排気

　第2種機械換気とは逆に、排気側のみ機械（ファン）によって行

> コラム

住宅の24時間換気

　以前は建物の気密性が全般的に低かったため、風や温度差が原因となり、すきま風という形で外気が絶えず侵入していた。たとえば、冬季に暖炉やいろりなど室内で火を燃やすことによって温度差が生まれるため、無意識のうちに換気が行われてきた。とりわけ室内で燃焼を行う場合には CO_2 や CO の排出のためにより多くの換気量が必要となり、これは好都合であった。しかし熱の流出を防ぐ高気密設計の考え方が広まった現在では、アルミサッシが普及し、建物の施工精度も高くなったため、意図的に換気を行わない限り換気量が不十分になりがちである。

　気密性が高いということは、燃焼の排気が室内に放出される種類の暖房器具（開放型暖房機器）を使わないなど、室内の汚染発生を抑制することも重要である。しかしそれだけでは十分でなく、建物の中で発生する汚染物質として、VOC などが依然残留する。これは、近年の建物が接着剤やペンキといった有機物質を発散するものを多用してつくられるようになったことに関係する。これら住宅内でのVOC による体調不良はいわゆるシックハウス症候群として認知されるようになり、2003年の建築基準法改正で住宅の24時間換気システムの設置が義務化された。建材から発生する VOC のうちホルムアルデヒドについては法的に規制がかけられ、それ以降激減したが、汚染物質はホルムアルデヒドに限らないこと、またその発生源も建材に限らないことなどから、住宅においては常に機械式換気を設置することが義務化されている。

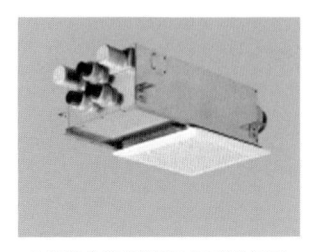

住宅用全熱交換型24時間換気扇

い、給気側は自然に任せる方式である。室内から常に空気を吸い出している状態なので、室内は外気に比べマイナスの圧力に保たれる。そのため、すきま風が侵入しやすいが、室内の空気が廊下や他の部屋などに流出しにくいといった特徴がある。厨房やトイレなど、屋外よりも清浄度の低い、あるいは汚染物質（煙や臭気など）の発生する部屋に適している。一方で第3種機械換気では、すきま風による影響で、とくに暖房期に給気口から冷たい外気が入って来るので、居住者が給気口を塞いでしまうといった不具合事例がしばしば見受けられる。第3種換気を採用した場合には、居住者側にもその趣旨を理解し、正しく使用してもらうことが重要であろう。

　もしも汚染物質の発生源が室内の特定の場所にある場合には、汚染物質が室内全体に拡散しないうちに速やかに部屋の外へ排出してしまうほうがよい。このように、汚染物質が発生する場所で、部屋全体の換気設備とは別に設置した排気装置を、局所排気という。局所排気は、厨房や喫煙場所において採用される場合が多い。局所排

気も第3種機械換気の一種であるため給気量は自然に任せた状態となるが、排気量が大きいため、部屋内の圧力が極端に下がってしまい、ドアの開閉などに支障を来したり、大きな風切音が発生したりする場合がある。排気する量に見合うだけの給気量をどこから確保するか[9]を十分に計画することが大事である。

5 必要換気量

換気は室内の空気質を維持するために非常に重要だが、冷暖房時には冷気や暖気を外に逃がし、その分のエネルギーを失うことになる。また換気を行うためのファンや換気扇を稼働するためにもエネルギーを必要とする。そのため、室内での汚染物質の発生状況などを適切に考慮し、必要かつ十分な換気量を算定することが不可欠である。

(1) 換気量の表し方

換気量は、通常は1時間当たりに取り込まれた外気の量で表す。空気の量を体積 [m³] で表すと、換気量の単位は [m³/h] となる。ただし、これは対象となる部屋に導入される外気の絶対量であり、汚染物質の濃度を維持するためには大きな部屋のほうが相対的により多くの換気量を必要とすることは容易に想像できる。そのため、換気の度合いを示す指標として、換気量をその部屋の容積で除した値を**換気回数**（air change rate）として定義している[10]。

$$n = \frac{Q}{V} \qquad \text{①}$$

ただし、
- n：換気回数 [- /h]
- Q：換気量 [m³/h]
- V：その部屋の容積 [m³]

換気回数は1時間当たりに部屋の空気が入れ替わる回数とも解釈でき、直感的に把握しやすいという利点もある。ただし実際には、物理的に部屋の中の空気すべてが外気と置き換わるわけではなく、部屋の形状や吹出口と吸込口の位置などによって滞留や短絡といった流れの偏りが生じる。したがって、換気回数はあくまでも、部屋全体の平均的な状態を表したものとして捉える必要がある。

(2) 換気時の給排気量の収支

換気を行っていると、図3に示すように、給気に伴って排気も同時に行われていることになる。室内の圧力が一定であることを前提条件とすると、給気量と排気量は同量である必要がある[11]。

（給気量）＝（排気量）

---

[9] 一般の住居において、大きな換気量をもつ局所排気の代表としてレンジフードが挙げられる。最近では、レンジフードに連動して開閉する給気口を備えた建物などが増えてきているが、換気計画として望ましいことである。

[10] 換気回数以外の換気の度合いの表し方として、空気齢がある。これは、室内のある点において、給気口からそこまで空気が至るのにかかる時間の平均をその点での空気齢、その点から排気口まで至る時間の平均を空気余命、この2つを併せたものを空気寿命と呼ぶ方法である。換気回数は室全体の平均しか表さず、局所的な滞留などが全く反映されないのに対し、空気齢指標ではこうした滞留やショートサーキット（給気口から直接排気口に空気が流れる現象）を表すことができるという利点があるが、計測が難しいことが欠点である。

[11] 外部からすきま風が入ってこないようにするために室内を陽圧に保持したり、逆に臭気を他の部屋へ拡散させないように室内を陰圧に保持したりするために、意図的に給気量と排気量に差をつけることがある。

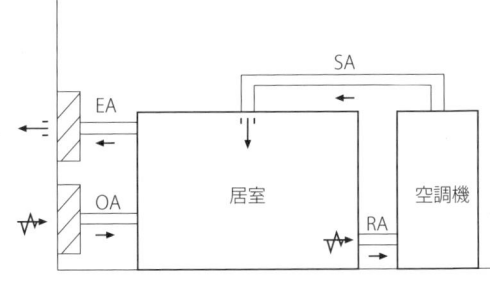

図3 空気の循環（換気設備のみがある場合）

(3) 必要換気量の計算

一つの居室に着目し、給気中に混入し流入してくる汚染物質の量、室内で発生する汚染物質の量、そして排気として流出していく汚染物質の量の収支について考える。ここでは、汚染物質は居室の壁や床に付着したり、吸収されたりはしないこととする。質量保存則から、流入した汚染物質の量と発生した汚染物質の量の和から、流出した汚染物質の量を差し引けば、残りが室内の汚染物質の増加量ということになるので、以下のように物質収支の等式をつくることができる。

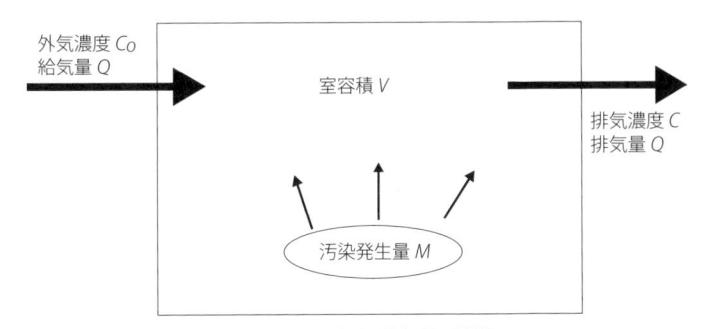

図4 汚染発生量と換気量の関係

部屋の容積を V [m³]、外気の流入量（＝流出量）を Q [m³/h]、外気の汚染濃度を C_o [mg/m³]（一定とする）、時刻 t における室内の汚染濃度を C_t [mg/m³]（時間とともに変化する）、室内での汚染物質の発生量を M [mg/h] とする。微小時間 dt [h] の間に、室内の汚染濃度が dC [mg/m³] 増加したとすると、

（室内での汚染物質の増加量全体）
＝（室内で発生した汚染物質の量）＋（外気から流入した汚染物質の量）－（室外へ流出した汚染物質の量）

であるので、

$$V \cdot dC = (M \cdot dt) + (C_o \cdot Q \cdot dt) - (C_t \cdot Q \cdot dt) \quad \cdots\cdots\cdots\cdots ②$$

式を整理すると、

$$V \cdot \frac{dC}{dt} = (C_o - C_t)Q + M \quad \cdots\cdots\cdots\cdots\cdots\cdots\cdots ③$$

となる。この微分方程式を、$t = 0$ において $C_t = C_i$ として解くと、

$$C = C_o + (C_i - C_o)\mathrm{e}^{-nt} + \frac{M}{Q(1-\mathrm{e}^{-nt})} \quad\cdots\cdots\cdots\cdots ④$$

ここで n は $n = \dfrac{Q}{V}$ で表される換気回数である。また、この汚染物質の収支式をザイデル式と呼ぶ。

ただし実用上は、このように特定の時刻の汚染濃度を求めたい場合はまれで、むしろ必要量の換気が行われ、かつ十分な時間が経過した後（$t \to \infty$）に、その部屋の汚染濃度が許容濃度以下（$C \leqq C_d$：ただし C_d は汚染濃度の許容値）になっていることが重要である。そこで、この条件で上式を整理し、必要換気量 $Q_{\min}$ を算出すると、

$$Q_{\min} \geqq \frac{M}{C_d - C_o} \quad\cdots\cdots\cdots\cdots\cdots\cdots\cdots\cdots ⑤$$

となる。さらに $Q_{\min}$ は許容濃度が確保されるならば小さいほど合理的であるので、最小必要換気量としては、

$$Q_{\min} = \frac{M}{C_d - C_o} \quad\cdots\cdots\cdots\cdots\cdots\cdots\cdots\cdots ⑥$$

と算出される。

この例では、対象を粒子状汚染物質と仮定し、物質量を質量単位で表したので、汚染濃度の単位は［$\mathrm{mg/m^3}$］、汚染物質の発生量の単位は［$\mathrm{mg/h}$］とした。もしも対象がガス状汚染物質の場合には、一般に物質量は体積単位で表されるので、汚染濃度の単位は［$\mathrm{m^3/m^3}$］となる。分母と分子が同じ次元の単位であるので、つまりは比率（%や ppm といった単位）で表現できる。汚染物質の発生量を［$\mathrm{m^3/h}$］とすれば粒子状汚染物質での例と同様の式が成り立ち、必要換気量の計算を行うことができる。

例題 1

室内で1人がタバコを喫煙していたとする。粉じんの発生量が 20mg/h、外気の粉じん濃度が 0.05mg/m³ とすると、室内での粉じん濃度を 0.15mg/m³ 以下とするために必要換気量はいくらか。

解 答

必要換気量は以下の式で表される。

$$Q_{\min} = \frac{M}{C_d - C_o}$$

ここで、$M = 20$ ［mg/h］、$C_d = 0.15$ ［mg/m³］、$C_o = 0.05$ ［mg/m³］

よって、$Q_{\min} = \dfrac{20}{0.15 - 0.05} = 200$ ［m³/h］

となる。

<u>必要換気量　200m³/h</u>

例題 2

室内に1人の人間がいる。1人の人間の二酸化炭素の排出量を0.02m³/hとする。外気の二酸化炭素濃度を350ppmとし、室内での二酸化炭素濃度を1,000ppm以下に保つための必要換気量はいくらか。

解答

必要換気量は以下の式で表される。

$$Q_{min} = \frac{M}{C_d - C_o}$$

ここで、$M = 0.02$ [m³/h]、$C_d = 1,000 = 1,000 \times 10^{-6}$ [－]、$C_o = 350$ppm $= 350 \times 10^{-6}$ [－]

よって、$Q_{min} = \dfrac{0.02}{1,000 \times 10^{-6} - 350 \times 10^{-6}} = 30.8$ [m³/h]

となる。

必要換気量　30.8m³/h

6 換気計画

　換気は前節で述べた強制的・機械的な換気方式以外に、さまざまな駆動力を用いたものがある。これらの多くは機械式換気方式が出現する以前から、経験的、自然発生的に用いられてきたものも多く、現在でも省エネルギーの観点より、積極的に取り入れられる傾向にある。近年では流体力学の進歩とともに、工学的に解析が可能になってきたが、流体力学は非常に複雑な分野であるため、ここでは主に建築分野において換気を計画する際に必要となる基本的な部分のみを取り上げて解説を行う。具体的には、自然界に必ず存在する「風」を駆動力とする**風力換気**および、空気の温度差により生じる**温度差換気**について、建築的な形態や窓（開口部）と、そこで生じる圧力差や風量の関係について物理的な解説を行う。

(1) 換気の力学

1) 換気の力学の基礎

　建物が風を受けると、風上側の壁面では圧力が高くなり、風下側ではこの逆となることは経験的にもわかるであろう。風の速度が高ければ圧力も高くなるが、建物の形状にも左右される。建物に対して吹いてくる風の速度を V [m/s]、風によって建物の壁面や屋根面に発生する圧力を P [Pa]、空気の密度を ρ [kg/m³] とすると、

$$P = C \cdot \frac{1}{2} \rho \cdot V^2 \quad \cdots\cdots\cdots ⑦$$

といった形で表される。ここで、C は形状係数と呼ばれる無次元の係数で、$-1.0 \sim 1.0$ の値をとる。風上側のように正（プラス）の圧力を受ける場合は形状係数は正の値をとり、風下側などマイナス

の圧力を受ける場所では負の値となる。図5に、形状係数の例を示す。ここで挙げた例では、周囲に風を邪魔するものがなく、また2次元（紙面に対して垂直方向に、無限に長いと仮定した場合）での値である。屋根面の多くが、強い負の値であることが特徴的である。

(2) 風力換気

1) 開口部と流入する空気の量の関係

このように、風が吹くと圧力（の差）が発生し、そのことにより、自然換気が行われる。風により圧力（風圧）が発生したときの、風圧と開口部からの空気の流入量の関係を考える。図6に示すように、面積が A [m²] の開口部があったとする。この開口部の外側の空気の圧力（気圧）が P_o [Pa]、内側の空気の圧力が P_i [Pa] であったとする。ただし、$P_o > P_i$ とする。外部のほうが圧力が高いため、この開口部から空気が流入してくることになるが、その流入量 Q [m³/s] は、

$$Q = a \cdot A \cdot \sqrt{\frac{2}{\rho}(P_o - P_i)} \quad \cdots\cdots\cdots ⑧$$

の関係が成り立つことが知られている。ただし、ここで ρ は空気の密度（= 1.2 kg/m³）、a は**流量係数**と呼ばれる無次元の係数で0～1.0の値をとる。開口部の形状によって左右される値であり、実験的に導き出されるが、通常の窓の場合は0.7程度の値となる。この式の

図5 建物の形状係数の分布

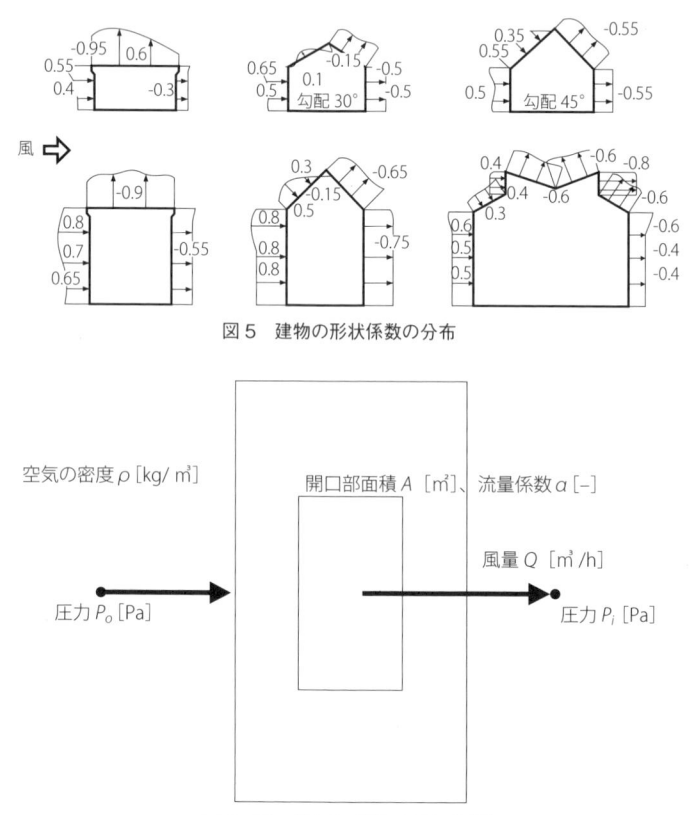

図6 開口部とそこを通る風量の関係

関係からわかるように、空気の流入量は内外の圧力差の平方根に比例する。また $a \cdot A$ を**相当開口面積**または実効面積と呼び、実質的に開口とみなせる面積を表す。

2）開口部の合成（並列に開口がある場合）

図7に示すように、建物の内外に対して開口部が並列に2つある場合を考える。この場合の流入量は、単純に開口部が増加したと考えてよい。つまり開口部の面積を A_1 [m²]、A_2 [m²]、各々の流量係数を a_1 [-]、a_2 [-]、両方の開口部を合わせた面積に相当するものを A_{1+2} [m²]、それに相当する流量係数を a_{1+2} とすると、

$$Q = a_{1+2} \cdot A_{1+2} \cdot \sqrt{\frac{2}{\rho}(P_o - P_i)} \quad \cdots\cdots\cdots\cdots ⑨$$

ただし、

$$a_{1+2} \cdot A_{1+2} = a_1 \cdot A_1 + a_2 \cdot A_2 \quad \cdots\cdots\cdots\cdots ⑩$$

となる。開口部が3カ所以上のときも同様に和をとればよい。

3）開口部の合成（直列に開口がある場合）

次に、建物の中を風が抜けていくような状況を想定する。図8に示すように、風上側の開口部の面積を A_1 [m²]、流量係数を a_1 [-]、風下側の開口部の面積を A_2 [m²]、流量係数を a_2 [-] とする。また、風上側での空気の圧力を P_a [Pa]、風下側での空気の圧力を P_b [Pa]、とすると、開口部の実効面積は、

$$a_{1+2} \cdot A_{1+2} = \frac{1}{\sqrt{\left(\frac{1}{a_1 \cdot A_1}\right)^2 + \left(\frac{1}{a_2 \cdot A_2}\right)^2}} \quad \cdots\cdots\cdots ⑪$$

また、空気の流入量は

$$Q = a_{1+2} \cdot A_{1+2} \sqrt{\frac{2}{\rho}(P_a - P_b)} \quad \cdots\cdots\cdots\cdots ⑫$$

となる。

図7 開口部の合成（並列開口）

図8 開口部の合成（直列開口）

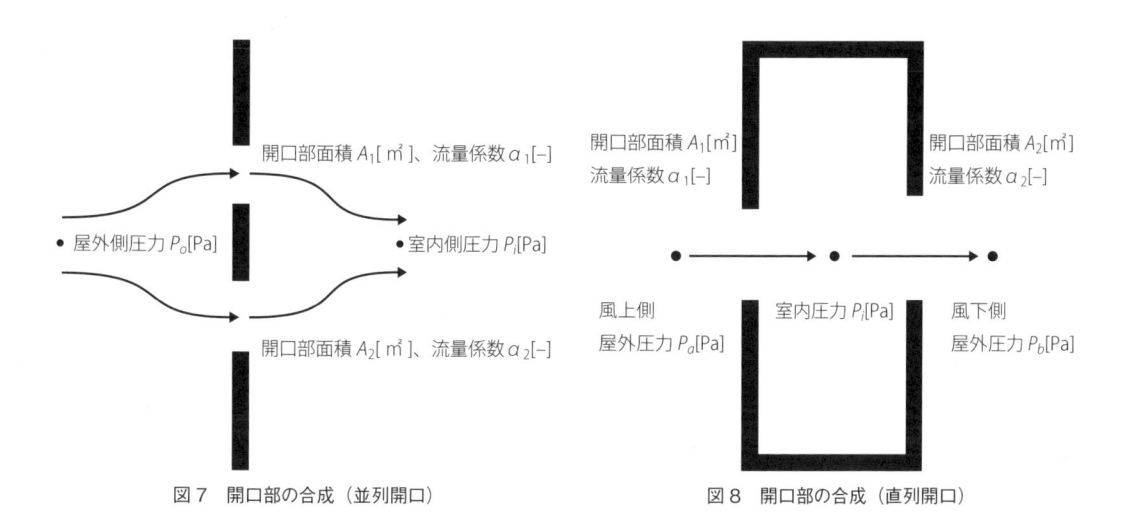

例題 3

面積が 20m² の窓と 10m² の窓が直列に開いている。このときの相当開口面積は何 m² となるか。ただし、どちらの窓も流量係数は 0.7 とする。

解答

直列に開口がある場合の相当開口面積は

$$a_{1+2} \cdot A_{1+2} = \frac{1}{\sqrt{\left(\frac{1}{a_1 \cdot A_1}\right)^2 + \left(\frac{1}{a_2 \cdot A_2}\right)^2}}$$

で表される。ここで、$A_1 = 20$ [m²]、$A_2 = 10$ [m²]、$a_1 = a_2 = 0.7$ [-]

よって $a_{1+2} \cdot A_{1+2} = \dfrac{1}{\sqrt{\left(\dfrac{1}{0.7 \times 20}\right)^2 + \left(\dfrac{1}{0.7 \times 10}\right)^2}}$

$= 6.2$ [m²]

となる。

4) 風力による換気量

以上のことより、風速によって発生する風圧と、その風圧によって発生する空気の流入量がわかった。これらを合成すると、風速によって生じる空気の流入量を、風圧係数を使って表すことができる。式⑦と式⑫より、風による空気の流入量を形状係数で表すと、

$$Q = a \cdot A \sqrt{\frac{2}{\rho}(P_a - P_b)}$$
$$= a \cdot A \sqrt{\frac{2}{\rho}\left(C_a \cdot \frac{1}{2}\rho V^2 - C_b \cdot \frac{1}{2}\rho V^2\right)}$$
$$= (a \cdot A) \cdot V \cdot \sqrt{C_a - C_b} \quad \cdots\cdots\cdots\cdots\cdots ⑬$$

となる。この式より、空気の流入量は窓面積や風速に比例することがわかるが、風速は自然の要因なので制御ができないうえに、窓面積も間取りなど建築計画上の理由によって制約を受ける場合が多い。その場合、空気の出口を強い負の風圧係数がかかりやすい屋根面にとるなどの工夫によって、自然換気の量を十分に得ることも可能であることがわかる。ただし、形状係数の差は 0.2 以下になると、ほとんど自然換気は得られないとされている。

(3) 温度差換気

水の中に潜ると、水には重さがあるため潜った深さに従って水圧がかかってくることはよく知られている。それと同様に、空気にも重さがあるため、圧力は上方よりも下方が高い。ただし、この圧力を感じないのは、どの高さにおいても内側と外側から同じ圧力が働

いているからであり、建物に関して考えると、外壁には建物の内側と外側から同じ圧力が働いており、温度などに差がない場合には、結果的に建物の内外で圧力のバランスを保っていることになる。この場合、空気の流入や流出は起こらない。しかし、たとえば室内で暖房を行い、その結果として単位体積当たりの空気の重量、つまり密度が建物の内側と外側で差が生じた場合を考えてみよう。暖められた空気は密度が低くなり、また逆に冷たい空気の密度は高くなることは一般によく知られているが、そのため室内外で密度の差が発生する。気温 θ [℃] と空気の密度 ρ [kg/m^3] の関係は、

$$\rho = \frac{353.25}{\theta + 273.15} \quad \cdots\cdots\cdots\cdots\cdots\cdots\cdots\cdots\cdots ⑭$$

である。ここから、外気の圧力（1気圧）を差し引くと、建物の壁にかかる圧力は図9に表されるように、建物上部では密度が低く軽い空気が上昇して、圧力が高くなり、結果的に建物の外側へ圧力が働くこととなる。反対に建物下部では内向きに働くことになる。これはたとえて言えば、建物の上部が気球がふくらむように外向きに圧力がかかっている状態である。このとき、建物の上下で生じる圧力の差を Δp として、これを式の形で表すと式⑮となる。

$$\Delta p = (\rho_l - \rho_u) gh \quad \cdots\cdots\cdots\cdots\cdots\cdots\cdots\cdots\cdots ⑮$$

このような状態のとき、建物の上下部双方に開口があると、上部の開口から建物内の空気が逃げ出し、逆に下部の開口から外気が侵入してくる現象が起きる。建物の上下の開口面積の合計を $(a \cdot A)$ [m^2] とし、空気の密度を⑭式に従って算出したうえで、式⑭を式⑫に代入すると、空気の流入・流出量 Q [m^3/h] は、

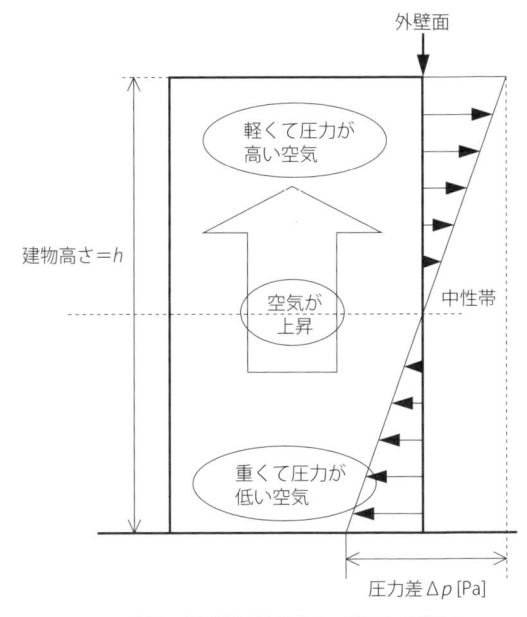

図9　温度差がある時の、壁にかかる圧力

$$\frac{(\rho_l - \rho_u)}{\rho_u} = \frac{\dfrac{353.25}{\theta_l + 273.15} - \dfrac{353.25}{\theta_u + 273.15}}{\dfrac{353.25}{\theta_u + 273.15}}$$

$$= \frac{\theta_u - \theta_l}{\theta_l + 273.15} \quad \cdots\cdots\cdots\cdots\cdots\cdots ⑯$$

よって、

$$Q = a \cdot A \sqrt{\frac{2}{\rho}(p_l - p_u)}$$

$$= a \cdot A \sqrt{\frac{2\Delta p}{\rho}} \quad^{12)}$$

$$= a \cdot A \sqrt{\frac{2(\rho_l - \rho_u)gh}{\rho_u}}$$

$$= a \cdot A \sqrt{\frac{2(\theta_u - \theta_l)gh}{\theta_l + 273.15}} \quad \cdots\cdots\cdots\cdots\cdots\cdots ⑰$$

となる。

このとき、下側の開口部の相当面積を $(a_1 \cdot A_1)$、上側の開口部の相当面積を $(a_2 \cdot A_2)$ とすると、上下の開口部の合成面積は、

$$a_{1+2} \cdot A_{1+2} = \frac{1}{\sqrt{\left(\dfrac{1}{a_1 \cdot A_1}\right)^2 + \left(\dfrac{1}{a_2 \cdot A_2}\right)^2}}$$

であるので、温度差による換気量 Q は、

$$Q = \left(\frac{1}{\sqrt{\left(\dfrac{1}{a_1 \cdot A_1}\right)^2 + \left(\dfrac{1}{a_2 \cdot A_2}\right)^2}}\right) \sqrt{\frac{2(\theta_u - \theta_l)gh}{\theta_l + 273.15}}$$

と表せる。

とくに高い建物においては、建物上部・下部で、よりこのような傾向は強くなる。また、建物の中央付近で外部との差圧が0となる箇所のことを中性帯と呼ぶ。

ここで示したように、建物の内外で温度差があるとすきま風の原因となり、また高層ビルにおいてはエントランス部でドアを開閉するときに非常に強い風が発生する原因にもなる。そのため、風除室を設けるなどの対策が必要である。また、避難階段などの直通階段があると、そこを空気の通り道としてすきま風が発生しやすくなる。そのため、ある程度以上の階数の建物の場合、避難階段の扉を常時開放しておくことが難しくなる。

---

12) 式⑰の展開の途中、Δp について式⑮で求めたものを代入すると同時に、分母である空気の密度 ρ について $\rho = \rho_u$ としている。このことを不思議に感じる方もいるかと思われるので補足する。ここで求めたい値は「密度の差が、密度そのものに対してどの程度の比率なのか」であり、たとえば建物の上部と下部で、密度が何％程度異なっているのか、といった値である。しかし比率を求めるためには、分母にも密度の値が必要になってくる。この分母については常温・常圧下での密度を ρ_n などと置き、この値を求めて使用してもよいが、実際の値としては、建物上部での密度 ρ_u、建物下部での密度 ρ_l、常温常圧下での密度 ρ_n の3つの値には大きな違いはない。そのため、ここでは新たなパラメータ ρ_n を求めて式展開を複雑化することをせず、ρ_u を「代表密度」として用いている。実際には建物の上下でよほど大きな温度差が発生しない限り、算出される値にほとんど差異は生じない。

例題 4
建物上部の気温が30℃、下部の気温が25℃のとき、高さが30mある建物の上下に有効開口面積が1m²あいていたとすると、温度差による換気量はどれだけになるか。

解答
温度差があるときの空気の流入・流出量は

$$Q = \alpha \cdot A \sqrt{\frac{2(\theta_u - \theta_l)gh}{\theta_l + 273.15}}$$ で表される。

ここで、$\alpha \cdot A = 1$ [m²]、$\theta_u = 30$ [℃]、$\theta_l = 25$ [℃]、
$g = 9.8^2$ [m/s²] $= 9.8 \times 3,600 \times 3,600$ [m/h²]、$h = 30$ [m]

よって $Q = 1 \cdot \sqrt{\dfrac{2(30-25) \times 9.8 \times 3,600^2 \times 30}{25 + 273.15}}$

$= 11,305$ [m³/h]

となる。

換気量　11,305 m³/h

演習問題 1
空気汚染の代表的な指標として二酸化炭素濃度が用いられる理由を示せ。

演習問題 2
室内の空気汚染を除去するために、換気とろ過の両方が必要な理由を示せ。

演習問題 3
換気と通風の違いを示せ。

演習問題 4
容積が500m³の部屋で、3人がタバコを吸っているとする。このとき、室内の粉じん濃度を0.15mg/m³以下に維持するために必要となる換気量を求めよ。ただし、タバコ1本当たり19.5mg/hの発じん量があるものとし、外気の粉じん濃度は0mg/m³とする。

演習問題 5
面積が10m²の窓と、7m²の窓が直列に開口しているとき、両者の合成開口面積は何m²となるか。ただし、どちらの窓も流量係数は0.7とする。

7章 光環境

★電磁波⇒ p.018
★可視光⇒ p.022

　光は電磁波の一種であり、その波長の範囲（可視光）は、およそ380～780nmである（図1）。可視光のなかでも、短い波長の光は紫色に、長い波長の光は赤色に見える。さらに、紫色よりも短い波長の電磁波は紫外線（UV：ultra violet）、赤色よりも長い波長の光は赤外線（IR：infra red）と呼ばれるが、これらは目で見ることはできない。白色の光線はさまざまな波長の電磁波が混ざり合ったもので、これを波長によって屈折率が異なる材料（プリズムなど）に通すと、光が分解されてスペクトルが表れる（図2）。空に虹が見えるのも、太陽の光が空気中の水滴によって屈折・反射し、波長ごとに分解されるためである。

　光は、粒子と波動の2つの性質を併せ持っている。その特徴として、直進する、密度の異なる媒質の境界面で屈折する、微粒子によって散乱する、物質の表面で反射する、物質の中を透過する、物質に吸収される、同調したり干渉したりする、わずかに回折する、偏光する、などが挙げられる。

本章では光の性質と照明計画、色彩計画について学ぶ。

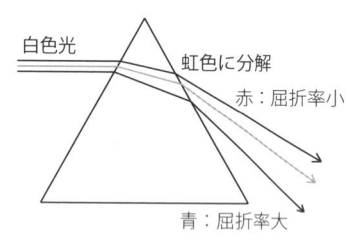

図2　光のスペクトル

通常の可視光線は、さまざまな波長が混ざったものである。太陽光や蛍光灯の光をプリズムに通すと、赤色よりも青色のほうが屈折率が大きいので屈折角が異なり、赤色、黄色、緑色、青色、紫色と連続的にスペクトル分解されて虹色が見える。

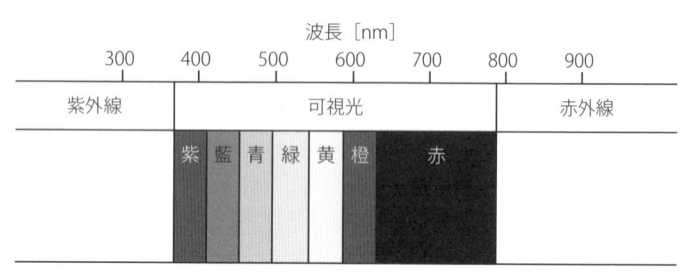

図1　電磁波と可視光線

電磁波の中で人間の目で見ることができる波長が可視光線である。動物によってこの波長の範囲は異なり、鳥類には紫外線領域まで見えるものが多い。

1 視覚

（1）眼の仕組み

　図3に、眼の構造を示している。眼球はピンポン玉のような形をしており、成人では直径24mm程度である。一番外側にあるのは角膜で、黒目部分を覆って保護する働きをもつ。黒目の部分は、虹彩（こうさい）と呼ばれ、光の量を調節をする役目を担い、カメラの絞りに相当する。また、虹彩の中央にある丸い穴のことを、**瞳孔**という。光が強い（明るい）と瞳孔は小さく縮み、弱い（暗い）と大きくなって、目の中に入る光の量が、適切な範囲に収まるよう加減している。瞳の色が人種によって違うのは、虹彩の色素にばらつきがあるためであり、色素の量が多いと黒や茶色、少ないと灰色や青色になる。

　水晶体は、透明な凸レンズ状の器官であり、伸縮することによってピントを調節する。硝子体（しょうしたい）は、眼球の内部の大

図3　眼の構造

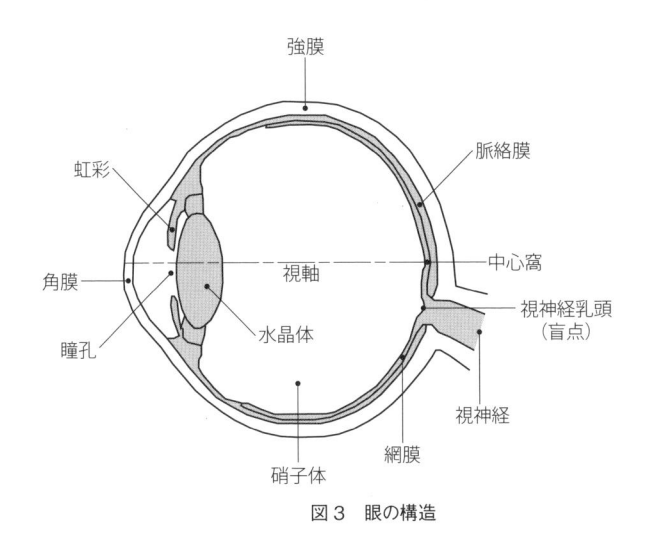

部分を満たしている無色透明のゲル状物質であり、水晶体で屈折させた光を網膜に届ける役割をする。水晶体がピントを合わせようとする場所は、網膜である。網膜は眼球の内側を覆っている薄い膜であり、カメラのフィルムやCCD素子に相当する視細胞がある。

視線の中心部である中心窩から4～5mm内側には、視神経が眼球壁を貫くところがあり、これを**盲点**という。盲点は視細胞が欠けている部分であるため、ここで結像する光は視認できない。盲点は注視点の15°のところに、幅約5°の大きさで存在する。

コラム

視力の測り方

視力は、2点として見分けることのできる最小の視角で表す（右図）。視力表のC（ランドルト環という）の切れ目が相当する。1.0の視力は、眼球から1分（1/60°）の角度の広がりにある2点を識別できる状態をいう。具体的には、5m先では1.5mm離れた2点である。0.1の視力はその10倍の角度の2点を識別する状態で、5m先では1.5cmとなる。視力は、錐体がある中心窩（視線の中心部分）で最も高くなり、周辺部分では極度に低くなる。

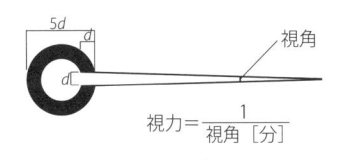

$$視力 = \frac{1}{視角[分]}$$

視力の測り方

視力検査では図のようなランドルト環が最もよく用いられているが、文字や数字を用いることもある。視対象や周辺の明るさによって視力は左右されるため、背景輝度を100cd/m²前後に設定して測定することが多い。

---

(2) 明所視と暗所視

網膜上には、光を受容する視細胞があり、これには**錐体**（すいたい）と**桿体**（かんたい）の2種類がある。錐体は明るいところで働き、色を認識するという特徴がある。桿体は、感度が高く、暗い場所で働くが、色を見分けることはできない。錐体は視野の中心部分（中心窩）だけに存在し、桿体は周辺部分に存在するため、視線の中心でのみ物をはっきりと見分けることができる。

視細胞に錐体と桿体の二種類があることで、明るい場所と暗い場所では物の見え方がやや異なる。明るい場所では、色を感じる錐体が働き、暗い場所では明暗を感じる桿体が働く。前者を**明所視**、後者を**暗所視**という。錐体と桿体の両方が働いている状態は、**薄明視**と呼ばれる。輝度で約 $2cd/m^2$ 以上の明るさでは主に錐体が働き、約 $0.01cd/m^2$ 以下の明るさでは主に桿体が働いている。完全に暗所視になると色は見えなくなる。

　図4に、明所視と暗所視の比視感度曲線を示す。暗所視では視感度のピークが明所視よりも短波長側にずれていることがわかる。そのため、明所視よりも相対的に青が明るく、赤が暗く見える現象が起こる。このことを**プルキンエ現象**という。たとえば、真っ赤なバラの花を夜間に見ると、昼間は鮮やかに見えていた花びらの赤色が黒く沈んで見え、緑の葉のほうが明るく見えるような現象が起こる。

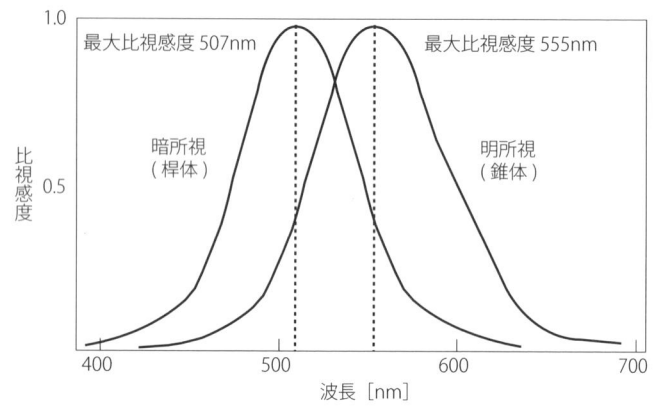

図4　明所視と暗所視の比視感度

(3) 順応とグレア

　日中、明るい屋外から映画館のような暗い所へ急に入ると、はじめは何も見えないが、しばらくすると徐々に見えてくるようになる。このように暗い中で目が慣れてくることを**暗順応**という。逆に、暗い環境から明るい環境に目が慣れてくることを明順応という。順応は、網膜の桿体と錐体それぞれの感度が高まることと、錐体から桿体へと働きが切り替わることとの複合である。完全に暗順応するには30分程度かかるのに対し、明順応は最長でも1分程度と、はるかに短い時間しかかからない。

　急激な明暗の差が生じるような場所では、明順応や暗順応に配慮した照明が計画がなされることがある。たとえばトンネル内部では、出入り口部分を中央部分よりも明るくしている。これは、トンネルに入ったり出たりするときの明暗の対比を緩和するためである。

　夜間に運転しているとき、対向車のヘッドライトによって、路面や歩行者を見損なうことがある（写真1）。視野の中に部分的に極

写真1　ヘッドライトによるグレア
たとえまぶしく不快に感じなくても、極度に強い光は他の部分（路面など）を見えにくくする。そのため、安全上問題になることが多い。

端に明るい部分があると、見ようとする対象が見えにくくなったり、まぶしくて不快に感じたりする。このような現象を**グレア**（glare）と呼ぶ。グレアには、図5に示すように、対象物の明るさ（輝度）や大きさと、背景との明るさとの対比（輝度比）などが影響している。屋内空間では、窓面が大きなグレアとなりやすい。また照明器具では、ペンダントライトやシーリングライト、足元灯などの光源が人の視線に入りやすく、グレアを生む可能性がある。グレアがあると目が疲れやすく、視力の低下を招きやすいため、執務空間の照明設計では、直接光をカットするためルーバーや笠（シェード）などを設置されることが多い。

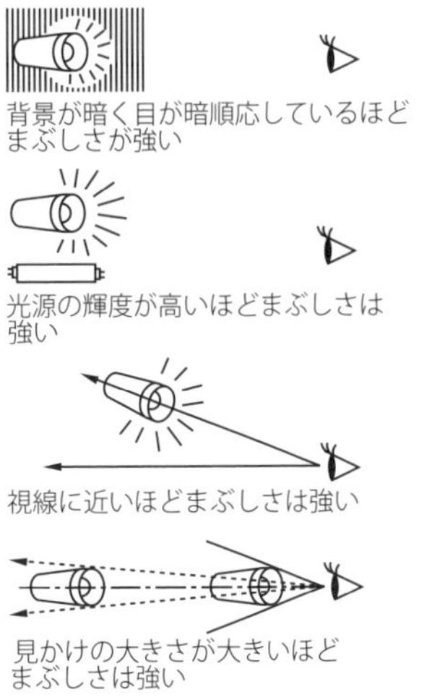

a 背景が暗く目が暗順応しているほどまぶしさが強い
b 光源の輝度が高いほどまぶしさは強い
c 視線に近いほどまぶしさは強い
d 見かけの大きさが大きいほどまぶしさは強い

図5　グレアを起こす条件

2 光の単位

(1) 測光量

目に見える光に関する量のことを測光量という。光は人間が感じる感覚特性に応じたものであるため、測光量は厳密には物理量ではなく、心理物理量という。図6に主な測光量の関係を示している。

光束（ルーメン［lm］）は、単位時間当たりに放射する光のエネルギーのことであり、最も基本的な測光量である。ランプや照明器具から発する光の総体量を表すことなどに用いられる。

光度（カンデラ［cd］）は、ある方向に放射された単位立体角当たりの光の量のことであり、光束［lm］を立体角（ステラジアン［sr］）で除したものである。ランプや照明器具からどの方向にどれだけの光を発するかを示す配光曲線の表記などに用いられる（図7）。

輝度（カンデラ毎平方メートル［cd/m^2］）は、単位面積当たりの光度を表したものである。ディスプレイや窓面など、平面状の光

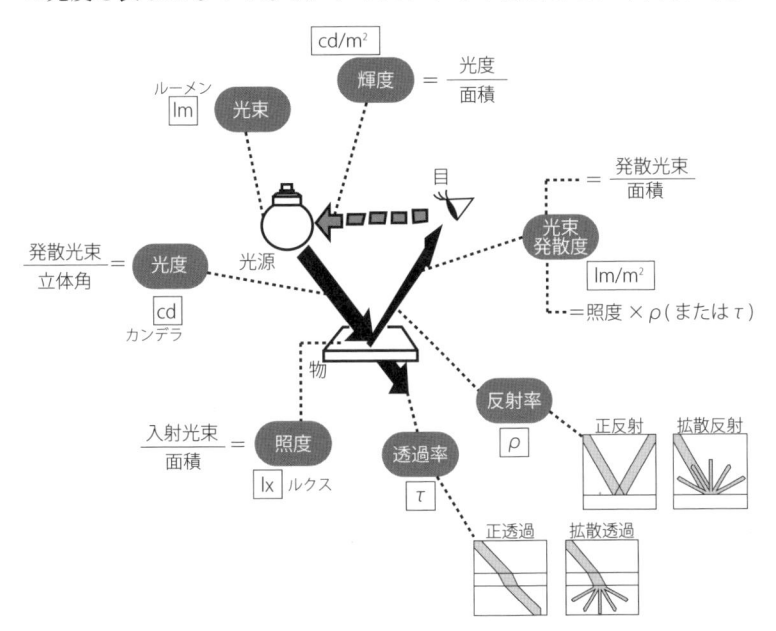

図6　測光量の模式図

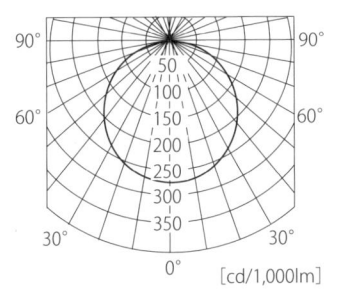

図7　配光曲線の例

1,000lm 当たりの光度が、光源を原点とする極座標で示されている。用いるランプの出力（光束）によって、実際の光度が決まる。照明器具の向きによって配光が異なるとき、鉛直配光曲線を複数用いたり、水平配光曲線を用いたりする。

写真2 光の測り方
照度計を用いた机上面水平面照度の測定（上）、顔面鉛直面照度の測定（中）、輝度計を用いた輝度の測定（下）

1) クルイトフ（Kruithof：1941）の研究が有名であり、図8は、この研究結果などをもとに作成された。
2) JISで定められた平均演色評価数（Ra）が評価値として用いられる。100に近いほど演色性がよいと判断される。

源の見かけの明るさを表すことなどに用いられる。

照度（ルクス [lx]）は、ある面の単位面積に入る光束を表したものである。測光量の中では建築分野で最も使用される。水平な面の受ける照度を水平面照度といい、垂直な面の受ける照度を鉛直面照度という。写真2に照度と輝度の測光風景を示す。

A [m²] の平面に F [lm] の光束が入射しているとき、この平面の平均照度は、以下の式で表される。

$$E = \frac{F}{A} \text{ [lx]} \cdots\cdots\cdots ①$$

また、ある光源の光度が I [cd] のとき、R [m] の距離における光の方向に垂直な面の照度は、以下となる。

$$E = \frac{I}{R^2} \text{ [lx]} \cdots\cdots\cdots ②$$

このように照度が距離の2乗に反比例することを、逆二乗の法則と呼ぶ。

光束発散度 [lm/m²] は、ある面の単位面積から放射され光束を表したものである。

(2) 色温度と演色性

光色を表す尺度である**色温度**は、黒体を加熱したときの色をもとにして定められている。単位として、絶対温度 [K] を用いる。色温度が高いほど青白く、低いほど赤みがある。ろうそくやマッチなどの温かみのある黄色い光は約2,000K、白熱ランプは2,800K前後、白色蛍光灯は約4,200Kである。太陽の色温度も高度によって異なり、南中時の正午の太陽が最も色温度が高く（約6,500K）、日の出・日の入りが最も色温度が低い（約2,000K）。

光色が人間の心理や行動に与える影響として、一般に色温度の低い光の下では安らぎや落ち着きが得られる傾向があり、色温度の高い光の下ではより活動的で、緊張感が与えられる傾向がある。このような効果を活用した光源の選択が求められる。また、図8のように、色温度の好ましさには照度が関係しており、照度が高いと色温度も高いほうが好まれる傾向にある[1]。

照明による色の見え方を判断する基準のひとつが**演色性**[2]である。演色性の良否は、光源の中に青紫から赤までの光が満遍なく含まれているかどうか（太陽光には含まれている）で決まる。図9に、主な光源の分光分布を示す。白熱ランプは太陽光の発光原理に近いため、演色性は高い。しかし光源によっては、自然な色が再現されないことがある。蛍光灯やHIDランプなどの放電灯やLEDなどでは、スペクトルが滑らかでないために太陽の下で見る色とのずれが大きくなる。一般に、低圧ナトリウムランプのような発光効率の高い光源ほど演色性は低くなる。

どの程度の演色性をもった光源を使用するべきかということは、空間の用途や作業内容に関わっている。正しい色の見え方が求めら

発光体	色温度の感じ方	色温度と照度に対する感じ方				
			500	1,000	2,000	3,000 [lx]
青空光 11,000〜20,000 K 北窓の曇天光 6,500 昼光色蛍光ランプ 6,000 水銀ランプ（透明型） 色評価用蛍光ランプ 5,000 （EDL型） 白色蛍光ランプ LED 4,000 日中の直射日光 3,000 白熱ランプ 高圧ナトリウムランプ ろうそくの光 2,000	涼しい 6,000 5,000 中間 4,000 暖かい 2,000	涼しい 中間 快適	← ← →	中間 快適 刺激的	← → →	快適 刺激的 不自然

図8 光源の色温度と照度の組合せによる感じ方

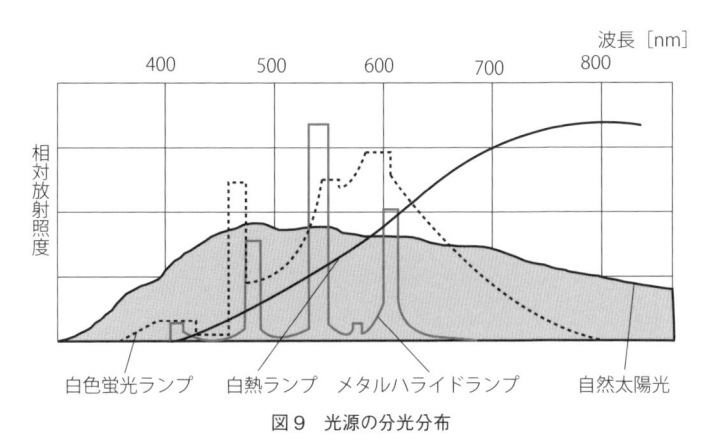

図9 光源の分光分布

分光分布とは、光の中にどのような波長の光がどれくらい含まれているかを表したものである。分光分布により、光源から放射される光のエネルギーや、明るさ、色温度、演色性が把握できる。白熱ランプの分光分布は、長波長の成分が多く、幅広く連続したものであるため、やや赤みがかって見えるが、演色性が高い。蛍光灯やメタルハライドランプではスペクトルが不連続なため、特定の色が不自然に見える。

れる工場や美術館、病院などでは演色性が高い光源が用いられる。一方、印象を高める展示や舞台の照明では、色の再現性をよくすることよりも、特定の色をより鮮やかに美しく見せるほうが重視されることもあり、意図的に演色性を落とす場合がある。

3 昼光

(1) 昼光の種類と昼光率

建築空間で用いられる光源には昼光と人工光がある。昼光はさらに、**直射日光**と**天空光**と地物反射光の3つに分けられる。

太陽光が大気層を透過して、直接地表面に達するものを直射日光という。直射日光の強さや角度は、天気、方位、時刻などにより変動する。直射日光は強力な光度と方向性をもつため、濃い影をつくったり、不快グレアを起こしたりしやすい。建物内で光源として用いるには不確実な要素が多いため、昼光設計に取り入れようとすると、

★直射日光⇒ p.020
★天空光⇒ p.020
★地物反射光⇒ p.020

扱いが困難になる。ただし、直射日光は適切に取り入れると省エネルギーになるばかりでなく、ダイナミックな光環境を空間内部につくったり、活き活きした気分にさせたりするなど、人の心理や行動に与える影響も大きい。そのため、採光装置や導光装置を用いて積極的に活用することも試みられている。

　天空光とは、太陽光が大気層を透過するときに散乱し、それが地表面に到達するものである。天空の輝度分布は比較的一様で安定している。天空光の照度を天空照度といい、周囲に障害がない天空全体から得られる水平面の天空照度を、**全天空照度**という（表1）。

　地物反射光とは、直射日光や天空光が周囲の地面や建物、樹木などに反射してくる光のことである。直射日光と天空光の影響を受けるほか、地表面の反射性状の影響も受ける。

　天空光によってもたらされる室内の明るさは、窓の大きさや位置などの状態を変えない限り、屋外の明るさと一定の関係をもっている。こうした室内のある点の照度と、屋外の全天空照度の比率のことを、昼光率という（図10）。昼光率は、窓の方位・位置・大きさ、室内表面の反射率、窓の外側の樹木や建物の状況に影響される。ただし、ある点の昼光率は屋外の照度に関係なくほぼ一定である。そのため、室内において天空光による明るさがどの程度得られるかを知る目安となり、昼光設計を行う場合の指標として用いられる。

　天空を直接見ることのできる開口部では、室内外の反射の影響を無視すれば、**昼光率**は全天空に対する開口部の見かけ上の大きさの割合で表される。一般にこのことを、立体角投射率（図11）といい、昼光率の近似計算として使用される。**立体角投射率**は形態係数ともいわれ、均一な輝度の面光源による直接照度の計算にも用いられる。

(2) 採光と遮蔽

　人工照明への依存を抑えた光環境を実現するためには、昼光をできるだけ内部に取り入れる工夫をすることが必要である。建物の方位や周辺環境に応じて開口部の位置を決めたり、空間の断面形状や平面形状を調整したりすることによって、効果的に採光が得られるように調整する。窓は高い位置に設置したほうが採光の面からは有

表1　全天空照度

条件	全天空照度 [lx]
特に明るい日 （薄曇、雲の多い晴天）	50,000
明るい日	30,000
普通の日	15,000
暗い日	5,000
非常に暗い日 （雷雲、降雪中）	2,000
快晴の晴天 （直射日光を含む）	100,000

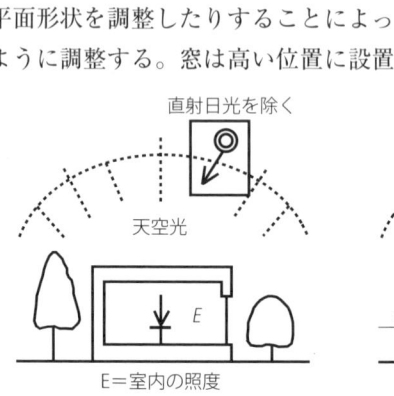

昼光率　$D = E/E_S \times 100$ [%]
E = 室内照度 [lx]
E_S = 全天空照度 [lx]

図10　昼光率

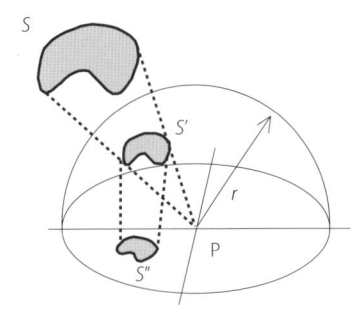

図11 立体角投射率

面積 S の面光源と頂点 P がつくる錐体と、半径 r がつくる球面との交差図形を S' とする。S' が定円に対して投影する図形を S'' とすると、立体角投射率（U）は次式で表される。

$$U = \frac{S''}{\pi r^2} \times 100 \ [\%]$$

天窓		頂側窓			側窓	
天窓	擬似天窓	のこぎり屋根	越屋根	高窓	両側窓	片側窓

図12 採光のための窓の種類

効である。

図12に示すように、採光を得るための窓は、設置される位置によって名称や働きが異なっている。**天窓**は、天井や屋根に設けられた窓のことであり、トップライトとも呼ばれる（写真3）。採光量に優れており、同一面積であれば側窓に比べて3倍の効果があるとされる。照度分布を均一にしやすいという長所がある一方、通風や日射遮蔽の制御が困難で、雨漏りの危険性が大きいという短所もある。

側窓は、壁面に設けた一般的な窓のことである。通風や日射を制御しやすいという長所がある。一方、近隣の建物などの影響を受けやすいため、必ずしも十分な採光が得られるとは限らない。また片側窓の場合、室内の照度が不均一になりやすいばかりでなく、光線方向が水平になり、窓にグレアが生じやすい（図13）。

頂側窓は、天窓と側窓を組み合わせた形式である。天井に近い垂直面などにつくられた窓であり、天窓と側窓の長所を取り入れることができる。美術館や工場などで用いられることが多い。

開口部の周辺では、直射日光を空間の奥へと取り込むための採光装置が設置されることもある。窓の内部や外部に設けられる水平材の採光装置をライトシェルフといい、上側表面で光を反射して天井へと導くことを期待している。また、鏡やプリズム、集光レンズなどによって直射日光を導く装置もある（写真4）。

窓から昼光を取り込むということは、可視光線だけではなく、赤外線のように明るさはなく熱のみをもつ電磁波も取り込んでいるこ

写真3 天窓の例（グッゲンハイム美術館）
らせん状の展示室の吹抜け上部に天窓があり、開放的な光が大空間に差し込んでいる。

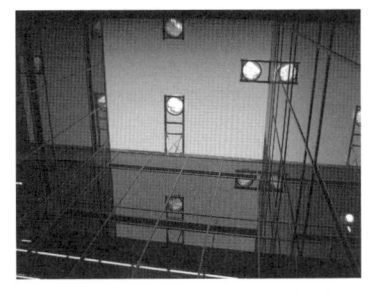

写真4 採光装置（竹中工務店本社）
吹抜け上部に太陽光を追尾する集光装置が設置されており、階下まで直射日光を届けている。

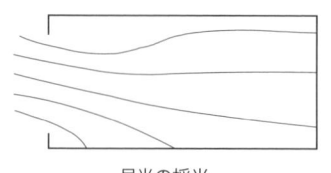

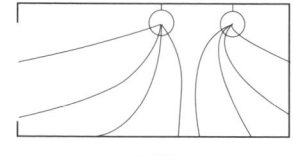

| 昼光の採光 | 人工照明 | 昼光と人工光の併用 |

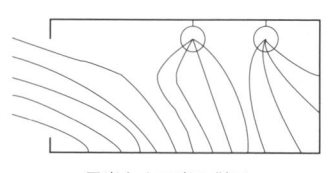

図13 主要な光線方向

片側窓は主光線が水平に近くなる。室内奥の人工照明を併用することで、過度な照度の不均衡が抑えられる。

写真5 イスラム建築の透かし窓（インド・ニューデリー）

細かな透かし模様の窓は、直射日光を遮り、通風を確保し、内部のプライバシーを保護する。

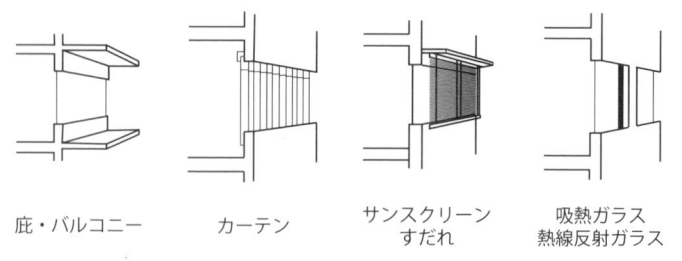

| 庇・バルコニー | カーテン | サンスクリーン すだれ | 吸熱ガラス 熱線反射ガラス |

図14 窓面の日射遮蔽装置

日射遮蔽装置には、庇や水平ルーバー、袖壁や縦型ルーバー以外に、カーテンや熱線反射ガラスなど窓面全体に設置するものなどがある。窓面全面を覆うような場合、在室者の眺望が阻害されやすい。

とにほかならない。冬期の昼光の熱は歓迎されるが、中間期や夏期における直射日光は室内に熱をもたらすために、窓面付近で強い日射を遮蔽することが望ましい。庇や**ルーバー**を適切な角度や間隔で取り付けることによって、冬には日射を取り入れ、夏には遮ることが可能となる。ほかにも、赤外線を反射するガラス（熱線反射ガラス）、カーテンやブラインド、サンスクリーンなどが用いられる（図14）。

また、これらは日射遮蔽のためだけでなく、窓面グレアの低減や、プライバシーの確保のためにも使用される。窓面に設置する日射遮蔽装置は、室内からの眺望も左右することになる。水平ルーバーやブラインドなどは、見える屋外部分の面積を大きく減らし、サンスクリーンやガラスの種類によっては景観の輝度分布やコントラストを変える。一方でそういった遮蔽物を、視環境デザインのひとつの要素として積極的に活用することもできる。写真5と6は、窓面の装飾や建築の意匠と一体となった日射遮蔽の事例を示している。

写真6 水平ルーバー（国立新美術館）

3次元曲面のファサードに沿って設置された水平ルーバーが、日射をコントロールするとともに、深みのある表情をつくり出している。

★日射遮蔽⇒ p.049

4 人工光

(1) 光源の種類と特徴

建築空間においてよく用いられる人工光源には、熱放射を利用する**白熱ランプ**と、放電作用を利用する放電灯（**蛍光灯**、**HIDランプ**など）、電界発光による**LED**（発光ダイオード）があり、近年はこれらに加えて有機EL（エレクトロ・ルミネセンス）も使われるようになってきた。

白熱ランプは、フィラメントが熱放射によって発光するものである（図15上）。絶対温度が2,500〜3,500K程度の黒体と近い色度

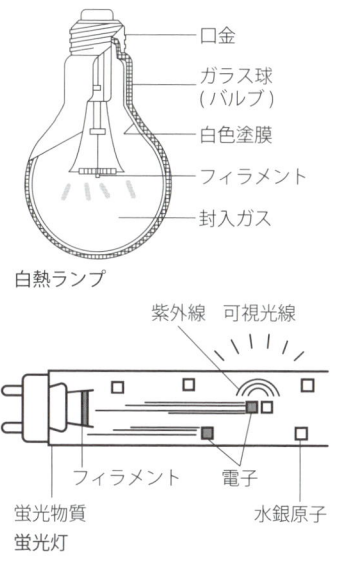

図15 白熱ランプ（上）と蛍光灯（下）の構造

写真7 白熱ランプの使用例（庇の家）

写真8 蛍光灯の使用例（北九州市立中央図書館）

の光色をもつ。温かみのある光で演色性が高く、安価であるという長所がある一方、高熱を発し、寿命が短いという短所がある。低照度で落ち着きを重視する空間で用いられることが多い（写真7）。

蛍光灯は、放電によって発生する紫外線を蛍光物質によって可視光線に変換する光源である（図15下）。直管形、管形、電球形などがある。かつては発色が良くなく、やや青白いものしかなかったが、近年は白熱ランプのような暖色系のものもあり、また演色性も高くなってきている。白熱ランプよりも発光効率が高く、また寿命も長いため、省エネルギー対策として用いられることが多い。オフィスや教室など高照度で均一な明るさが求められる空間で多用される（写真8）。

HIDランプは高輝度放電灯とも呼ばれており、強い光を発する光源である。水銀ランプ、高圧・低圧ナトリウムランプ、メタルハライドランプなどの種類がある。白熱ランプよりも発光効率に優れているが発色では劣る。水銀ランプはやや青みがあり、道路や公園などで用いられる。ナトリウムランプは、赤みが強くトンネルなどに用いられる。メタルハライドランプは演色性に優れており、体育館や大型店舗など屋内で用いられることも多い。

LEDは小型の光源で、赤、オレンジ、黄、緑、青などの鮮やかな光色をもつ。単色光のエネルギー効率は非常に高い。信号機、大型映像装置、看板やサイン表示、商業施設などの演出の場を中心として実用化がはじまり、その後白色LEDが建築の一般照明として、白熱ランプや蛍光灯から置換えとして普及してきている（写真9）。長寿命で発光効率が高く、発熱が少なく小型であるという特徴がある。

有機ELは、非常に薄い材料が面発光する光源である。携帯電話

写真9 LEDの使用例（上：東京ミッドタウンのクリスマスイルミネーション、中：渋谷Qfrontの大型ビジョン）、下：住宅照明のダウンライト

写真10 スポットライトの例
京都・高台寺。スポットライトを浴びた砂山に視線が昼間とは違った表情をつくっている視されることもあり、意図的に演色性を落とす場合がある。

写真11 PH 5 ランプ（1958年）
デンマークのポール・ヘニングセンがデザインした照明器具の名作。4枚の対数螺旋の形状をしたシェードが中央の光源を柔らかく反射している。真下から以外の角度からは光源を見ることはできず、完全なグレアフリーを実現している。直下の照度は十分確保されているため、食卓の照明器具として用いられることが多い。PH 5 の 5 は、メインシェードの直径 50cm を意味している。

写真12 照明操作によるシーンの転換
左のように逆光での照明は、沈んだ感情や悲しみや怒りを表現するシーンに用いられることが多い。

の液晶のバックライトなどに用いられ始めているが、光量が小さいため、建築照明としてはまだ十分に実用化されていない。

(2) 照明器具

　照明器具は、室内のどのような場所に取り付けられるかによって分類される。図16に主な照明器具の名称を示している。空間全体を照明するものには、天井に直接設置するシーリングライト、天井に埋め込むダウンライト、天井から吊すペンダントライトなどがある。壁に取り付けるブラケットや、床やテーブルに置くスタンドは、空間の一部を明るくする局所照明として用いられることが多い。光の照射範囲が狭く、一部分のみを照らすような器具をスポットライトという（写真10）。写真11に、光の効率とデザイン性とを兼ね備えた、ペンダントライトの代表的な例を示す。一つの照明器具から出る光の強さを変えるものに調光器がある。オフィスでは、窓から入射する昼光に応じて、人工光の明るさを自動調光するような事例が見られる。住宅や飲食店でも、適度に調光することによって、行為や気分にふさわしい光環境をつくり出すことができる。調光することが最も重視され、頻繁に行われているのは、劇場などの舞台照明においてである。場面の情景に合わせて、舞台の明るさや角度、光色などを変化させていく。特に、人物に対する光の当て方や顔の見え方は、感情を表現するうえで重要である（写真12）。通常、各々の場面ごとの照明方法とそれらが切り替わるスピードは、事前に機器に記憶させている。本番では、場面の進行に合わせてキュー（照明を切り替えるきっかけ）のみを調光卓で操作することになる（写真13）。

(3) 直接照明と間接照明

　屋内空間の照明方法として、光源から対象物（一般には床面や机上面）へダイレクトに光が照射されるか、何かの表面で反射されて二次的に照射されるかなどで分類することがある（図17）。
　直接照明は、光源から直接光を対象物に与える代表的な照明方法

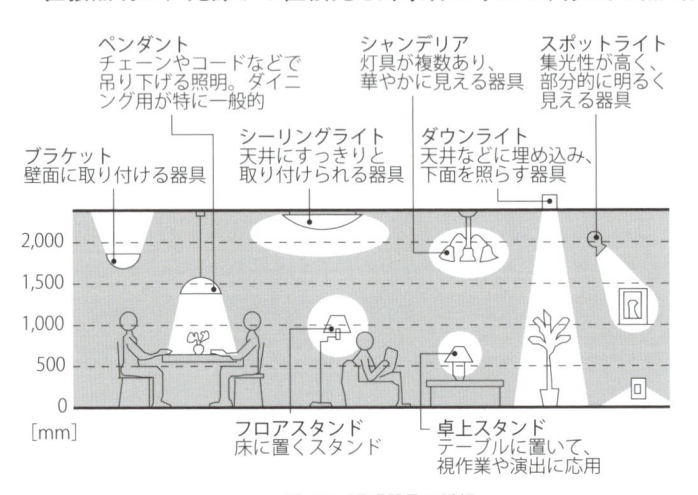

図16 照明器具の種類

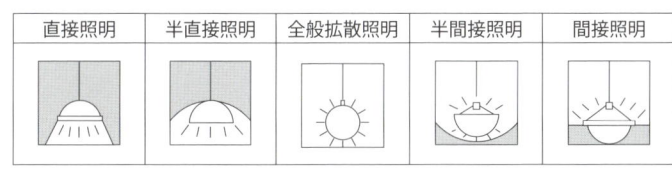

図17 照明方式

写真13 舞台照明用の調光卓
調光卓は劇場後部の舞台と客席が見渡せる場所に置かれる。照明器具に流れる電圧を制御する調光装置は別の場所に置かれる。

である。光源の中心を横切る水平線より下方に90％以上の光束が向けられるものをいう。直接照明用の照明器具は、天井に埋め込まれたダウンライトのほか、ペンダントライトでは、不透過のシェードなどで上に光を透さないものが用いられる。照明の効率は高いが、天井が暗くなりがちである。

半直接照明は、直接光が主体の照明方法で、光源から下方に60〜90％の光束が向けられる。住宅照明で採用されることが多い。

全般拡散照明は、拡散光が全方向に放射される照明方法のことである。乳白グローブや提灯のような半透過のカバーで包まれた照明器具が用いられる。強い影は生じず、まぶしさも少ない。

半間接照明は、天井や壁に反射させた間接光の比重が高い照明方法で、光源から下方に10〜40％の光束が向けられる。半透過の上向きのシェードで、天井からの反射光とシェード越しの光が出る照明器具などが用いられる。

間接照明は、光源を直接見せず、壁や天井に当てた光で拡散させる照明方法で、照明器具より上方に90％以上の光束が向けられる（写真14）。照明の効率は劣るが、影やまぶしさの少ない落ち着いた雰囲気がつくりやすい。

このほかに、照明方法を表す用語として、壁面全体を光で洗い流すように照射するウォールウォッシャや、天井や壁などを内部から発光させる光天井、光壁（写真15）、光床（写真16）がある。光源を天井や壁などに組み込み、建築構造と一体化させた照明方式のことは、建築化照明とも呼ばれる。

写真14 間接照明の例（瞑想の森 市営斎場）

写真15 光壁の例（国立新美術館）

写真16 光床の例（東京国際フォーラム）

5 照明計画

(1)照明計画の基本

建築空間の照明を計画する場合には、作業面での照度のような光の量的な面と、心地よさや楽しさといった光の質的な面を考慮しなければならない。光と影がつくる視覚的な美しさも重要である。

光の量的な面、つまり明るさについては、対象とする空間で何が行われ、何が要求されているかに応じて決められる。一般には、表2に示すようなJISに掲載されている照度基準を参考にして、平均照度を設定する。質的な面については、たとえば食事をする空間では色温度や演色性に配慮したり、空間を局所的に照明して落ち着いた雰囲気にしたりする。また、行為に適した光源を選定したり、明

表2 事務所の照度基準（JIS Z 9110-2011）より抜粋（単位：lx）

領域、作業または活動の種類	推奨照度	照度範囲
設計、製図	750	1,000〜500
キーボード操作、計算	500	750〜300
事務室	750	1,000〜500
受付	300	500〜200
会議室、集会室	500	750〜300
食堂	300	500〜200
倉庫	100	150〜75
更衣室	200	300〜150
便所、洗面所	200	300〜150
階段	150	200〜100
廊下、エレベーター	100	150〜75
玄関ホール（昼間）	750	1,000〜500
玄関ホール（夜間）	100	150〜75

暗の強弱や配置を変えたりすることで目的に応じた光空間を作り上げていく。設計された光環境に量や質を長期間にわたって維持するためには、保守管理にも配慮が必要である。光源によって寿命が異なるため、取り替えが困難な高所や特殊な場所に対しては寿命の長い光源を選定する。

建築の照明デザインは、コンセプトの立案から基本計画、現場での監理まで多岐にわたっている（写真17）。また、建築の設計や施工の進捗状況とも密接にかかわっている。そのため、施工途中の照明実験や、光の位置や角度を調整するフォーカシング（屋外ではエイミングと呼ばれることが多い）など、建築工事の進行に合わせて実行していかなければならないことも多い。

(2) 照度の計算

建築空間での光環境の計画において、照度を算出することは必要不可欠である。算出方法として、主に**光束法**と**逐点法**の2種類がある。

光束法は、作業面の平均的な照度を求めたり、ある照度を得るために必要な光源の数を求めたりする計算法である。オフィスや教室など、空間内に同一の器具が均等に配置されている場合に用いられることが多い。

$$\text{平均照度}\quad E = \frac{F \cdot N \cdot U \cdot M}{A} \quad \cdots\cdots ③$$

$$\text{所要灯数}\quad N = \frac{E \cdot A}{F \cdot U \cdot M} \quad \cdots\cdots ④$$

E：平均照度または所要照度 [lx]
A：床面積 [m^2] ＝ 間口 [m] × 奥行 [m]
F：ランプ光束 [lm]
N：ランプ個数 [灯]
U：照明率 [－]
M：保守率 [－]

照明率は、光源（ランプ）から出た光のうち、作業面に到達する

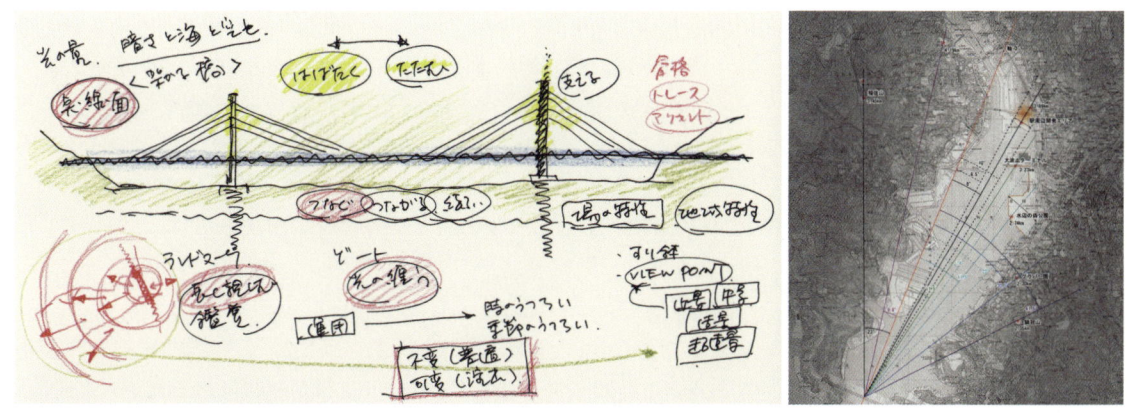

1) 照明デザインのコンセプト形成のためのスケッチ　　　　　　　　　　　　　2) 視点場の検証

3) 照明器具のエイミング　　4) 船上からの目視テスト　　5) 完成写真

写真17　照明デザインのプロセス（長崎市女神大橋、トミタ・ライティングデザイン・オフィス）

1) 海、山、街のさまざまな場所から見える橋を美しく演出することが求められた。設計与件や地域環境の調査から、コンセプトイメージを固める。2) 橋が見える方向や距離、視認性などをチェックする。3) 照明器具設置後、照射範囲の調整をするエイミング作業を1台ずつ行う。4) 航路上からの見え方など、さまざまな視点場でのチェックを行い、5) 完成に至る。

光の割合を示す。照明率は天井、壁、床などの反射率や、間口、奥行に対する光源の高さによっても変わる。表3に、照明器具の照明率の例を示す。

保守率は、時間の経過とともにランプの光束が減退したり、器具が汚れたりすることなどによる照度の低下を補うために設けた補正

表3　照明器具の照明率表

照明器具	反射率 天井	70%						50%					
	壁	50%		30%		10%		50%		30%		10%	
	床	30%	10%	30%	10%	30%	10%	30%	10%	30%	10%	30%	10%
反射笠 40W蛍光ランプ2灯用	室指数	照明率（×0.01）											
	0.6	43	35	30	29	25	24	36	34	29	28	25	24
	0.8	46	44	39	37	33	32	45	43	38	37	33	32
	1.0	53	49	45	43	39	38	50	48	44	42	38	37
	1.25	59	55	52	49	46	44	57	53	50	48	45	43
	1.5	64	59	57	53	51	48	61	57	55	52	50	48
	2.0	76	66	66	61	60	56	69	64	63	59	58	55
最大取付け間隔 1.3H	2.5	78	70	71	65	66	61	73	68	68	64	63	60
	3.0	82	73	76	69	71	65	77	71	72	67	68	64
	4.0	87	77	82	73	77	70	82	75	78	72	64	69
	5.0	90	79	86	76	82	74	85	77	81	75	78	72
	10.0	98	84	95	83	93	81	91	82	89	81	87	80

室指数は、部屋の形状を表す数値で次式で計算される。

$$K = \frac{XY}{H(X+Y)} \quad [-]$$

Y：間口 [m]、X：奥行き [m]、H：作業面から光源までの高さ [m]

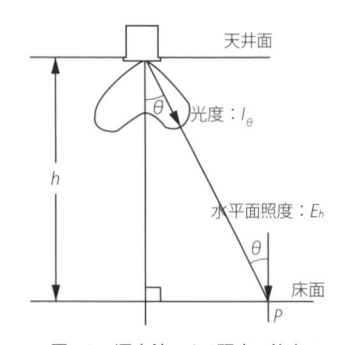

図18 逐点法による照度の算出

点Pの計算式
$$E_h = \frac{I_\theta \times \cos^3\theta}{h^2}$$

係数のことである。実用上は、0.6〜0.7の数値を用いることが多い。

逐点法は、点光源により照らされる任意の点の直接照度を計算する方法である。空間が不均一に照明されているような場合に、テーブル面や顔面などの特定の箇所の照度を求めるときに用いる。照明器具の配光曲線に示された光度の情報を基に計算する。

図18に、逐点法による水平面照度の算出式を示す。

例題 1

天井高さ3.0mの室内の天井に図7(p.105)の配光曲線をもつ照明器具が1台取り付けられている。ランプから放たれる光束は1,500lmである。

(1) 照明器具の直下の光度を求めよ。
(2) 照明器具の直下の床面照度を求めよ。
(3) 照明器具の直下から1.5m離れたテーブル面の照度を求めよ。ただし、テーブル面の高さは0.4mとする。

解答

(1) $275 \times \dfrac{1,500}{1,000} = 412.5$ [cd]

<u>光度　412.5cd</u>

(2) $\dfrac{412.5}{3^2} = 45.8$ [lx]

<u>床面照度　45.8lx</u>

(3) 光源直下とテーブルとの角度をθ

$\tan\theta = \dfrac{1.5}{3-0.4}$　$\theta ≒ 30$ [°]　30°の光度が240cd

テーブル面照度　$240 \times \dfrac{\cos^3 30}{2.6^2} \times \dfrac{1,500}{1,000} = 240 \times \dfrac{0.65}{6.76} \times \dfrac{1,500}{1,000}$
$≒ 34.6$ [lx]　　<u>テーブル面照度　34.6lx</u>

例題 2

間口15m、奥行き5m、作業面から光源までの高さ2.5mの室内において、作業面平均照度750lxを確保しようとするとき、表3に示す照明器具は何台必要になるか。天井反射率70%、壁反射率50%、床反射率30%とし、40W形蛍光灯の光束を3,500lm、保守率を0.7とする。

解答

室指数 K は表3より、$\dfrac{15 \times 5}{2.5(15+5)} = 1.5$

室指数と各面の反射率から照明率 U は表3より、0.64となる。

必要な蛍光灯の灯数は式④より、

$$N = \frac{750 \times 15 \times 5}{3,500 \times 0.64 \times 0.7} = 35.87 \text{［灯］}$$

器具1台で2灯用いることから

$$\frac{35.87}{2} = 17.94 \text{［台］}$$

よって18台必要となる。

照明器具台数　18台

6　色の表し方

(1) 光源色と物体色

発光するものを直接見るとき、その中にどの波長の電磁波が多く含まれているかによって、青や赤、オレンジなどの色が知覚される。この色のことを光源色と呼ぶ（ネオンサイン・テレビ・花火など）。一方、物体に光が照射されたとき、その表面から反射された光によって現れる色を表面色（図19）、また物体が光を透過することによって現れる色を透過色（ステンドグラス・セロファン・液体など）と呼び、表面色と透過色をあわせて物体色と呼ぶ。

(2) 表色系

色を数値や記号によって表す仕組みのことを表色系という。微妙な色合いは言葉では曖昧にしか伝えられないが、表色系によって、客観的に色名を伝えたり再現したりすることができる。加法混色の原理に基づいて色を体系化している混色系と、色票の見え方に基づいて色を体系化している顕色系の2種類に分けられる。これらの表色系に基づいて色を測定することを、測色という。写真18～20に、内装や家具などの物体色の測色風景を示す。写真18は接触型の色彩計による測色、写真19と20はマンセル色票やカラーカードを用いた視感測色の様子である。

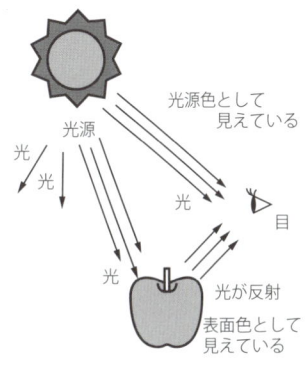

図19　色の見え方

昼光や人工光などの光源から発せられた光を知覚するが、それだけでなく、物体に反射した光を色として知覚する。前者は光源の分光分布に依存するが、後者はそれに物体（リンゴ）の分光反射率が掛け合わされる。同じ物体を見ていても、光源が変わると反射光の成分も変わるため、見える色は異なる。

写真18　色彩計による測色
物体表面で反射した光を機器に取り込み、センサーを用いて各波長ごとの反射率を求めている。

写真19　マンセル色票による測色
色彩の対比効果と面積効果による影響を排除するため、色票と対象物の両方をマスキングして比較する。

写真20　配色カードによる簡易測色
物体の色を伝えるためには文字や写真撮影だけでは難しく、市販されているカラーカードを役立てる。

1) RGB 表色系

RGB 表色系は、光の三原色である赤（red）・緑（green）・青（blue）の3色を用いて、加法混色の程度を表現するのに用いられる。カラーライティングなど光を混色する場合や、ディスプレイの色の表示などに使われている。

2) XYZ 表色系

XYZ 表色系は、X・Y・Zの3刺激値の関数関係で任意の色を数量的に表現する。より多様な色を表現するために、RGB 表色系を修正したものであり、CIE（国際照明委員会）で定められた。

3) マンセル表色系[3]

3）色票による表色系として最も普及している。アメリカの画家マンセルが1905年に考案し、修正が加えられた表色系はJISにも採用されている。

マンセル表色系は、**色相・明度・彩度**の3つの属性を用いて色を表す方法で、顕色系のひとつである（図20）。建築やインテリアの色彩設計において最もよく用いられている。色相（hue）は、赤（R）・黄（Y）・緑（G）・青（B）・紫（P）の5色と、それぞれの間の黄赤（YR）・黄緑（GY）・青緑（BG）・青紫（PB）・赤紫（PR）の5色の中間色相を加えた10色の色相が基本になる。各々の色に0から10までの数値が与えられ、5の色が最も純色に近い（図21）。明度（value）は、完全な黒を0、完全な白を10として、この間を等間隔に11段階に分ける。彩度（chroma）は、無彩色を0として、純色に近づくほど数値が高くなる。

表示方法は有彩色の場合は色相・明度／彩度で表し、無彩色はN明度と表す。たとえば赤いリンゴの色は5R4/12などと表示され、明るいグレーの色はN7などと表示される（図22）。

4) PCCS 表色系

PCCS 表色系は、明度と彩度を「トーン」という概念でまとめ、色相とトーンの2系列で色を表す方法である。色彩調和を主な目的として日本で開発された。色調を意味するトーンは、明度と彩度を

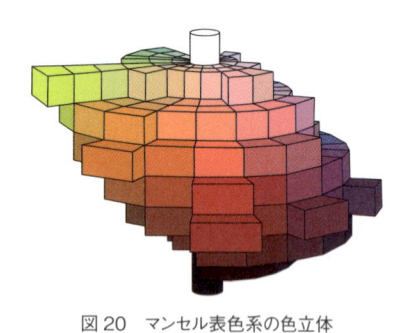

図20 マンセル表色系の色立体

マンセル表色系において、明度を縦軸に色相を円周方向に彩度を半径方向に配列したもの

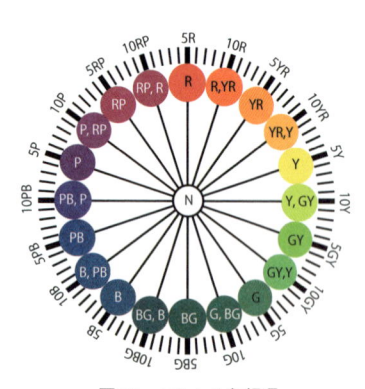

図21 マンセル色相環

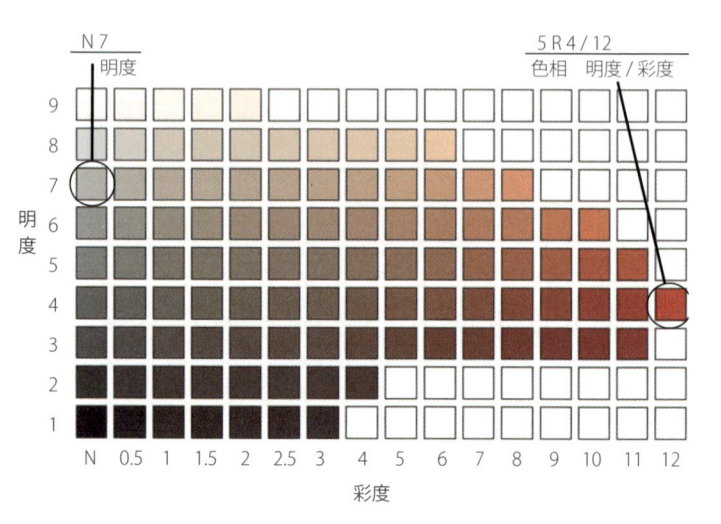

図22 マンセル等色相面（色相5R）

組み合わせた分類のことで、色の印象を把握しやすいように考えられた。有彩色には12種類のトーンが用意されている。たとえば、高明度で低彩度の薄い色のグループはペール（p）、低明度で高彩度の濃い色のグループはディープ（dp）、最も高彩度である原色のグループはビビッド（v）と呼ばれている。色相は1～24番まで番号がつけられており、鮮やかな赤色を、v1というようにトーンと色相名で表すことができる。

7 色彩計画

(1) 色彩計画の基本

建築の色彩計画を行う際には、まず設計条件を把握し、次にコンセプトを立案する。そして、色彩を選定し、最後に色彩の管理に移る。コンセプトを立案するまでには、対象物の機能、役割、目的に対する十分な認識と調査が必要になる（図23、写真21）。色彩の選定には、配色の効果を考えながら、**基調色**（ベースカラー）・**従属色**（アソートカラー）・**強調色**（アクセントカラー）を検討していく。ただし、色彩の見え方だけで配色を考えるのではなく、部位の素材や機能も考慮に入れなければならない。たとえば、木材や石材などの自然素材を用いる場合には、素材の色を活かすことが重要になることが多い。配色を検討したり、色彩計画の意図をプレゼンテーショ

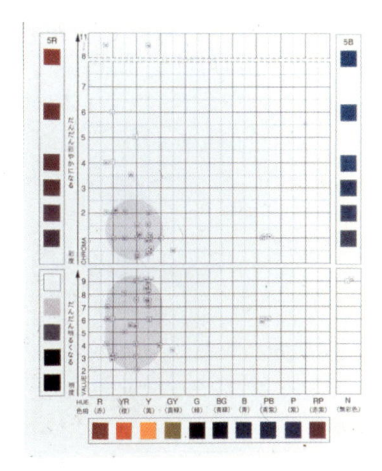

図23　色彩調査結果の表示例

横軸に色相、縦軸に明度と彩度をとり、調査した色彩データを布置している。

写真21　計画対象地域周辺の色彩調査（東京・自由が丘）

街並みの色彩を計画する場合だけでなく、ある一つの建築物の色彩計画を行う際にも、周辺環境の色彩を調査することは重要である。調査した結果からその地域の環境色彩の特徴をまとめ、色彩計画のコンセプトに役立てる。

ンしたりする場合、立面図やパースや模型に彩色したり、CGを用いたりすることがある（写真22）。

建築の色彩計画上の注意点として、屋内空間では、人が長時間その色彩に包み込まれることを考慮に入れる必要がある。一度定められた色彩からは、簡単に逃れることができないものである。また屋外空間では、建築物や橋梁のように大規模なものは、周辺の景観に調和すると同時に、景観の質を向上させることを考えなければならない。自己完結的な美しさを求めるのではなく、場所にふさわしく、多くの人々に受け入れられる建造物になるような色彩が要求される（写真23）。個人が所有する建築物であっても、その外観は公共的な性格を帯びるものである。

(2) 色彩の心理的効果

色彩がもつ心理的効果を理解しておくと、空間が期待する室や機能に応じた無理のない色彩設計ができる。以下に代表的な心理的効果の例を挙げる。

波長が長く赤みがかった色彩を暖色、波長が短く青みがかった色彩を寒色という。赤・橙・黄などの暖色は、太陽や火を連想させ、暖かいという感覚を与えやすい。反対に紫・青・緑などの寒色は、氷や水を連想させ、冷たいという感覚を与えやすい。この心理的効果を利用し、リラックスしたい飲食店や寝室では暖色系が、集中力を高める勉強部屋などでは寒色系の色彩が用いられることが多い。

暖色系で高明度・高彩度の色は進出して見えやすく、寒色系で低明度・低彩度の色は後退して見えやすい。そのため、前者を**進出色**、後者を**後退色**という。進出色は膨張して見えるために膨張色、後退色は収縮して見えるために収縮色とも呼ばれる。

明るい色は小さな面積で見た場合に比べ、大きな面積になると、一層明るい色に見える。有彩色では鮮やかさもやや増したように感じる。このように、同じ色でも面積が大きいほど、明度が高く、彩度が高くなって見える現象を**面積効果**という。逆に、明度の低い色では、実際より暗く見える。小さいカラーサンプルを見て壁紙の色を決めるような場合、完成してみると想定していたよりも鮮やかに見えることがある。建築の色彩設計のように大面積の配色を選定する場合は、面積効果について注意する必要がある。

2つの色の違いが強調されて見えることを対比という。2色が並べて配置されて同時に見えるときのことを同時対比といい、異なる色が続けて見えるときのことを経時対比という。互いの明度差が大きく見える明度対比、補色となる色相に変化して見える色相対比、鮮やかさの差が大きく見える彩度対比がある。

(3) 配色と安全色

複数の色が組み合わさるとき、それらが調和しているように見えるときとそうでない場合がある。調和していると感じる配色には個人差があるが、一般に、ある色彩の属性を揃えた配色は、調和した

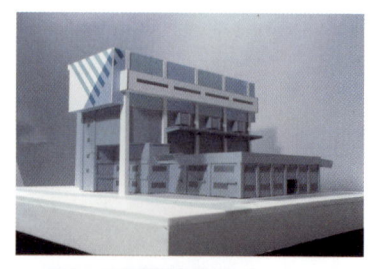

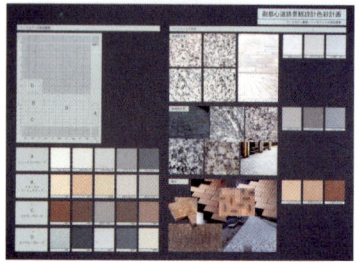

写真22 色彩計画のプレゼンテーション
着彩模型（上）による配色の検討と、色見本や写真を貼ったプレゼンテーションボード（下）。

写真23 イエメン・サナアの街並み
日干しレンガの茶色と漆喰の白色による素材の色彩のみによって街並みが構成されている。

印象を与えやすいといわれる。たとえば、色相を固定し彩度と明度にバリエーションをもたせる配色は、同一色相あるいは類似色相による配色と呼ばれる。この配色はシンプルで親しみやすく、自然な印象になりやすい。また、彩度と明度を固定し色相にバリエーションをもたせる配色は、同一トーン配色と呼ばれる。図22のトーンの特性に応じた印象が形成されやすい。

公共の場での防災、安全、救急災処置などのため、特殊な意味をもたせて使用が規定されている色のことを**安全色**いう。安全色は、JISの「安全色及び安全標識」において定められている（表4）。使用される色彩は、赤、黄赤、黄、緑、青、赤紫、白、黒の8色であり、それぞれの色の表示事項と使用箇所など細かく規定されている。たとえば日本の消火栓が赤色に塗られているのは、緊急の場合に認識しやすく、用途を間違えたりする可能性も低くなるためである。写真24に使用例を示している。

表4　JISの安全色と表示事項

安全色	表示事項
赤　（7.5R, 4/15）	防火、停止、禁止、高度の危険
黄赤（2.5YR, 6/14）	危険、保安
黄　（2.5Y, 8/14）	注意
緑　（10G, 4/10）	安全、衛生、進行
青　（2.5PB, 3.5/10）	用心
赤紫（2.5RP, 4/12）	放射能（黄色と組合せ）
白　（N9.5）	通路、整頓
黒　（N1）	補助

写真24　安全色の使用例
消火器の赤（上）、避難誘導灯の緑（下）

演習問題

あなたがこれまでに設計した建築物（住宅、オフィス、美術館など）の内装の色彩計画と照明計画を行いなさい。設計したものがない場合は、自宅を対象とする。
色彩計画は、室名、部位、材料と仕上げ、色名を表にまとめること。色名はマンセル表色系やPCCS表色系などの色記号を用いる。配色のコンセプトも示すこと。
照明計画は、平面図や断面図上に照明器具の設置位置を示す。また、各々の照明器具のデザインをスケッチで示すこと。色彩計画に合わせた照明計画を行うようにする。図に作成例を示す。

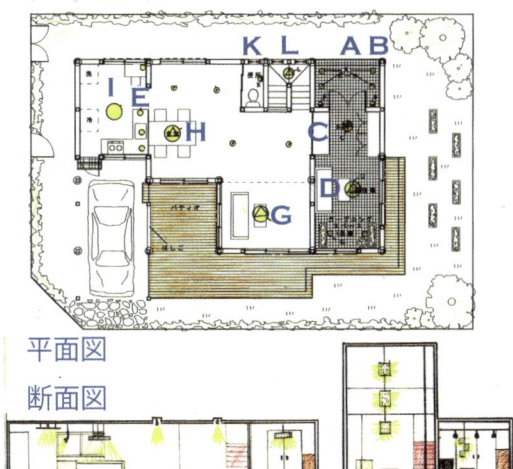

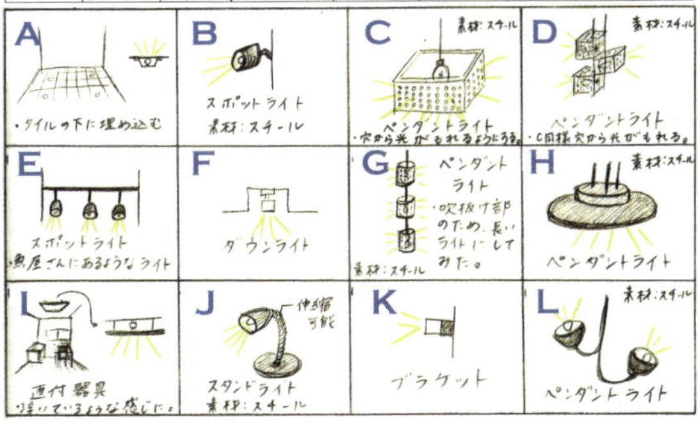

独立住宅の色彩計画と照明計画の作成例

コラム

建築スケールで光のデザインをしよう

　大学の授業の中で、さまざまな建築物の設計を行うだろう。設計した空間は、平面図や断面図などの図面で表したり、縮尺模型やパースやCGをつくったりしてプレゼンテーションをする。しかし、それらはあくまで空間を仮想的に示したにすぎない。学生であるうちは、実物大の空間を設計する機会はなく、設計した空間の中に実際に入り込めるようなこともない。

　しかし光については、学生であっても建築的なスケールでデザインし、それを実現することができるのだ。ある程度出力のある投光器さえ用意すれば、建物をライトアップしてファサード全体の見え方を自在に変えられる。大きな空間の照明を消灯し、外光を遮蔽して、自分たちのデザインした照明器具を配置すれば、新たな光の空間が出来上がる。それはただ眺めるための空間ではない。そこに入り込み、光に包まれながら実際に空間を体験できるのだ。実スケールでデザインすることを経験することは、光の操作の枠内にとどまらず、建築のデザイン力の向上にも活かされるだろう。

　写真aは、建築学科2年生の授業の演習のひとつとして、大学キャンパス全体を光で装飾した事例を示している。写真bは校舎の中庭に設置した作品の制作過程を示している。コンセプトを固めた後は、現場で照明実験を繰り返しながら、効果的な光の当て方を検討し、実作へと向かっていく。光源の種類や扱い方、光の位置・強さ・方向・色の効果、そして光と照射される面との関係性など、光のデザインに関わる重要な項目が、講義室で学ぶ何倍もの密度で培われていく。

写真b　照明作品の制作過程

深海での光の「揺らぎ」をテーマにした作品。コンセプトを立案し（上）、現場で照明実験を行いながら制作を開始し（中）、完成に至る（下）。

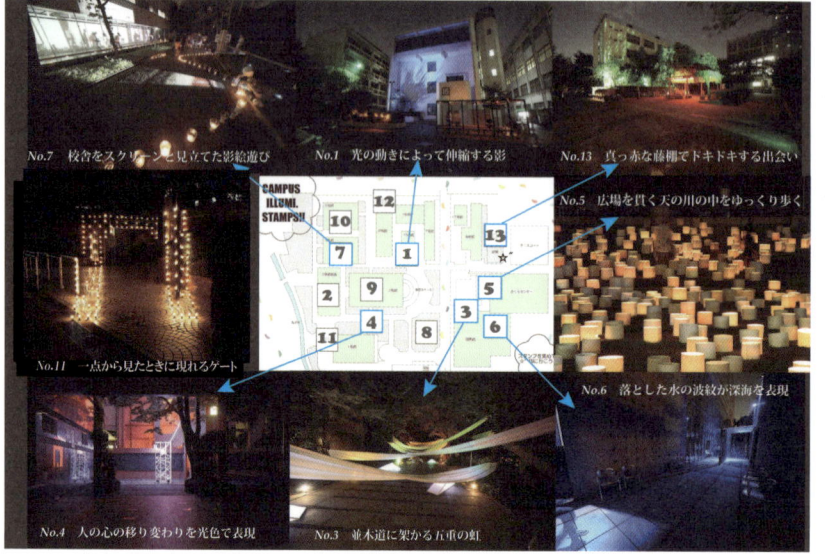

写真a　キャンパスを光で彩るイベント

建築学科2年生の必修授業の中で行われている演習のひとつ。この年のテーマは「つなぐ」。約10名ずつのグループが、場所の特徴を読み取り、どのような光を与えるとコンセプトに合致した作品になるかを検討した。

8章 音環境

快適な都市・建築空間を実現するために、音環境の性能は重要な要件のひとつである。本章では、建築内外の音環境が使用目的に応じた十分な要件と快適性を備えるために、いかに科学的に建築条件を制御し空間を設計しなければならないか、人間の聴覚の視点から適切に計画するための基礎事項について学ぶ。

1 建築と音環境

　建築音響学は、"騒音・振動の制御"（control of noise and vibration）と"室内音響"（room acoustics）という2つの大きな柱からなる。このうちとくに、空間の音響を扱う分野は、従来からコンサートホールや劇場、そして録音スタジオなどの、いわば非日常的な音響空間を対象として発展してきた経緯がある。そのため、一般には、何か特別なこと、専門的なことを扱う分野であるかのように考えられがちである。しかしながら、近年、ユニバーサルデザインや福祉・高齢化社会といった日常的キーワードに表れてきているように、聴覚を含む人々の本来的感覚や居心地のよさを求める感性に基づいた"万人にやさしい生活空間"のあり方について、さまざまな議論や調査・研究、模索や提案が多方面において進行中である。

　都市・建築空間の音環境について考えてみると、劇場などの音響空間だけではなく、たとえば学校・教育施設や病院、オフィス、図書館、美術館、あるいは商店街や大型複合商業施設のアトリウム空間、鉄道駅・空港のコンコースなどさまざまな公共建築においても、人間の聴環境という立場から空間の快適性[1]をどのように考え、どのように扱えばよいのかといった命題がすでに至る所で投げかけられている。

　良好な社会環境の実現のために、これまでに培われてきた建築音響的知見や技術を積極的に適用し、居心地のよい生活空間を実現するために音響的に今後何が必要か、何ができるのかについて、「建築」に携わる者は考えていかなければならない。今一度、聴覚の視点から都市・建築空間の快適性を捉え直す作業が必要である。

2 音の物理

(1) 音波

　太鼓をたたくと音が鳴る。これは、桴（バチ）の力を受けた太鼓の皮が振動（往復運動）することによって、それに接する空気粒子が皮の状態変化（変位、速度）を受け同様の往復運動を開始することから始まる。そして、隣接する空気粒子も次々に変位を与えられ、太鼓の皮の往復運動は波動となってエネルギーを伝えていく（図1）。これが**音波**（sound wave）[2]であり、聴覚器官に達すると人は"お

写真1　建築と音

1) ここでは、都市・建築空間のもつべき機能性や安全性など、人間環境が有するあらゆる性質や性能を含むものとして、「快適性」を広義に使用する。

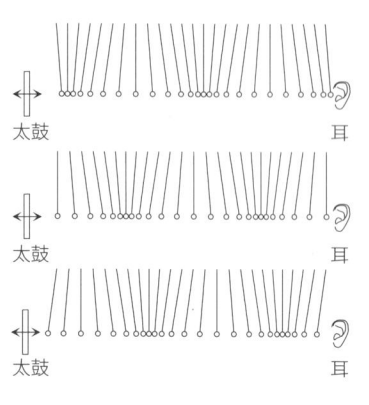

図1　音波

2) 媒質粒子の振動方向と波の伝搬する方向とが一致することから、この種の波を縦波という。一方、振動方向が波の進行方向と垂直である波動を横波という（観客のウェーブ、ギターの弦の振動など）。

と"として感じる[3]。

　音波が伝搬する空間を**音場**（sound field）という。今、伝搬する音波の全体を眺めたとすると、空気粒子が密になる箇所（圧力上昇）と疎になる箇所（圧力下降）が空間的に交互に並ぶことになる。一方、音場内の一地点に注目してみると、密部と疎部が時間的に交互に到来し、圧力の上昇と下降を繰り返すことになる。大気圧（標準大気圧：約1,013hPa）からのこの圧力の変動分（振幅）を**音圧**[Pa]（sound pressure）といい、対応する空気粒子の振動速度を**粒子速度**[m/s]（particle velocity）という。また、媒質粒子の1秒間当たりの往復運動の回数を**周波数** f [Hz]（frequency）[4]、1往復運動する間に音波が進行する距離を**波長** λ [m]（wave length）という。したがって、音波の進行速度：**音速**（sound speed）[5] を c [m/s] とすると次式の関係が成り立つ。

$$c = f \cdot \lambda \quad \cdots\cdots\cdots\cdots\cdots\cdots ①$$

(2) 音の強さとエネルギー密度

　音波の進行方向に垂直な単位面積を1秒間に通過するエネルギーを**音の強さ**、または**音響インテンシティ** I [W/m²]（sound intensity）という（図2）。これは、単位面積当たりのパワーを表し、直流電流の電力（電圧と電流の積）に相当する。電圧を音圧 p に、電流を粒子速度 v に置き換え、媒質空気の特性インピーダンスを用いると次式が成り立つ[6]。

$$I = pv = \frac{p^2}{\rho c} = \rho c v^2 \quad \cdots\cdots\cdots\cdots ②$$

これより、音の強さ I は音圧 p および粒子速度 v のいずれに対してもその2乗に比例することがわかる。

　また、単位面積を1秒間に通過するエネルギー I（平面波[7]）は、媒質体積 c [m³] 中に存在することになるため、**音のエネルギー密度** E [W・s/m³]（sound energy density、単位体積当たりのエネルギー）は、次式で表される。

$$E = \frac{I}{c} = \frac{p^2}{\rho c^2} \quad \cdots\cdots\cdots\cdots ③$$

(3) 音源のパワーと距離減衰

　音源から放射される単位時間当たりのエネルギーを**音響パワー** W [W]（sound power）という。図3に示すように、点音源の場合、音源からの距離 r [m] における音の強さ I [W/m²] は次式となり、距離の2乗に逆比例する（逆2乗則）。

$$I = \frac{W}{4\pi r^2} \quad \cdots\cdots\cdots\cdots ④$$

3) 広義には、空気に限らず媒質が液体であっても固体であっても、弾性媒質中を圧縮と膨張を繰り返しながら伝搬する波動現象のこと。またはそれによってひき起される聴覚的感覚のことを音という。

4) 周波数 f の逆数、すなわち媒質粒子が1往復運動するのに要する時間を周期[s]という。

5) 空気中の音速 c [m/s] は気温 θ により変化する。常温（θ =15℃）ではおよそ340m/sとなる。$c \fallingdotseq 331.5 + 0.6\theta$

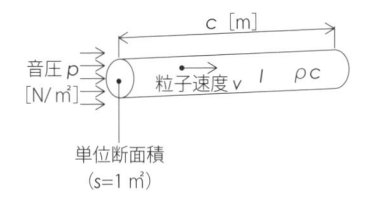

図2　音の強さ

6) 導体の両端電圧：e [V]、電流：i [A]、電気抵抗：r とすると $e/i = r$（オームの法則）。直流回路における電力 W [W]（単位時間に電流がする仕事量）は、
$$W = ei = e^2/r = ri^2$$
音波の場合、音圧 p [N/m²]（作用）に対して粒子速度 v [m/s]（効果）が生じる。媒質（密度 ρ）の特性インピーダンス Z は、$Z = p/v = \rho c$ となる。空気（1気圧20℃）の場合、ρ =1.205 [kg/m³]、Z = 415 [kg/m²s]。

7) 同位相の波面（wave front）が波の進行方向に垂直な平面をなすとき平面波（plane wave）と呼ぶ。一方、波長に比べて十分に小さな音源（点音源という）から放射された音波は球面状に広がっていくので、これを球面波（spherical wave）と呼ぶ。

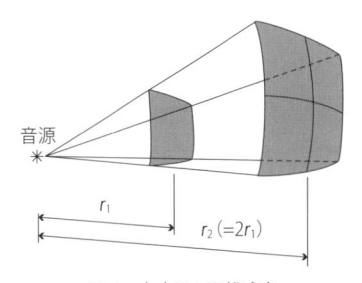

図3　点音源と距離減衰

距離の異なる2地点における音の強さ I_1、I_2 の比較を考えると、次式の関係が成り立つ。距離 r が2倍になると、音の強さは1/4になる。

$$\frac{I_2}{I_1} = \left(\frac{r_1}{r_2}\right)^2$$

3 音の単位

(1) レベル表示

人が聴覚で感じる音の強さ I の範囲（最大/最小）は、おおむね 10^{13} であり非常に広範囲にわたること、また、感覚量は刺激量の対数に比例すること（4(1)節）などの点から、音の強さや音圧を扱う場合、一般にその対数表現を用いて表す。

今、2つのパワー W_0 と W_1 があるとき、両者の比の常用対数を10倍した尺度を**レベル**（level）といい、単位に dB（デシベル）を用いる（式⑤）。この場合、W_1 は W_0 より L [dB] だけ大きいという意味になる[8]。

$$L = 10\log_{10}\frac{W_1}{W_0} \text{ [dB]} \quad \cdots\cdots ⑤$$

音の強さ、音圧、音源のパワーをレベル表示したものを、それぞれ**音の強さのレベル**（sound intensity level）、**音圧レベル**（sound pressure level、図4）、音源の**パワーレベル**（sound power level）という。おのおのの定義式と基準値（0 dB）を表1に示す。

(2) レベルの合成と平均

L_1 [dB] の音と L_2 [dB] の音が同時に存在した場合の合成値 L_3 [dB] について考える。それぞれのエネルギー密度を E_1, E_2, E_3 [W·s/m³] とすると、$L_1 = 10\log_{10} E_1/E_0$, $L_2 = 10\log_{10} E_2/E_0$, $L_3 = 10\log_{10} E_3/E_0$ となる。したがって、$E_3 = E_1 + E_2$ より次式を得る。

$$L_3 = 10\log_{10}\left(\frac{E_1 + E_2}{E_0}\right) = 10\log_{10}\left(10^{\frac{L_1}{10}} + 10^{\frac{L_2}{10}}\right) \text{ [dB]} \cdots ⑥$$

一般に、$L_1, L_2, \cdots, L_n$ [dB] の n 個の音の合成値 L [dB] は、

$$L = 10\log_{10}\left(10^{\frac{L_1}{10}} + 10^{\frac{L_2}{10}} + \cdots + 10^{\frac{L_n}{10}}\right) \text{ [dB]} \quad \cdots\cdots ⑦$$

で表される。また、n 個の音のエネルギー平均値 $\overline{L}$ [dB] は、

$$\overline{L} = 10\log_{10}\left(\frac{10^{\frac{L_1}{10}} + 10^{\frac{L_2}{10}} + \cdots + 10^{\frac{L_n}{10}}}{n}\right) \text{ [dB]} \quad \cdots\cdots ⑧$$

となる[9]。

例題 1

音圧レベルが 82dB である音を2個合成すると何dBになるか。また、それらにさらに 75dB の音を加えると何dBになるか。

解 答

$10\log_{10}(10^{\frac{82}{10}} + 10^{\frac{82}{10}}) = 85.0$ [dB]   <u>85 [dB]</u>

$10\log_{10}(10^{\frac{82}{10}} + 10^{\frac{82}{10}} + 10^{\frac{75}{10}}) = 85.4$ [dB]   <u>85 [dB]</u>

---

[8] たとえば $W_1 = 2W_0$ の場合、$10\log_{10}(2) = 3$ となるので、W_1 は W_0 より 3dB 大きい。また、$W_1 = W_0/2$ の場合は、$10\log_{10}(0.5) = -3$ となるので、W_1 は W_0 より 3dB だけ小さいということになる。

図4 音圧と音圧レベル

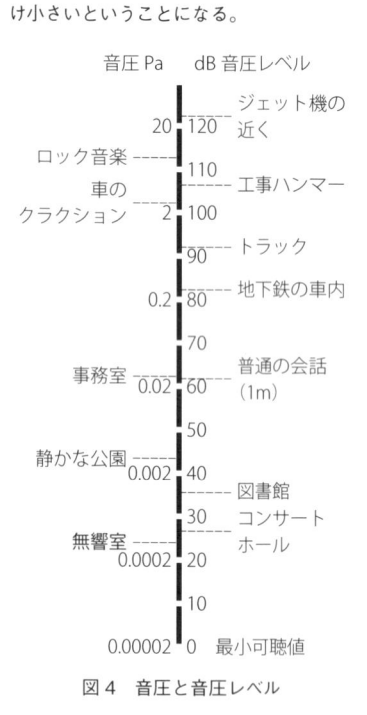

表1 音のレベル表示

音の強さのレベル L_I [dB]
$L_I = 10\log_{10}(I/I_0)$, $I_0 = 10^{-12}$ [W/m²]
音圧レベル L_P [dB]
$L_P = 10\log_{10}(p^2/p_0^2)$, $p_0 = 20\times10^{-6}$ [Pa]
音源のパワーレベル L_W [dB]
$L_W = 10\log_{10}(W/W_0)$, $W_0 = 10^{-12}$ [W]

[9] ただし、これらの式は純音（正弦波、4節参照）どうしのように干渉し合いエネルギー和として扱えない場合には成立しないので注意を要する。

4 聴覚の性質

人が音として聞くことのできる音圧の範囲は、周波数によって異なるが、おおむね $20\times10^{-6}\sim20\mathrm{Pa}$ である（音圧レベル：0〜120dB）。また、周波数の範囲はおおむね20〜20,000Hzであり、波長に換算するとおよそ17〜0.017m[10]となる（図5）。

(1) ウェーバー‐フェヒナーの法則（Weber-Fechner's law）

人間の感覚にかかわる重要な性質のひとつに、「感覚量 R（心理量）は刺激量 S（物理量）の対数に比例する」という性質があることが知られており、これを**ウェーバー‐フェヒナーの法則**という（図6）。

$$R = k\log_{10}\frac{S}{S_0} \quad \text{⑨}$$

これは、知覚できる最小の物理刺激量（**弁別閾**、differential limen）と基準となる物理刺激量の比は常に一定であるというウェーバーの法則[11]を基礎としている。たとえば、音圧 $p=0.02$ [Pa]の刺激が10倍の0.2Paになったときの感覚量は、音圧 $p=2$ [Pa]の刺激が20Paになったときの感覚量に等しい。

(2) 音の大きさとラウドネスレベル

音を聞いたときの感覚的な大きさは、その音の物理的な強さだけによらず周波数によっても異なる。そこで、1,000Hz 純音[12]を基準にして、ある周波数の音 X の"音の大きさ"が、音圧レベル L [dB]の1,000Hz純音と同じ大きさに聞こえるとき、音 X の**ラウドネスレベル**（loudness level）は L [phon]であるという。実験で求めた等ラウドネス曲線（ISO 226）を図7に示す。これより、人の耳の感度はおおむね2〜5kHzの範囲で最も高くなること、また低音

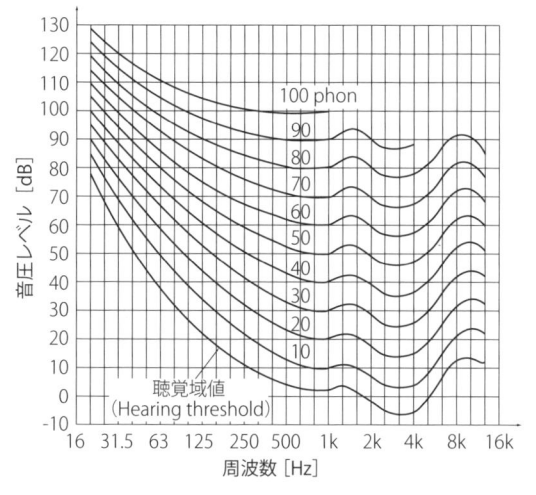

10) 可視光線の波長は、380〜780nm

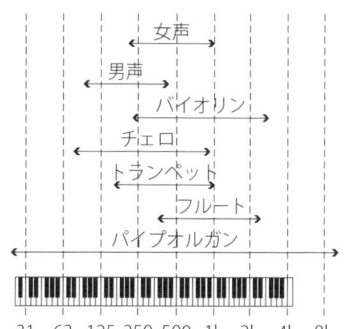

図5　可聴範囲

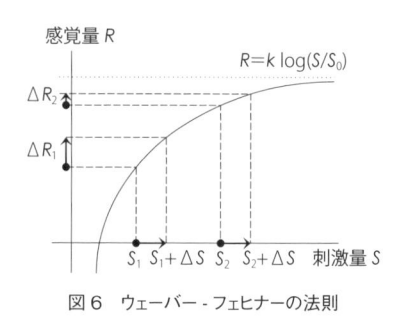

図6　ウェーバー‐フェヒナーの法則

★ウェーバー‐フェヒナーの法則⇒ p.082

11) 弁別閾を ΔS、元の物理刺激量を S とすると、$\Delta S/S=K$（K=定数）
この法則は、音の大きさや高さのほかに、明るさ、寒さ暖かさ、味、匂い、重さ、時間など、人のもつさまざまな感覚量に対して成立する。なお、弁別閾を丁度可知差異（just noticeable difference, jnd）ともいう。たとえば、音圧レベルに対する弁別閾は、周波数にも影響を受けまた個人差もあるが、およそ1dBである。

12) 単一の周波数の音（正弦波）を「純音」（pure tone）、複数の周波数からなる音を「複合音」（complex tone）という。さらに、後者は、規則的な振動が持続することで一定の音の高さを感じる「楽音」（musical tone）と一定の調子をもたない「雑音」（noise）とに分類される。

図7　等ラウドネス曲線

たとえば、1,000Hz（純音）の50dBの音と63Hz（純音）の80dBの音が同じ大きさに聞こえる。したがって、63Hz、80dBの音のラウドネスレベルは50phonであるという。

域ほど感度は低下することがわかる。

(3) 音の高さと音色

音の高さ（pitch）を感じる感覚は、音の周波数に強く関係し、周波数が大きい音は高く、周波数が小さい音は低く感じる。また、周波数が 2^n 倍（n：整数）となる音を聞くと、元の音と高さは異なるが同種の音として感じる。このことから、周波数が2倍となる音程を1 **オクターブ**（octave）[13]と規定し、現在、音楽における音階の基本となっている。さらに、音程が同じ高さの音であっても、たとえばピアノの"ラ"の音とトランペットの"ラ"の音をわれわれは聞き分けることができる。この音の質のことを**音色**（timbre）という[14]。

音の周波数成分（周波数とレベル）の特徴を表したものを**スペクトル**（spectrum）という（図8）。一般に、日常的に存在する多くの音は、さまざまな周波数成分を含みスペクトルは連続している。そのため、可聴周波数範囲を、たとえば1オクターブ間隔に分割し（図9）、各分割帯域内に含まれる合成レベル（バンドレベルという）を用いて音の周波数特性を表現する。1オクターブ間隔に分割された個々の周波数帯域のことを**オクターブバンド**（octave band）、バンドごとのレベルを表示した特性を**バンドスペクトル**（band spectrum）という（図10）。

13) オクターブ数 n：
$n = \log_2 (f_2/f_1)$、
f_1, f_2：周波数 [Hz]

14) 一般に、楽器などの音は、基音（fundamental tone、最低周波数成分）とそれ以外の上音（overtone）からなり、人はこの基音の周波数により音の高さを、上音の構成の違いにより音色をそれぞれ識別する。上音のうち、基音の整数倍の周波数を有する成分を倍音（harmonics）という。

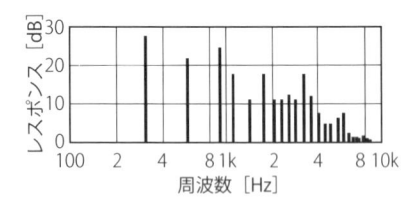

図8 楽音のスペクトル（バイオリン：$f_0 = 294$Hz）

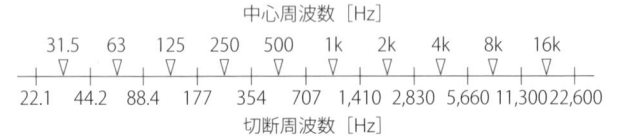

図9 オクターブバンド中心周波数

建築音響の分野では、1オクターブバンド幅あるいは1/3オクターブバンド幅を使用することが多い。前者の場合、帯域の下限周波数を f_1 [Hz]、上限周波数を f_2 [Hz] とすると、$f_2 = 2f_1$ となる。また、$\sqrt{2}f_1$ [Hz] をその帯域の中心周波数という。通常、中心周波数63～8,000Hzの8帯域の範囲を主要帯域として取り扱う。

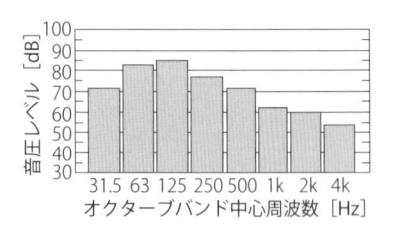

図10 オクターブバンドスペクトルの例

バンドレベルの総和（式⑦による合成レベル）をオーバーオールレベル（O.A.）という。

(4) 両耳聴効果

人は、左右の耳に入力されたそれぞれの音波の差異（音圧、到来時刻など）から、その音の到来方向や距離、受聴空間の広がりなどを感じることができる。これを**両耳聴効果**（binaural hearing effect）という。スピーカーの振動面やギターの弦のような物理的な**音源**（sound source）に対して、このように到来音の方向と距離を知覚することによって得られる聴感上の音の形姿、あるいはその心理的効果のことを**音像**（sound image）という。

今、図11のように、2つの音源A、B（音源Aに対する時間差 Δt）を同一信号で駆動する場合を考える。受聴者は音像を、(i) の場合（$\Delta t \lesssim 1$ [ms]）には正面方向のAB間に知覚するが、(ii) の場合（1 [ms] $\lesssim \Delta t \lesssim t_e$：$t_e =$ エコー検知限（30～50ms））には、Aの位置に知覚する。すなわち受聴者は音源Bからの音を感じない。この

(ⅱ)の場合のように、複数の音源（方向）によって知覚される音像は、時間的に最初に到達した音波の方向に定位することが知られており、これを**第一波面の法則**（law of the first wave front）という。ただし、図中（ⅲ）の場合（$\Delta t \gtrsim t_e$）には、音源A、Bの両方の位置に音像を知覚する。すなわち時間差が大きくなるとそれぞれの方向から音が別々に聞こえる。壁や天井に反射した無数の反射音がさまざまな方向から到来する空間において、この聴覚の法則は広がり感（8（2）節）などの心理評価にかかわる最も重要な性質のひとつである。

5 吸音と遮音

建築内外の物理的な音響状態は、空間の形やそれらを構成する材料・構造によって決定される。したがって、建築空間を適切に設計するためには、壁や天井など室の境界面における音の挙動とそこに使用される材料の関係を十分に把握しておくことが大切である。本節では、音環境を建築としてくみ上げていく際に必要となる2つの基本事項、**吸音**（sound absorption）と**遮音**（sound insulation）について学ぶ。

(1) 音の反射・吸収・透過

図12に示すように、音波が壁体へ入射すると入射エネルギーEは、反射エネルギーE_R、吸収エネルギーE_Aそして透過エネルギーE_Tの3つに分配される。このとき、入射エネルギーEに対する反射エネルギーE_R以外のエネルギー（吸音エネルギー）の割合aを**吸音率**（sound absorption coefficient）という。

$$a = \frac{E_A + E_T}{E} = \frac{E - E_R}{E} \quad \cdots\cdots\cdots ⑩$$

また、入射エネルギーEに対する透過エネルギーE_Tの割合τを**透過率**（sound transmission coefficient）という。

$$\tau = \frac{E_T}{E} \quad \cdots\cdots\cdots ⑪$$

この透過率τはその壁体の音の通り抜けやすさを表すが、通常その逆数$1/\tau$（音の通り抜けにくさ）をレベル表示した**音響透過損失** TL [dB]（sound transmission loss）を用いる[15]。すなわちTLの値が大きいほどその材料の遮音性能が高いことを表す。

$$TL = 10\log_{10}\frac{1}{\tau} \text{ [dB]} \quad \cdots\cdots\cdots ⑫$$

これらの吸音率や音響透過損失は、いずれも材料・構造に固有の値であるとともに、同一材料・構造であっても入射音の周波数や入射条件によって異なる値をもつ（表2、表3）。

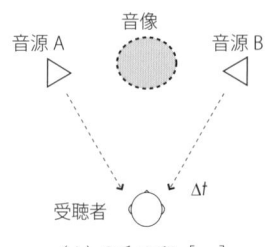

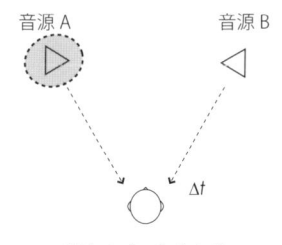

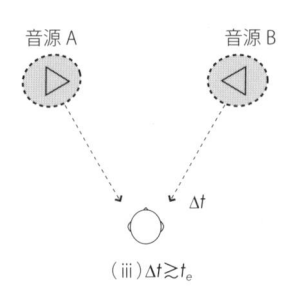

図11　第一波面の法則

（ⅰ）正面方向（A－B間）に音像を感じる（合成音像）。
（ⅱ）位置Aに音像を感じる（第一波面の法則）。
（ⅲ）位置A、Bの両方に音像を感じる（音が別々に二重に聞こえる：エコー）。

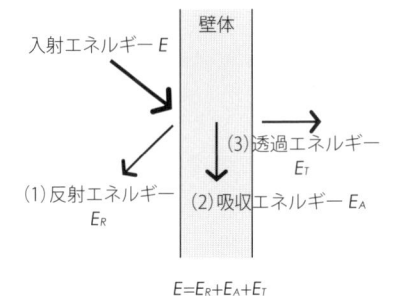

図12　音の反射・吸収・透過

15) グラスウールボードなど吸音率の高い材料は一般に透過率も高くなる。したがって、吸音材料に高い遮音効果を期待することはできない。吸音の役目をする材料と遮音の役目をする材料とは明確に区別して使用することが肝要である。なお、音響透過損失は、R（sound reduction index）と表記されることもある。

★吸音力⇒p.136

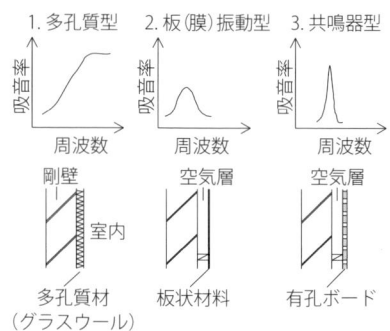

表2 吸音率（1-12）と吸音力 [m²/個]（a-c）

No.	材料（K：密度kg/m³）	厚さ[mm]	空気層[mm]	125	250	500	1k	2k	4k
1	グラスウールボード 24K	25	0	0.12	0.32	0.65	0.82	0.80	0.82
2	グラスウールボード 32K	50	300	0.75	0.85	0.85	0.80	0.80	0.85
3	合板	6	45	0.18	0.33	0.16	0.07	0.07	0.08
4	石膏ボード（12+9）	21	大	0.15	0.10	0.07	0.05	0.06	0.04
5	有孔板（孔径ピッチ5-15, p=9%）	5	45	0.02	0.08	0.20	0.35	0.18	0.12
6	同上 +GW50-20K 裏打	5	45	0.15	0.36	0.82	0.60	0.31	0.27
7	ガラス（大版）	-	大	0.18	0.06	0.04	0.03	0.02	0.02
8	コンクリート（モルタル金ゴテ）	-	-	0.01	0.01	0.02	0.02	0.02	0.03
9	カーテン（ビロード、0.6kg/m²）	-	100	0.06	0.25	0.43	0.49	0.40	0.35
10	カーペット（パイル）	10	-	0.09	0.08	0.21	0.26	0.27	0.37
11	カーペット（ニーパン）	3	-	0.02	0.03	0.08	0.12	0.22	0.35
12	ひのき縁甲板（舞台床）	36	大	0.20	0.15	0.10	0.09	0.09	0.09
a	劇場用椅子（モケット張り）	-	-	0.12	0.22	0.29	0.31	0.31	0.30
b	人物＋同上椅子に着席	-	-	0.23	0.32	0.40	0.43	0.43	0.41
c	木製椅子	-	-	0.02	0.02	0.02	0.04	0.04	0.03

図13 吸音機構と吸音特性

表3 音響透過損失 [dB]

構造部位	材料	厚さ[mm]	面密度[kg/m²]	125	250	500	1k	2k	4k
単板	合板	6	3.0	11	13	16	21	25	23
	石膏ボード	9	8.7	15	20	25	28	34	25
	鉛板	1	11.3	25	25	29	33	38	43
	ガラス板	3	7.5	15	18	22	28	32	24
	普通コンクリート	150	345.0	35	40	49	55	60	65
	コンクリートブロック（両面モルタル）	150	180.0	31	35	45	52	56	56
中空壁	石膏ボード 12×2+AS65+12×2	-	39.2	20	33	40	50	50	50
窓	二重気密型アルミサッシ	-	-	27	31	31	34	34	36

★グラスウール⇒p.041

16）多孔質材料は、強度上または意匠上からそのまま内装仕上げ材として使用できないため、何らかの表面仕上げが必要となるが、その仕様によっては音の入射を妨げることになり、せっかくの吸音特性を損なうことにもなりかねない。表面仕上げ（通気性クロス張り、リブ構造、有孔板、パンチングメタルなど）の設計にあたっては、所要吸音力を考慮しながら、その開口率（目安：30%以上）や厚さなどの検討が必要である。

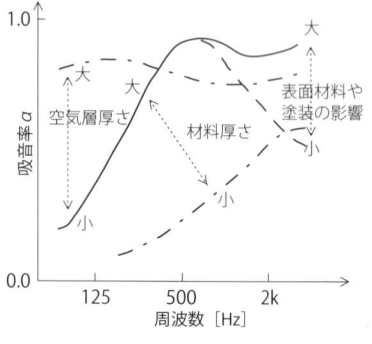

図14 多孔質材料の吸音特性

グラスウール、ロックウール（岩綿）、ウレタンフォームなどが代表例であるが、衣類、カーペット、カーテンなどもこの多孔質型吸音材の一種であり、ある程度の吸音力をもっている。

(2) 吸音材料

建築材料・構造は、その吸音機構の違いによって図13に示すように、1）**多孔質型**（porous type）、2）**板振動型**（panel type）、3）**共鳴器型**（resonator type）の3種類に大別できる。実際の材料による吸音効果は、これらの3種類あるいはその組み合わせによって得られる。

1）多孔質型吸音

グラスウールなど細かい繊維を板状に成型した材料や通気性のある発泡材料のように、内部に多くの空隙がある材料に音波が入射すると、空隙部の摩擦や材料繊維の振動などによって音のエネルギーの一部が熱に変換され吸音効果が生じる。

多孔質型材料の吸音特性の特徴は、一般に中高音域で大きく低音域で小さいことである。ただし、この特性は材料の厚さ、背後の空気層厚、表面の仕上げ処理[16]などの条件によって大きく影響を受け、材料の厚さが増すほど、また背後の空気層厚が増すほど低音域の吸音率が上昇する（図14）。

8章 音環境

2）板振動型吸音

　石膏ボードや合板などの板状材料を、背後の剛壁との間に空気層を設けて施工することにより形成される共振系[17]の吸音機構である。吸音特性は、共振周波数周辺の低音域（100〜300Hz）において 0.20〜0.50 程度の吸音率となるがあまり大きくはなく、中高音域に対しては反射性である。板の厚さ、背後の空気層厚、周辺固定の方法などによって影響を受けるが、とくに材料背後に多孔質吸音材が挿入されると、共鳴周波数が低音域に移動しその吸音率は上昇する（図15）。

3）共鳴器型吸音

　ヘルムホルツ共鳴器（図16）などにその共鳴周波数と等しい周波数の音波が入射すると、共鳴器の入り口近くの空気が激しく振動し、音のエネルギーの一部が摩擦によって熱に変換され吸音効果が生じる。特徴は、周波数の選択性がきわめて高いことであり、吸音力は特定の周波数において鋭いピークをもつ。一般には、この周波数選択性のために使い勝手がよくなく、狭い周波数帯域に対してのみ吸音力が必要な場合を除き使用は限定される。有孔板やスリット型吸音構造などもこのタイプに属する吸音材料である。

(3) 単層壁の遮音性能

1）質量則

　音響透過現象は、入射した音のエネルギーによって生じた壁体各部の振動が、裏側に接する空気粒子の振動を引き起こし、音波となって空間に伝搬される現象である。このとき、壁体の振動速度は材料の質量によってのみ規定されるというモデルを用い、単層壁体の音響透過損失 TL_0（垂直入射の場合[18]）が、次式によって理論的に与えられる。

$$TL_0 \fallingdotseq 20\log_{10}(m \cdot f) - 42.5 \text{ [dB]} \quad \text{⑬}$$

　ここで、m は材料の面密度 [kg/m^2]、f は入射波の周波数 [Hz] である。同じ周波数であれば面密度が大きい材料ほど、また同じ材料であれば（面密度一定）周波数が高いほど透過損失は大きくなる。これを、単層壁の遮音に関する**質量則**（mass low）という（図17）。

2）コインシデンス効果

　板状材料の音響透過損失が、ある特定の周波数において、質量則により得られる値に比べて著しく低下する現象を**コインシデンス効果**（coincidence effect）という。これは、壁体に斜入射した音波によって起こる屈曲振動の影響で、壁体の曲げ波の波長とある角度で入射した音の壁面での波長が一致することによって生じる。この現象が起こる周波数は、音波の入射角度 θ [°] と板の厚さ h [m]、密度 ρ [kg/m^3]、ヤング率 E などによって決まり、その最低周波数をコインシデンス限界周波数 f_c という。この f_c 以上の周波数では、質量則の値に比べて著しく遮音性能が低下する（図18）。

17）質量とばねによって構成される固有振動系。板（質量）と背後空気層・下地条件（ばね）によって決まる固有の周波数に、入射音の周波数が一致すると板は激しく振動する。

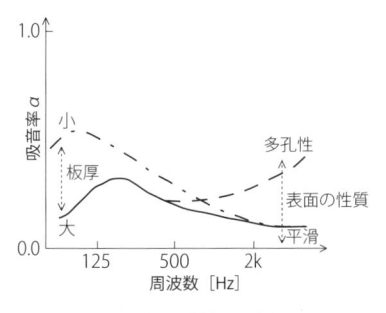

図15　板状材料の吸音特性

$$f_0 = \frac{c}{2\pi}\sqrt{\frac{s}{V(l+\sigma)}}$$

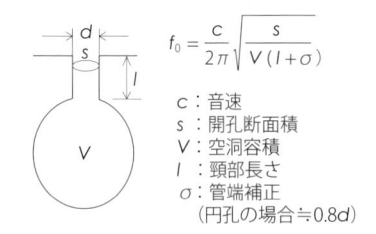

c：音速
s：開孔断面積
V：空洞容積
l：頸部長さ
σ：管端補正
　　（円孔の場合 $\fallingdotseq 0.8d$）

図16　ヘルムホルツ共鳴器

18）(i) 音がランダムに入射する場合（入射角度 0〜90°、拡散入射という）：
$TL \fallingdotseq TL_0 - 10\log_{10}(0.23TL_0)$ [dB]
(ii) 現実の室内を考慮した場合（入射角度 0〜78°、音場入射という）：
$TL \fallingdotseq TL_0 - 5$ [dB]

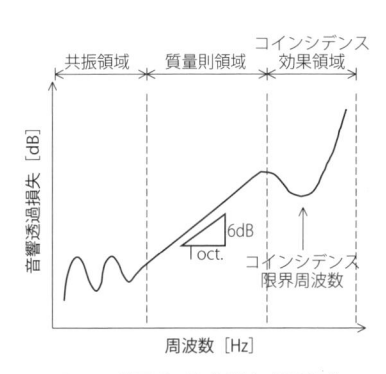

図17　単層壁の遮音特性（質量則）

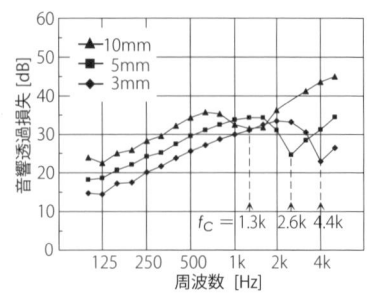

図18 ガラス板の音響透過損失（コインシデンス効果による低下）

ガラス板や合板の限界周波数は、一般に音が耳に付くといわれる 1,000 〜 4,000Hz の周波数帯域に入ってくるため、遮音計画上注意を要する。たとえば二重サッシでは、各ガラスのコインシデンス周波数が重ならないように、同一材料・同一厚さの板の使用を避けるなど、遮音性能の著しい低下を防ぐことが肝要である。

$$f_c \fallingdotseq \frac{c^2}{2\pi h}\sqrt{\frac{12\rho}{E}} \ [\text{Hz}]$$

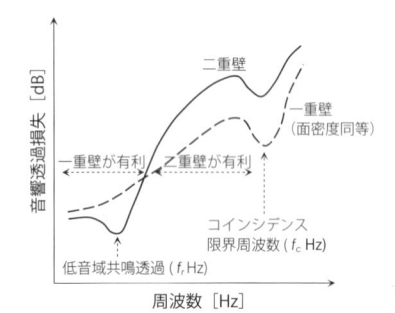

図19 二重壁の遮音特性

2つの壁体の面密度を m_1, m_2 [kg/m²]、空気層厚を d [m] とすると、共鳴透過周波数 f_r は次式で表される。

$$f_r \fallingdotseq \frac{c}{2\pi}\sqrt{\frac{m_1+m_2}{m_1 m_2}\cdot\frac{\rho}{d}} \ [\text{Hz}]$$

たとえば、RC壁150mmとコンクリートブロック壁100mmの二重壁（空気層200mm）の f_r は約15Hz、ガラス厚3mmと空気層厚6mmによる複層ガラスでは約400Hzとなる。

写真2 室内の音場

(4) 二重壁の遮音性能

二重壁の音響透過損失は、2つの壁体が音響的に完全に独立していれば、各単層壁の透過損失値の和となり高い遮音性能が期待できる。しかし現実には、2つの壁体は中間の空気層を介して共振系を形成するため、その共振周波数に一致した周波数で著しい遮音性能の低下を起こす。この現象は低音域において現れるため**低音域共鳴透過**（resonance transmission）と呼ばれる（図19）。二重壁を採用する場合には、この共振透過現象のために単層壁よりも遮音上不利になる場合もあるため、対象とする周波数帯域や下地・間柱の施工方法など、十分に検討する必要がある。

例題 2

開放した窓面の吸音率 α、透過率 τ および音響透過損失 TL はそれぞれいくらか。

解答

式⑩、⑪、⑫より

吸音率　1.0（100%）、透過率　1.0（100%）、
音響透過損失　$10\log_{10}(1/\tau) = 10\log_{10}1 = 0$ [dB]

例題 3

150mm 厚 RC 壁の音響透過損失（500Hz）が 50dB のとき、300mm 厚 RC 壁の音響透過損失 TL（500Hz）はいくらか。

解答

300mm 厚の RC 壁の面密度は 150mm 厚の2倍。したがって、式⑬より

$TL = 50 + 20\log_{10}2 = 50 + 6 = 56$ [dB]

音響透過損失　56 [dB]

6　室内の音場

室内において音を発すると、屋外[19]と異なり、壁や天井からの無数の反射音が重なり合い非常に複雑な音場を形成する。本節では、室内の音響現象ならびに室の形状や内装材料といった建築条件と物理音場の関係について、その基礎事項を学ぶ。

(1) 室内音場の構成

室内の音源から音を放射し、同一空間内の受聴点においてその音波の挙動を観測する場合を考える（図20）。受聴点では、**直接音**（direct sound）がまず最初に到来し、それに引き続き、壁や天井面からの**反射音**（reflected sound）が次々と到来する。この反射音群は時間とともに密度を高め、かつレベルを減衰させながら**残響**

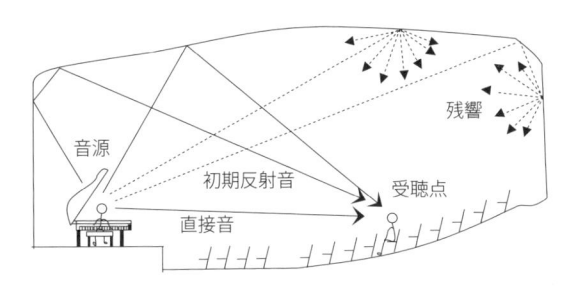

図20　室内音場の構成

インパルス応答モデル

（reverberation）と呼ばれる響きとなる。これらの様子を、インパルス音を入力したときの時間応答として観測したものを室の**インパルス応答**（impulse response）という（図21）。

反射音群のうち、聴感印象に与える効果（8（3）節）の差異から、直接音の到達後、比較的早い時刻に到来する反射音を**初期反射音**（early reflection）、それ以降に到来する反射音を**後期反射音**（late reflection）として分けて扱うことも多い[20]。

個々の反射音は、それぞれの到来時刻、強さ、周波数特性、到来方向といった性質をもって受聴点に到達するが、これらの情報はすべて空間の規模、形状、内装仕様などの建築条件によって決まる。

(2) 波動音響と幾何音響

実際に起こっている音響現象をどのように理論立てて見るか、その取り扱い方には大きく分けて、波動音響的な方法と幾何音響的な方法の2つがある（図22）。

前者は、音の振動様態やエネルギーの減衰を、波動方程式をもとに厳密に説明しようとする方法であり、室の固有振動（6（3）節）や**回折**（diffraction）[21]などを扱う。これに対して後者は、音の波長に比べて十分大きな空間において、音のエネルギーの伝搬を**音線**（sound ray）を用いて幾何学的に扱うことにより単純明快に説明しようとする方法である。使用に当たってはその適用限界に注意を要するが、残響時間や音圧分布の計算（6（4）・（5）節）など、実用的な側面から有効な方法である。

(3) 室の固有振動

6弦ギターの開放第1弦をはじくと、約330Hz（基音、音程E4）の音を鳴らしながら弦は振動し、次第に弱まり音は消えていく。次に同じ弦の12番目のフレットを押さえると1オクターブ上の660Hz（E5）の音程に変化する。このとき振動している弦の長さは、開放弦のちょうど半分である。これらは、それぞれの支持条件（弦の長さ、張力など）に対応した固有の振動が音となったものであり、この現象を**固有振動**（normal mode）という。またそのときの周波数を**固有周波数**（natural frequency）と呼ぶ。

室内空間も同様である。ギターでは1次元の弦が振動しているの

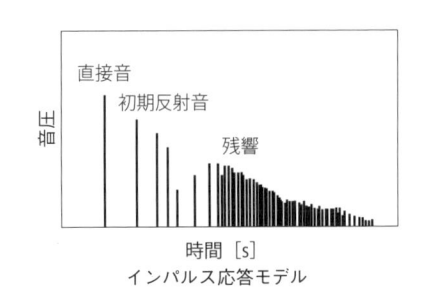

19）音波が境界面や障害物の影響を受けることなく単純に減衰しながら伝搬していくことのできる空間を、その物理的な性質から自由音場（free sound field）という。

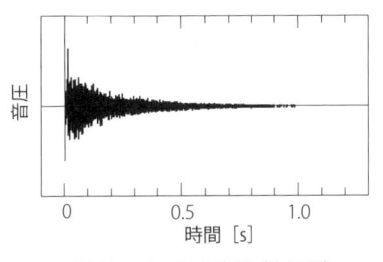

図21　インパルス応答（実測例）

インパルスとは継続時間が非常に短い信号のこと。一般に、インパルスを入力したときのシステムの出力をインパルス応答という。室内空間を線形時不変系システムと考えると、このインパルス応答によって完全に室の特徴が表現できる。またインパルス応答のフーリエ変換はシステムの周波数応答となる。

20）初期反射音と後期反射音の境界については厳密な規定はないが、通常、直接音の到来後およそ50～100ms程度までに到来する反射音を初期反射音という。

21）障害物や媒質の不均一性によって、波の進行方向が変化する現象。

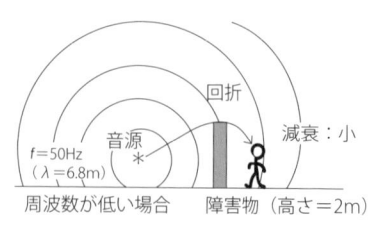

図22 波動音響と幾何音響

(a) 波動音響的な性質
(b) 幾何音響的な性質 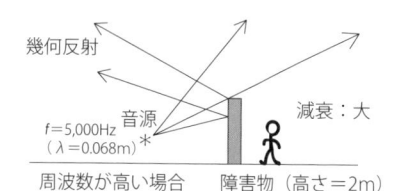

幾何音響の場合、障害物への入射波は反射の法則（入射角＝反射角）に従い反射すると考える（鏡面反射という）。

表4 固有振動モード

モード		説明
1次元	軸波	(n_x, n_y, n_z)のうち、2つが0の場合。一つの軸方向にしか伝搬しない波。
2次元	接線波	(n_x, n_y, n_z)のうち、1つが0の場合。一対の平行壁面に平行に伝搬し、他の二対の壁面に斜めに入射する波。
3次元	斜め波	(n_x, n_y, n_z)のうち、いずれも0でない場合。すべての壁面に斜めに入射する波。

軸波の場合、式⑭を変形すると、
$L = n(\lambda_n/2)$ （$n=0, 1, 2, ……$）
したがって、辺長が半波長の整数倍と一致する周波数が固有周波数ということになる。

22) たとえば、8畳間（$L=3.6$m）の場合、f_Lはおよそ47Hzとなり、可聴周波数域（20Hz以上）にある。ホールなど空間規模が大きくなると20Hz以下になる。

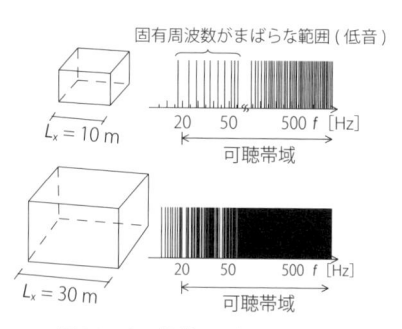

図23 室の規模と固有周波数分布

に対して、室では3次元の空気のかたまりが振動体であり、その空気塊の大きさと周辺の支持条件、すなわち室の寸法と壁面の音響条件によってその室固有の振動が生じる。したがって、残響現象は、音源から放射された音のエネルギーによって励振された室の固有振動が時間とともに減衰していく過程であると考えることができる。室内音場を波動音響的に扱うとき、この固有振動は最も重要で基本的な性質である。

1) 直方体室の固有振動

今、3辺の長さがそれぞれL_x [m]、L_y [m]、L_z [m]である直方体の室を考える。壁面がすべて剛（反射率1.0）であると仮定すると、固有周波数f_nは式⑭により与えられる。すなわち、直方体室の固有周波数は、室の寸法および(n_x, n_y, n_z) [$n=0, 1, 2, …$]の任意の組み合わせによって決定される。またそのときの振動の様子は表4に示すように軸波、接線波、斜め波の3種類に分類される。

$$f_n = \frac{c}{2}\sqrt{\left(\frac{n_x}{L_x}\right)^2 + \left(\frac{n_y}{L_y}\right)^2 + \left(\frac{n_z}{L_z}\right)^2} \quad \text{⑭}$$

$(n_x, n_y, n_z = 0, 1, 2, ……)$

このように、直方体の室内では式⑭を満たす周波数f_nの音だけが共鳴することができ、それらは周波数軸上で離散的に、かつ無数存在することになる。

2) 室の形と固有周波数の分布

室内の音場において、固有振動がどのような状態のときに好ましく、どのような状態のときに好ましくないのかを考える。まず、直方体室の3辺のうち最も長い辺をL [m]とすると、最低固有周波数f_Lは、$f_L = c/2L$ [Hz]となり、それ以下の周波数では固有振動は存在しない[22]。これは、f_L [Hz]以下の音が放射されても空間としては共鳴しないことを意味する。次に、固有周波数がf [Hz]以下の固有振動の個数をNとすると、固有振動の分布密度は近似的に式⑮により与えられる。V、S、Lは、それぞれ室の容積 [m³]、総表面積 [m²]、総周辺長 [m] である。これより、固有振動の分布密度はおおむね周波数の2乗と室容積に比例して高くなる。

$$\frac{dN(f)}{df} \simeq \left(\frac{4\pi V}{c^3}\right)f^2 + \left(\frac{\pi S}{2c^2}\right)f + \frac{L}{8c} \quad \text{⑮}$$

このように、固有周波数の周波数軸上における分布は、(i) 低音域で粗く高音域になるほど個数が増加し密になり、また (ii) 規模の小さな室ほど最低固有周波数が高くなり密度も粗くなる（図23）。

さらに、異なる(n_x, n_y, n_z)の組み合わせであっても、室の寸法によっては周波数の等しくなる固有振動が存在することがある。これは、同じ周波数で複数の異なる振動モードが励振される現象で**縮退**（degeneracy）という。縮退が生じると、ある特定の音程や楽

134 | 8章 音環境

器だけが異常に大きな音で響いたり[23]、逆に固有振動のまばらな周波数領域では音が"鳴らない"、"聞こえない"といった現象が起こり好ましくない。

縮退には室の形が強く関係しており、直方体室では室幅、奥行き、天井高さの寸法比が問題となる。図24のような立方体はもちろん、3辺の比が1：2：4のような簡単な整数比となる場合にも縮退は著しくなるため避けなければならない。したがって、固有振動の周波数の分布を一様にするためには、(i) 直方体室においては、3辺の比の工夫[24]、(ii) 平行対向する壁面をなくし凹凸のある拡散壁面にするなどの室形の不整形化（図25）、(iii) 分離した固有振動エネルギーを小さくするための吸音処理、などが有効である。

室内で発せられた人の声や楽音は、その室特有の音色が付加されることなく一様に自然に響くことが望ましい。録音スタジオ、楽器練習スタジオ、オーディオルーム、会議室など、とくに小規模の空間において、固有振動分布の一様性の観点から建築条件を検討することは、その室のもつべき機能を確保するうえで重要である。

23) とくに吸音力の不足している小さな部屋では、低音域においてしばしば起こる現象。ブーミング（booming）という。

24) 2：3：5（素数比）、$1:\sqrt[3]{2}:\sqrt[3]{4}$、$\sqrt{5}-1:2:\sqrt{5}+1$（黄金比）など。

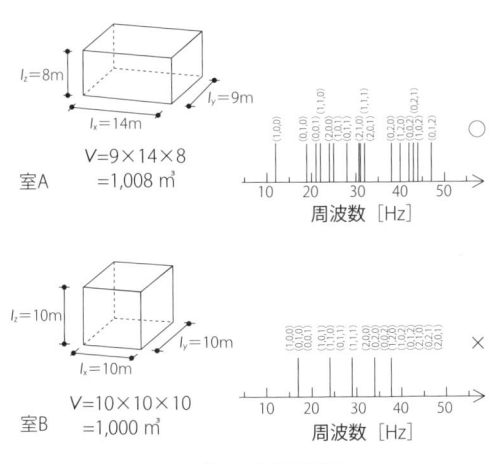

図24 室の寸法比と縮退

容積がほぼ等しく3辺の長さが異なる2つの直方体室について、固有周波数を算出した結果（$n=0～2$）を示す。室Aでは縮退は生じていないが、室Bでは4つの周波数で縮退が生じ振動モードの集中が著しい。

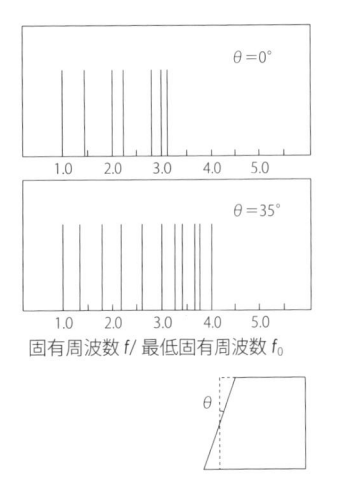

図25 不整形室の固有周波数分布（2次元室の例）

(4) 残響時間

室内では、音源を停止したあとでも音の響きがしばらく残っていることを経験する。この現象を**残響**（reverberation）という。空間の規模がある程度大きくなると、可聴周波数域における固有振動の分布密度が高くなるため（図23）、個々の振動の減衰として波動的に取り扱うよりも単純にエネルギーを扱う幾何音響的な考え方が有効になる。

1) 拡散音場の仮定

室内の音場は、直接音と反射音が混じり合う複雑な音場である。このような音場を、拡散音場という理想的な音場を仮定することに

25) 拡散音場におけるエネルギー密度を E [J/m³] とすると、周壁 1m² に 1 秒間に入射するエネルギー I [W/m²] は、次式で表される。

$$I = \frac{cE}{4}$$

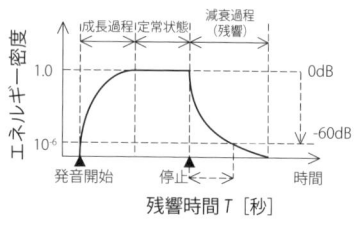

図 26 残響時間

26) 等価吸音面積 (equivalent sound absorption area) ともいう。壁、天井などの内装表面については各材料の吸音率にその面積を乗じたものを、人物や椅子その他の家具など表面積を算定しづらいものについては、その単位個数当たりの吸音力に個数を乗じたものを、それぞれの吸音力として算出したあと、室全体の総和を求める。

表 5 室用途と室内平均吸音率の目安

室の種類	平均吸音率
コンサートホール	0.18～0.25
劇場・多目的ホール	0.20～0.28
邦楽用ホール	0.25～0.30
講堂・体育館	0.30
録音スタジオ	0.25～0.35
学校教室	0.25～0.30
事務室	0.20～0.30
会議室	0.25～0.30
リスニングルーム	0.25～0.30

27) 仮に完全吸音の室 ($\bar{a}=1.0$) を考えた場合、残響は生じないはずであるが、セービンの残響式では残響時間が有限な値となる ($T = 0.161V/S$)。この矛盾を解消した次式をアイリングの残響式という。

$$T = \frac{KV}{-S\log_e(1-\bar{a})}$$

ただし、吸音力の小さな室 ($\bar{a} \to 0$) では、$-\log_e(1-\bar{a}) = \bar{a}$ となりセービンの残響式とほぼ一致する。

よって簡単にかつ明快に取り扱うことができる。**拡散音場**（diffuse sound field）とは、(i) 室内のどの点においても音のエネルギーが等しく、かつ (ii) 室内のどの点においても音の進行方向があらゆる方向に一様である音場のことをいう[25]。以下の残響式や音圧レベル分布は、この拡散音場の仮定を前提として導出される。

2) セービンの残響式

室内の響きの長さを表す物理的な尺度として、**残響時間**（reverberation time）が定義されている。残響時間は、音源の停止後、室内の音のエネルギーが定常状態から 100 万分の 1 になるまでの時間、すなわち音圧レベルが 60dB 減衰するまでに要する時間をいう（図 26）。これは、W.C.Sabine が 1900 年に発表したもので、残響時間 T [s] と室の容積 V [m³]、室の**吸音力** A [m²]（sound absorption）[26] の間に式⑯の関係があることを実験的に見いだした。これを**セービンの残響式**という。ここで、K はおよそ 0.161 である。

$$T = K\frac{V}{A} \quad \cdots\cdots ⑯$$

$$A = \Sigma a_i S_i + \Sigma A_j N_j \quad \cdots\cdots ⑰$$

a_i：内装材料の吸音率
S_i：内装材料の面積 [m²]
A_j：椅子や人などの吸音力 [m²/個]
N_j：椅子や人などの個数や人数

また、この総吸音力を室内の総表面積 S ($= \Sigma S_i$) で除したものを**室内平均吸音率** $\bar{a}$（average sound absorption coefficient）といい、室全体の吸音の程度を表す指標として利用される（表 5）。

$$\bar{a} = \frac{A}{S} \quad \cdots\cdots ⑱$$

セービンの残響式は、残響の基本的な性質を明快に表しているが、実際の設計ではセービンの残響式を改良したアイリングの残響式[27]、さらには空気による吸収分を考慮したアイリング - ヌートセンの残響式[28] が用いられる。

(5) 音圧レベル分布

図 27 のように、室内にパワーレベル L_w [dB] の無指向性音源があるとき、その音源から距離 r [m] だけ離れた観測点における音圧レベル L_r [dB] は次式により与えられる。

$$L_r = L_w + 10\log_{10}\left(\frac{1}{4\pi r^2} + \frac{4}{R}\right) \text{ [dB]} \quad \cdots\cdots ⑲$$

ここで、R ($= S\bar{a}/(1-\bar{a})$) は室内の吸音の程度を表し**室定数**（room constant）という。図 28 はこの式の右辺第 2 項を示したもので、音源からの距離 r（直接音成分）と室定数 R（拡散音成分）によって音圧分布が変化する様子がわかる。$R = \infty$（$\bar{a} \to 1.0$、完全吸音）は自由音場を意味する。

図28 室内音圧分布

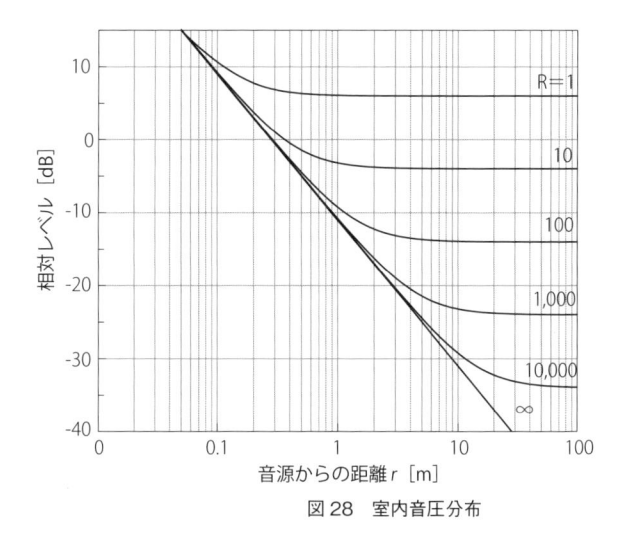

以上は、前述の拡散音場の仮定のもとに導かれている。したがって、対象とする音場がこの前提から逸脱した状態になればなるほど、残響式による残響時間の値は実際の空間における測定値と一致しなくなることに留意しておく必要がある。

(6) 音の特異現象

室内の音場において、室の形や内装仕様などの建築条件が不適切であると、直接音や反射音の作用により、異常な音が聞こえたり、聞こえるはずの音が聞こえなかったりという建築音響的に有害な現象を起こす。

1) エコー

直接音が聞こえたのち、壁面などで反射した音が二重に分離して聞こえる現象を**エコー**（echo）という。エコーが生じると、音楽演奏ではリズムがとれずに演奏不能になったり、観客側では耳障りな音になったりする。また、スピーチでは音声の明瞭度が低下し、講演者の発話自体が不能になることもある（図29）。

2) フラターエコー

図30のように、平行対向する堅い反射性の壁面間などで起こる多重反射現象を**フラターエコー**（flutter echo）と呼び、プルルル、ビィーンといった不快な音として聞こえる。日光東照宮本地堂の天井と床の間でこの現象が起こり、天井に描かれている竜が鳴いているように聞こえることから鳴竜（なきりゅう）とも呼ばれる。

3) 音の焦点

波長に比べて大きな凹曲面が存在すると、特定の場所に音のエネルギーが集中し、そこだけ異常に音が大きく聞こえる現象が起こる（図31（a））。これを**音の焦点**（sound focus）といい、室内の音圧レベル分布の均一性を著しく損なうことになり好ましくない。

これらの特異現象は、室の使い勝手を悪くし持つべき空間機能を大きく損なうことになるため、極力起こらないように十分に検討しなければならない。

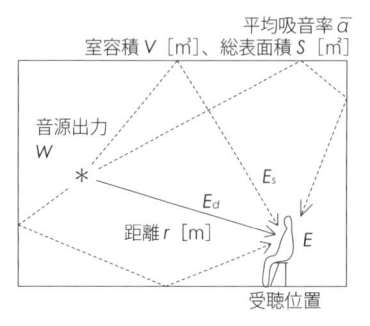

図27 室内における音圧分布

直接音によるエネルギー密度 E_d は、

$$E_d = \frac{W}{4\pi r^2 c}$$

直接音以外の拡散音エネルギー密度を E_s とおくと、拡散音の供給エネルギー $W(1-\bar{a})$ と周壁における吸音エネルギー $(cE_s/4)S\bar{a}$ の平衡式から E_s は次式となる。

$$E_s = \frac{4W}{cS\bar{a}}(1-\bar{a})$$

全エネルギー密度 $E = E_d + E_s$ のレベル表示により受聴位置の音圧レベルが求められる（式⑲）。

28) 室内を伝搬する音は、空気に吸収されて減衰する。この空気による吸収分を考慮したものをアイリング-ヌートセンの残響式という。室容積 V が小さい室では、空気吸収の影響も小さいためアイリングの残響式とほぼ同値となる。

$$T = \frac{KV}{-S\log_e(1-\bar{a})+4mV}$$

m は空気吸収による減衰率 [m^{-1}] である。空気の温度と湿度に影響を受けるが、20℃、60%として下表の値を用いる（ISO 3961）。

残響設計に使用する m の値

周波数 [Hz]			
500以下	1,000	2,000	4,000
0.000	0.001	0.002	0.006

図29　エコーの発生

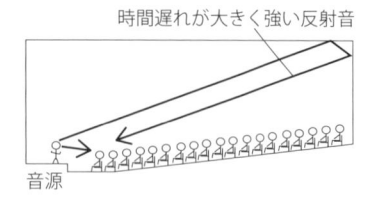

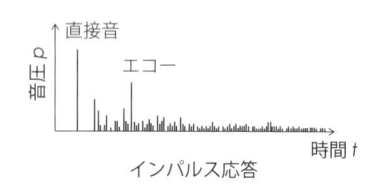

2つの音が分離して聞こえるか否かは、双方の音圧レベル差や遅れ時間、周波数などに関係するが、一般に、直接音に対して30～50ms程度以上遅れて反射音が到来するとエコーを感じるといわれている。規模の大きなホールなどでは、舞台から発した音が客席の後壁で反射し、長い距離を走ったあとに再び舞台近くに遅れて戻ってくることがある。これをとくにロングパスエコーという。

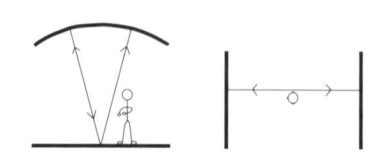

図30　フラターエコーの発生しやすい室の形状

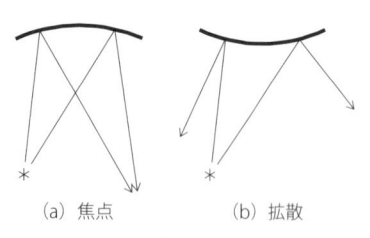

(a) 焦点　　(b) 拡散

図31　音の焦点と拡散

写真3　都市・建築の騒音制御

例題 4

8m×12m×3mの直方体室において、縮退を起こす最低固有周波数はいくらか。周壁はすべて剛、音速$c=340$ [m/s] とする。

解答

式⑭より

$$f_1 = \frac{340}{2} \times \frac{3}{12} = 42.5 \text{ [Hz]},\quad f_2 = \frac{340}{2} \times \frac{2}{8} = 42.5 \text{ [Hz]}$$

最低固有周波数　42.5 [Hz]

例題 5

例題4の直方体室の平均吸音率$\bar{\alpha}$が0.20であるとき、残響時間Tはいくらになるか。セービンの残響式により求めよ。

解答

室容積$V=288$ [m³]、総表面積$S=312$ [m²]、式⑯、⑱より

$$T = \frac{0.161 \times 288}{312 \times 0.20} = 0.743 \text{ [s]}$$

残響時間　0.74 [s]

例題 6

例題5の室内において、パワーレベル100dBの無指向性音源から5m離れた地点の音圧レベルLはいくらになるか。

解答

室定数$R = \dfrac{312 \times 0.20}{1-0.20} = 78.0$、式⑲より

$$L = 100.0 + 10\log_{10}\left(\frac{1}{4\pi \times 5^2} + \frac{4}{78}\right) = 100.0 - 12.6 = 87.4 \text{ [dB]}$$

音圧レベル　87 [dB]

7　遮音・騒音制御計画

音声や音楽などの聴取の妨げになる音、生産活動や社会活動の障害となる音、あるいは日常の生活に心理的・生理的な苦痛を与える音など、聞く人にとって不快なまたは望ましくない音であるとき、これを**騒音**（noise）という[29]。

一般に、遮音・騒音制御設計は、地域や敷地環境の調査に始まり、対象とする建物の配置や空間構成、室のレイアウトや動線計画など、基本構想・基本計画段階から検討すべき事項から、具体的な遮音構造や防振仕様、そして空調設備等の設備騒音・振動に関連する検討

事項まで広範囲にわたる。周辺環境への影響も含めて、建築および空間としてその使用目的と機能に見合った"適切な静かさ"を実現することが重要である。本節では、建築音響計画の第1の柱である遮音・騒音制御計画の手順と基本的な考え方について学ぶ。

(1) 遮音・騒音制御計画の手順

計画の手順は以下のとおりである。(i) 計画建物や空間の性格、用途の分析により、静かさの目標性能（許容騒音レベル）を決定する。(ii) 予想される騒音・振動源を抽出し、それらの位置、周辺状況、パワーレベルなどの特性を把握する。(iii) (i) と (ii) より騒音の伝搬経路上で確保しなければならない必要減衰量を算定する。(iv) 必要減衰量を確実にかつ効率よく得るための基本的な建築条件（敷地条件、建物配置、空間構成、室レイアウト、動線・開口部など）を検討し、各騒音・振動源の伝搬経路を確定する。(v) 騒音・振動源の特性と伝搬経路に応じて室内騒音レベルの予測計算を行い、必要減衰量を得るための遮音構造・仕様、防振仕様などを検討し決定する。なお、計画建物自体が周辺環境に対する騒音・振動源となることが懸念される場合には、環境基準（7（3）節）などの規制に照らし合わせ、敷地境界上における騒音レベルの予測を行い、適切に対応することが必要である。

(2) 騒音・振動源の種類と伝わり方

一般に想定される騒音・振動源を表6に示す。騒音制御計画において最も効率的な方法は、騒音・振動源の数を少なくすること、またそれらから発生する音響エネルギーを極力小さくすることは言うまでもないが、予想される騒音・振動源の性質や音響特性を、敷地調査や実測データに基づき的確に把握することにある（図32）。

音の伝わり方は、媒質の違いにより2種類に分けられる。外壁の窓から侵入してくる道路交通騒音など、空気中を伝搬してくるものを**空気伝搬音**（airborne sound）、地下鉄の走行振動や上階スラブからの靴音など、固体中を伝わり受音室の内装面から放射される音を**固体伝搬音**（structure-borne sound）という。これらは、伝搬性状も遮断方法も大きく異なるため（図33）、対象とする騒音振動源がいずれに当たるのかをまず見極めることが大切である。そして、それらが対象室までどのような伝搬経路をとるかを騒音源ごとに予測することになる（表7）。騒音制御の観点から計画された複合施設の空間構成例を図34に示す。

(3) 騒音の評価

騒音は、レベルの時間的変動の特徴から、(a) **定常騒音**（steady noise）と (b) **変動騒音**（fluctuation noise）に大別される（図35）。

1）騒音レベルとNC曲線

レベルの時間的変化が小さくほぼ一定とみなせる騒音を定常騒音といい、空調の吹出騒音や設備機器騒音などがこれに当たる。評価量としては、**騒音レベル**［dB］（A-weighted sound pressure

29）対象とする騒音以外の騒音、すなわち注目している音源が停止あるいはなくなったときにその場所になお存在している騒音のことを暗騒音（background noise）という。

表6 主な騒音・振動源とその種類

分類	騒音・振動源	空気音	固体音
外部騒音	道路交通、鉄道、建設作業、工場	○	○
	航空機	○	
	地下鉄、降雨音（屋根）		○
	駐車場（クラクション）	○	
	その他環境騒音（運動場、歓声、商店街の広告放送など）	○	
内部騒音	音楽演奏、電気音響拡声音（ホール、スタジオなど）	○	
	アナウンス、BGM（ホワイエ）	○	
	話し声（会議室、教室、ホテル客室など）	○	
	ドアの開閉音、歩行音、子供の跳びはね（住宅）		○
	テレビ、オーディオなどその他生活騒音	○	
設備機器騒音	機械室内騒音、ダクト内騒音	○	
	トイレ流水音、給排水音		○
	空調送風機、冷凍機、ポンプ	○	○
	コンプレッサ、冷却塔、変圧器		○
	エレベーター、エスカレーター		○
	機械式駐車場施設		○

建物外部からは、道路騒音や航空機騒音、また都心では地下鉄の走行振動などの交通機関からの騒音のほか、さまざまな環境騒音が想定される。建物内部の騒音・振動源としては、空調・電気設備に起因するものや、ホールなどを含む複合施設においては他室にて発生する音（音楽の演奏や再生音）なども影響が大きく、また集合住宅では子供の跳びはね音やトイレ流水音など生活騒音が問題となる場合も多い。

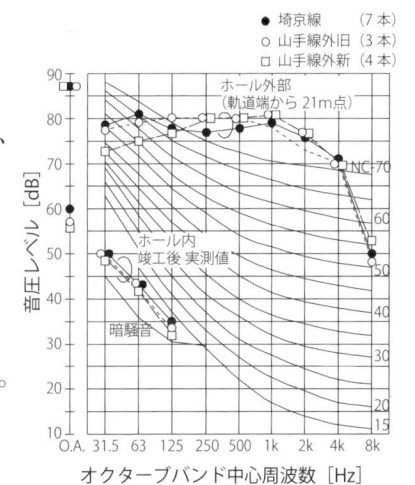

図32 ホール計画敷地における鉄道騒音実測例

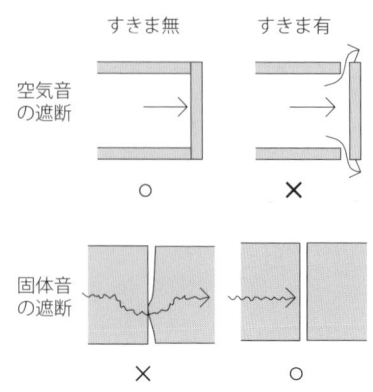

図33 空気音と固体音の遮断

表7 騒音・振動源の主要な伝搬経路

分類	伝搬経路
外部騒音	建築本体（外壁、屋根、躯体、スラブ） 地盤 動線（エントランス、廊下など） 開口部（ドア、窓、搬入口など） 排煙口、換気口、ガラリなど
内部騒音	建築本体（内壁、躯体、スラブ） 動線（廊下）、開口部（ドア） ダクト内、吹出口、吸込口、DS ダクト・配管の管壁および貫通部

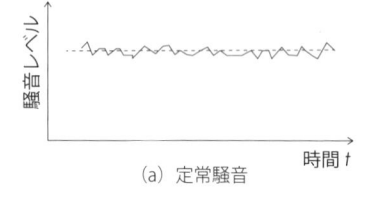

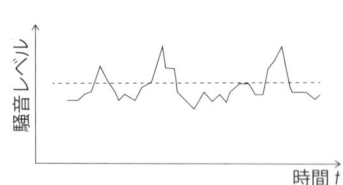

図35 定常騒音と変動騒音

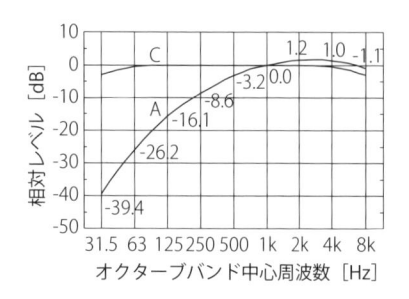

図36 聴感補正特性（A特性）

30) 騒音計により等時間間隔で観測されたn個の騒音レベルが得られれば、式⑧によって求められる。

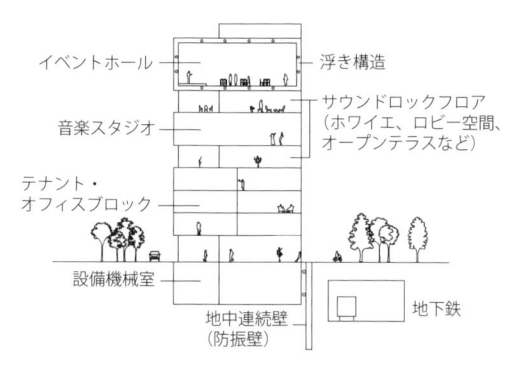

図34 騒音制御と空間構成

(a) 地下鉄走行振動・設備機械騒音の影響を最小限に抑えるためホール・スタジオブロックを最上階に配置、(b) ホールと音楽スタジオの同時使用を考慮し両者間にサウンドロックスペースとしてのパブリックフロアを配置、(c) ホール・スタジオブロックと低層階テナントブロック間の遮音を考慮し、オープンテラスを含むパブリックスペースを配置。

level)や **NC値**（Noise Criteria number）が用いられる。

騒音を計測する機器を**騒音計**（sound level meter、法定計量器）というが、これには等ラウドネス曲線（4(2)節、60phon）の逆特性を近似した聴感補正回路（A特性という）が組み込まれている（図36）。このA特性を用いて計測された音圧レベルを騒音レベルという。

NC曲線は、オフィス内における会話の聴取妨害に関する実態調査の結果から、室内騒音のオクターブバンド音圧レベルに対する評価基準として提案されたものである（図37）。これは、騒音レベルと異なりその周波数特性を含めて評価できるため、設計段階における静かさの目標性能として、また実測値の評価などに用いられている。室の用途と推奨される騒音レベル・NC値を表8に示す。

2) 等価騒音レベルと時間率騒音レベル

レベルが不規則かつ連続的にかなりの範囲にわたって変化する騒音を変動騒音といい、道路交通騒音などがこれに当たる。評価量としては、**等価騒音レベル** L_{Aeq} [dB]（equivalent continuous A-weighted sound pressure level）や**時間率騒音レベル** [dB]（percentile sound level）が用いられる。

等価騒音レベルは、変動する騒音レベルを観測時間幅についてエネルギー的に平均した値である[30]。これは、環境騒音を評価するための基本量として国際的に用いられており、国内では「騒音に係る環境基準」において採用されている。

変動する騒音が、あるレベル以上になる時間の合計が全観測時間の x [%] を占める場合、そのレベルを x%時間率騒音レベルといい、L_xと表記する。50%時間率騒音レベル L_{50} は中央値といい、L_5（90%レンジの上端値）、L_{95}（90%レンジの下端値）などとともに不規則変動騒音の統計的性質を把握するために用いられる。

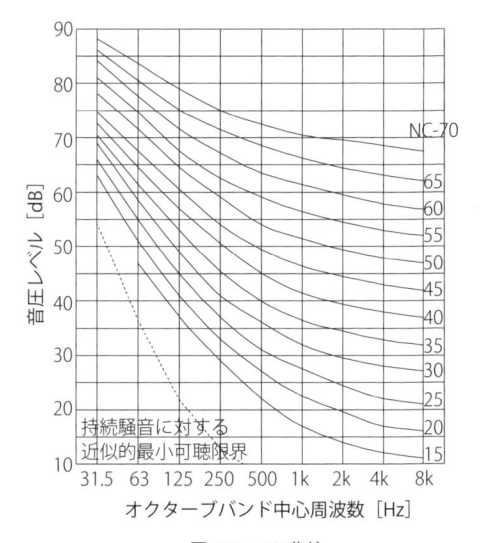

図37 NC曲線

対象とする騒音のオクターブバンドレベルの値をプロットし、それらのすべての値を上回る曲線のうち最も低い値をNC数とする。

表8 室内騒音の推奨値

室の用途	NC値	騒音レベル [dB]
放送・録音スタジオ	15-20	25-30
コンサートホール、オペラハウス	20	30
劇場、多目的ホール	20-25	30-35
映画館、リハーサル室	25	35
会議場、会議室	25-30	35-40
住宅・寝室、ホテル・客室	25-30	35-40
学校・教室	25-35	35-45
病院・病室、図書館	30	40
教会	30	40
一般事務室	35	45

これらの推奨値は室の実使用状態に対する基準であり、侵入するすべての騒音の重畳に対して適用される値である。音楽や話声などの有意騒音に対しては、定常騒音（空調騒音など）にマスクされるレベル以下にする必要がある。

3）騒音にかかわる環境基準

わが国では、環境基本法[31]の理念に基づき、騒音にかかわる環境上の条件について生活環境を保全し、人々の健康の保護に資するうえで維持されることが望ましい基準として「騒音に係る環境基準」が定められている[32]。表9に示すように、"道路に面する地域"と"道路に面する地域以外の地域"に分けて、地域類型と時間帯別に等価騒音レベルの基準が定められている。これらの値は、室内における睡眠妨害や会話などに対する外部騒音の影響を基本に考え、さらに建物の遮音性能を加味したうえで建物外部における基準値として示されている。

31）1993年に制定された法律。わが国の環境の保全について基本理念を定め、国、地方公共団体、事業者および国民の責務を明らかにするとともに、環境の保全施策の基本となる事項を定めている。

32）そのほか、環境騒音にかかわる法的規則としては、「航空機騒音に係る環境基準」や「新幹線鉄道騒音に係る環境基準」などがある。

表9 騒音に係る環境基準（日本）

地域の類型	基準値(L_{Aeq}) 昼間（6〜22時）	夜間（22〜6時）
AA	50dB 以下	40dB 以下
AおよびB	55dB 以下	45dB 以下
C	60dB 以下	50dB 以下

AA：療養施設、社会福祉施設等が集合して設置される地域など特に静穏を要する地域
A：専ら住居の用に供される地域
B：主として住居の用に供される地域
C：相当数の住居と併せて商業、工業等の用に供される地域

ただし、次表に掲げる地域に該当する地域（以下「道路に面する地域」という）については、上表によらず次表の基準値の欄に掲げるとおりとする。

「道路に面する区域」地域区分	基準値(L_{Aeq}) 昼間（6〜22時）	夜間（22〜6時）
A地域のうち2車線以上の車線を有する道路に面する地域	60dB 以下	55dB 以下
B地域のうち2車線以上の車線を有する道路に面する地域およびC地域のうち車線を有する道路に面する地域	65dB 以下	60dB 以下

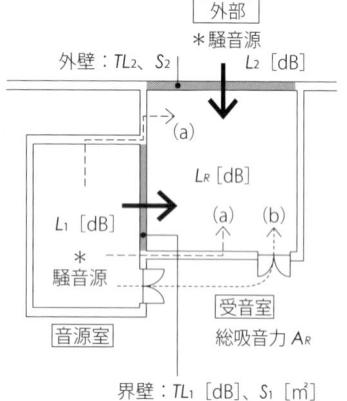

(4) 空気伝搬音の遮音

図38に示すように、騒音源を有する室（音源室）と騒音制御の対象となる室（受音室）が、音響透過損失 TL_1 [dB]、面積 S_1 [m²] の界壁により仕切られている場合を考える。音源室と受音室の音圧レベルをおのおの L_1 [dB]、L_R [dB]、受音室の総吸音力を A_R [m²] とすると、次式の関係が成り立つ。ただし、両室とも拡散音場とする。

$$L_R = L_1 - TL_1 - 10\log_{10} A_R + 10\log_{10} S_1 \ [dB] \quad \cdots\cdots\cdots ⑳$$

両室間の遮音度 D（$D = L_1 - L_R$）は、主として界壁の透過損失 TL_1 によって決定されるが、受音室の総吸音力および界壁の面積によっても影響を受ける。すなわち、A_R が大きいほど、また S_1 が小さいほど遮音度は高くなる。また、外部騒音が外壁を通して室内へ伝搬してくる場合は、外壁への入射音（平面波、垂直入射を仮定）の音圧レベルを L_2 [dB]、外壁の透過損失を TL_2 [dB]、面積を S_2 [m²] とすると、次式の関係が成り立つ。ここで、L_2 は壁面からの反射を含まない外壁近傍の音圧レベルである。

$$L_R = L_2 - TL_2 - 10\log_{10} A_R + 10\log_{10} S_2 + 6 \ [dB] \quad \cdots\cdots ㉑$$

実際の建物では、たとえば、ガラス窓と換気口のあるRC壁など、透過損失の異なる複数の材料・構造により壁体が構成されている場合が多い。今、音響透過損失、面積がおのおの TL_i [dB]、S_i [m²]（$i = 1 \sim n$）である n 個の材料で壁体が構成されているとき、壁全体の音響透過損失 $\overline{TL}$ は次式で表され、これを**総合透過損失**（composite sound transmission loss）という。ここで、$\bar{\tau}$ は壁全体の平均透過率である。

図38 空気伝搬音の遮音と側路伝搬

側路伝搬
----> (a) 固体伝搬音
······> (b) 空気伝搬音

(a) 音源室内の周壁やスラブに入射した振動エネルギーは、受音室内で界壁以外の面からも音となって放射される。したがって、両室が接する界壁だけを頑丈にしていったとしても、ある一定以上の室間遮音度は得られない。
(b) ドアなどの開口部や天井裏の貫通ダクトなどは、壁体に比べて遮音性能が低いため、空気音の側路伝搬の経路となりやすい。
このように、室間の遮音性能を効率よく確実に確保するには、界壁だけではなくすべての伝搬経路の遮音仕様をバランスよく設計することが大切である。

$$\overline{TL} = 10\log_{10}\frac{1}{\overline{\tau}} \text{ [dB]} \quad \cdots\cdots\cdots\cdots\cdots\cdots\cdots\cdots\cdots\cdots\text{㉒}$$

$$\overline{\tau} = \frac{\Sigma S_i \tau_i}{\Sigma S_i} \qquad \tau_i = 10^{\left(-\frac{TL_i}{10}\right)}$$

以上は、対象とする界壁からの空気伝搬音を予測する際の基本的な考え方を示すものであるが、図38に示すように、実際に受音室内に聞こえてくる音には界壁以外の経路から回り込んでくる音も含まれる。このような音を**側路伝搬音**（flanking transmission）という。遮音設計上、大きな落とし穴にもなりかねないため、侵入音の伝搬経路とその影響度合いについて十分に注意しなければならない。

(5) 固体伝搬音の防止

壁やスラブに直接侵入した振動が、そのまま構造躯体中を伝搬し、最終的に受音室側の壁面などから音として放射されることにより問題が生じる場合がある。固体音の影響を遮断するための方法には、(i) 振動源側における防振対策、(ii) 伝搬途中における振動絶縁、(iii) 受音室側における防振対策の3つが挙げられる。(i) は、空調設備機械など振動機械の防振支持やそれにかかわるダクト・配管類の防振支持など（図39）、(ii) は、構造躯体のエキスパンションジョイントやブロッキングマスの利用、地下鉄振動に対する地中連続壁（図34）、ダクト・配管類の絶縁処理など、(iii) は、躯体の内側に振動絶縁された第2次遮音層を設ける方法であり、浮き床、浮き天井そして室全体を躯体から切り離す**浮き構造**（floating construction, box-in-box）などの方法がある（図40）。

また、集合住宅などでは、子供の跳びはねや歩行による衝撃が階

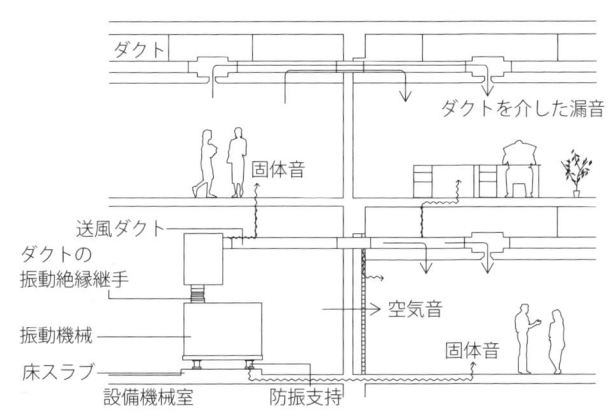

図39 設備機器の遮音・防振

空調・換気設備（送風機器、熱源機器、ダクト、配管など）は、建物内部において最も大きな騒音・振動源の一つであるとともに、ダクトや配管についてはそれ自体が騒音・振動の伝搬経路にもなりうる。
[主な留意事項]
(a) 送風機器から躯体へ侵入する振動（固体伝搬音）
(b) ダクト・配管を介して伝搬する振動・騒音
(c) ダクト・配管の貫通による遮音構造壁の性能低下
(d) 受音室ダクトへ別系統ダクトから侵入する騒音
(e) ダクト系吹出し送風騒音

図40 浮き構造（断面）

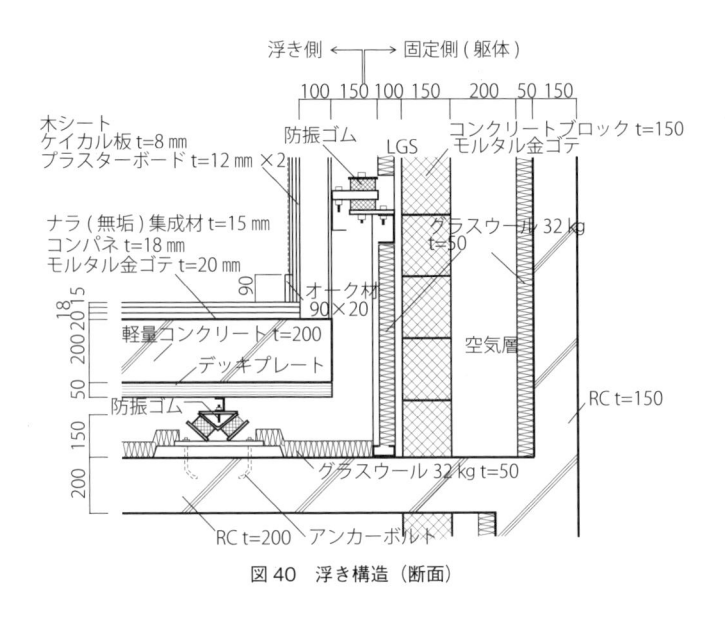

下の住戸に伝わり問題となる場合がある。これを**床衝撃音**（floor impact sound）という。子供の跳びはねのようにドスンと階下に伝わる鈍くて低い音を重量床衝撃音、靴音や椅子を引きずる音のようにコツコツという比較的周波数の高い音を軽量床衝撃音という。前者に対しては、床の材質が重いほど、後者に対しては厚めのカーペットのように吸音性の高い床材ほど、レベルの低減効果は大きい[33]。

騒音制御設計においては、これらの固体音対策についても状況を把握のうえ十分に検討しなければならない。しかしながら、固体音の伝搬性状の予測手法については、実験式による方法や統計的エネルギー法、そして波動的解析法など、種々のものが研究されてきてはいるが、建築物の構造的な複雑さから、空気音に比べると精度のよい実用的な方法はまだ確立されておらず、計画建物の条件に応じた個別の実験や解析を行いながら設計されているのが現状である。

[33] コンクリート床に直接施工される床仕上げ構造の床衝撃音低減性能を評価するために、軽量床衝撃音および重量床衝撃音に対するレベル低減量の実験室測定法がJIS A 1440-1、-2：2007に規定されている。

例題 7

面積 $10m^2$ の RC 壁（$TL_1=50$ [dB]）中に、10cm×10cm の換気口（$TL_2=0$ [dB]）を設けると総合透過損失 $\overline{TL}$ はいくらになるか。

解答

式㉒より $\tau_1 = 10^{-\frac{50}{10}} = 10^{-5}$　　$\tau_2 = 10^{-\frac{0}{10}} = 1$

$$\overline{\tau} = \frac{9.99 \times 10^{-5} + 0.01 \times 1}{9.99 + 0.01} = 0.001$$

$$\overline{TL} = 10\log_{10}\frac{1}{0.001} = 30.0 \text{ [dB]}$$

総合透過損失　30 [dB]

8 室内音響計画

　室内の音響効果は、主にその空間の容積、形状、そして内装仕様という3つの建築条件によって決定される。**室内音響設計**（room acoustic design）とは、求められる空間の性格や用途・機能に応じた快適な音場の条件を設計目標として設定し、それらを実現するために建築条件をどのようにしたらよいか、その具体的な仕様を客観的根拠に基づき明らかにしていく設計作業である。本節では、主として音楽ホールや劇場などの音響空間を対象に建築音響計画の第2の柱である室内音響設計の手順と基本的な考え方を学ぶ（図41）。

写真4　室内音響設計

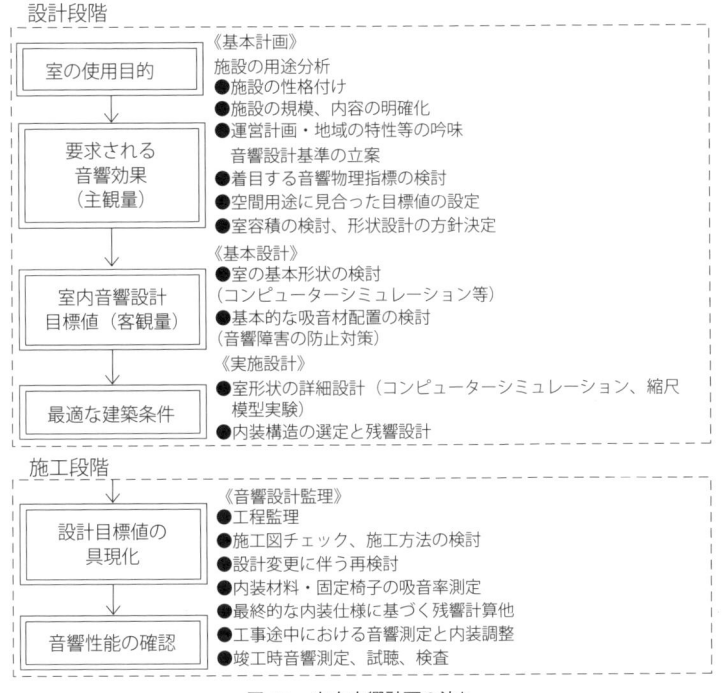

図41　室内音響計画の流れ

一般に、建築設計は、基本構想、基本設計、実施設計および施工監理の4つの段階からなり、音響設計もこの流れにそって実施される。建物の工事途中や竣工前後においては、音響測定を実施し、計画された設計仕様や目標値を満足しているかどうかについて検査と確認を行う。また、必要であれば調整工事や工事のやり直しを行う場合もある。

(1) 室の用途と必要な音響効果

　良い室内音響効果[34]は、おおむね、(i) 音量が適切であること、(ii) 音楽は豊かに響くこと、(iii) 言葉は明瞭に聞こえること、(iv) 音の空間印象が心地よいこと、(v) 音響障害のないこと、の5つの点に集約される。しかしながら、それらの程度やバランスは、室の使用目的によって異なり（表10）、たとえば生音を主体とするクラシック音楽には長めの響きが要求されるが、演劇やスピーチには、響きよりも言葉の明瞭さが優先的に求められる。室の用途によって設計方針のベクトルが全く異なってしまうのである。室内音響設

表10　室の種類と必要な音響効果

室の種類	必要な音響効果
コンサートホール	豊かな響き、広がり感、親密性など
劇場	音声の明瞭度、自然な音像定位感
多目的イベントスペース	音圧分布の一様性、残響・エコーの抑制
録音スタジオ	音の分離感、クリアさなど
小空間、オーディオルーム、楽器練習室	適度のライブネス、ブーミングの抑制

[34] 音楽ホールなどではとくに演奏者の立場からみた音場のあり方を考えることも必要であるが、本書では割愛する。

計の仕事は、要求される室の機能としてどのような聴覚的な快適性を実現すべきなのかを吟味し明確にすることからスタートする。

(2) 室内音場の心理評価量

われわれが音を聞いた際に感じる基本的な感覚のことを要素感覚という。これは、(i) 残響感などの時間的性質を有するもの、(ii) 方向感や広がり感などの空間的性質を有するもの、そして (iii) 音量感や明瞭性、音色などの質的性質を有するものの3種類に大別される。このうち、ホール空間などにおいてとくに重要な要素感覚として、**音量感**（loudness）、**残響感**（reverberance）、**明瞭性**（clarity）、**広がり感**（spatial impression）の4つが挙げられる（図42）。

音量感とは、聴感的な音の大きさ感のことをいい、その大小は他の要素感覚にも影響を与え、総合的な評価を行ううえで最も基本的な要件となる。残響感とは、音の余韻の時間的な長さ感のことをいい、室内の音響効果を左右する重要な感覚である。明瞭性とは、音源の有する情報が損なわれることなく受聴者に正確に伝えられているか否かによって変化する感覚をいい、音声の了解度や聴き取りにくさ、また楽音の粒立ちやクリアーさなど、音源の種類に応じてその内容も異なる。広がり感とは、音の空間的な広がりを感じる感覚のことをいい、近年、**みかけの音源の幅**（apparent source width、ASW）と**音に包まれた感じ**（listener envelopment、LEV）の2つの性質をもつことが明らかにされている。演奏空間の臨場感や演奏者と観客の一体感にも通じる感覚であると考えられ、コンサートホールにとっては不可欠な要素である（図43）。

これらの心理量は、すべてが大きければ大きいほどよいというものではなく、室用途や音源信号（音声、楽音、音楽の種類など）に適した大きさと優先度、そして相互のバランスが存在するものと考えられるが、まだ明らかにされていないことが多い。

(3) 室内音響物理指標

味覚の基本的な感覚の一つである"からさ"を、たとえば"しお"（塩化ナトリウム）の量でコントロールするのと同じように、設計のためには要素感覚（心理量）を制御することのできる物理量および両者の関係を知ることが必要である[35]。コンサートホール等の音場の聴感印象に対応するとして定義された物理量を室内音響物理指標といい、目標とする音場は、この物理指標を用いて客観的に設計することが可能になる。以下、代表的な室内音響物理指標[36]について述べる。

1) 音量感に対応する物理指標

音の大きさは、到来する音の全エネルギー量に対応するとして、**ストレングス G**（strength G）が式㉓により定義されている。これは、直接音を含むすべての反射音エネルギーを、音源のパワーに準ずるエネルギーによって基準化した量である。

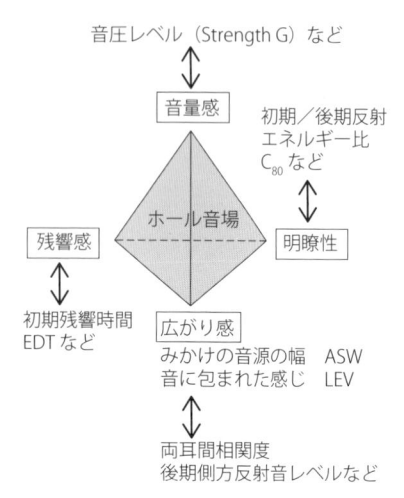

図42　室内音場の心理量と物理指標

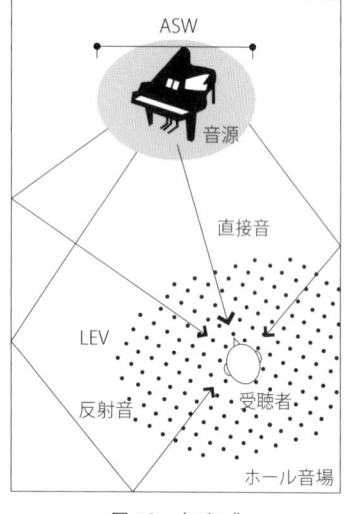

図43　広がり感

ASWは"直接音の到来方向に時間的にも空間的にも直接音と融合して知覚される音像の大きさ"、LEVは"みかけの音源以外の音像によって受聴者のまわりが満たされている感じ"とおのおの定義されている。

35)「味覚」にも、甘い、塩辛い、にがい、すっぱいなどといった基本的な感覚があり、料理には甘くて美味しい料理もあれば辛くて美味しい料理もある。料理人は、要求されているものが、たとえば甘辛くて美味しいものなのか、あるいはすっぱくて美味しいものなのかに応じて（目標とする味覚効果）、使用する素材を適切に選択し調理法をコントロールすることによって（物理量の制御）、所望の料理をつくり上げていく。音響設計者が空間の性格に応じた聴覚的効果を設定し、音響物理指標を制御しながら建築条件をつくり上げていく過程もこれと似ている。

$$G = 10\log_{10}\frac{\int_0^\infty p^2(t)dt}{\int_0^\infty p_{A10}^2(t)dt} \quad [\text{dB}] \quad \cdots\cdots\cdots\cdots\cdots ㉓$$

ここで、$p(t)$ は観測点における音圧、$p_{A10}(t)$ は無響室内 10m 点における音圧である。受聴レベルは、音量感だけではなく広がり感や残響感の大小にも影響を与えることが知られており、室内音場の性質を表す基本的かつ重要な物理指標である。

2) 残響感に対応する物理指標

聴感的な響きの長さは、残響過程の比較的初期の減衰の仕方に影響を受けることが明らかにされており、**初期残響時間 EDT** [s]（early decay time）が残響感に対応する物理指標として提案されている。これは、残響時間（6 (4) 節）が 60dB 減衰に要する時間であるのに対し、初期の 10dB 減衰の傾きから算出した残響時間であり、10dB 減衰に要する時間を 6 倍にしたものとして算出される（図 44）。

3) 明瞭性に対応する物理指標

初期反射音は、直接音をエネルギー的に補強し聴感的な明瞭性を高める効果がある。そこで、この初期反射音のエネルギー量に着目し、音楽の明瞭度に対応する物理指標として**初期/後期反射音エネルギー比 C_{80}**（clarity）が式㉔により定義されている（図 45）。

$$C_{80} = 10\log_{10}\frac{\int_0^{80} p^2(t)dt}{\int_{80}^\infty p^2(t)dt} \quad [\text{dB}] \quad \cdots\cdots\cdots\cdots\cdots ㉔$$

これは、初期反射音以外のエネルギー（$t = 80$ms $\sim \infty$、後期反射音）に対する初期反射音エネルギー（$t = 0 \sim 80$ms：直接音を含む）の割合をデシベル表示したものである。初期反射音エネルギーが増加するほど値は大きくなり、聴感的な明瞭性が増すことを意味する。

4) 広がり感に対応する物理指標

室内では、さまざまな方向から反射音が到来する。これらの反射音のうち、両耳の方向から到来する反射音（**側方反射音**、lateral reflection）が広がり感の知覚に強く関係している。この側方エネルギー成分に着目し、みかけの音源の幅（ASW）に対応する物理指標として**初期側方反射エネルギー率 LF**（lateral energy fraction）が式㉕により提案されている[37]。

$$LF = \frac{\int_5^{80} p^2(t)\cos\theta\, dt}{\int_0^{80} p^2(t)dt} \quad \cdots\cdots\cdots\cdots\cdots ㉕$$

ここで、$p(t)$ は観測点における音圧、θ は反射波の入射方向と受聴者の両耳軸のなす角度（真横：$\theta = 0°$、正面：$\theta = 90°$）である。

36) ほとんどの室内音響物理指標は、音源－観測点間のインパルス応答（6 (1) 節）をもとに算出される。定義式中のエネルギー積分区間は、直接音の到達時刻を 0ms としたときの時刻を表す。

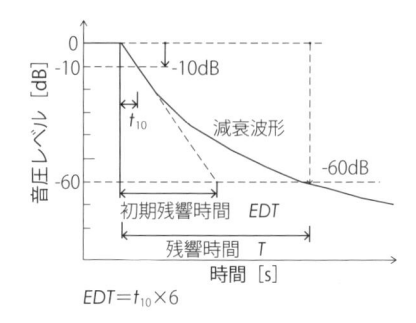

図 44　初期残響時間 EDT

EDT は、反射音の到来状況によって変化する量であるため、受聴位置や室の違いによる残響感の差異を説明できる。なお、完全な拡散音場の場合には、EDT は残響時間と一致する。

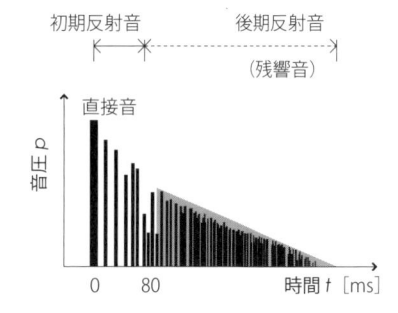

図 45　初期/後期反射音エネルギー比 C_{80}

このほか、話声の明瞭度に対応する物理指標として D_{50}（deutlichkeit）が次式により定義されている。到来する全エネルギーに対する初期反射音エネルギー（直接音～50ms）の割合を表す。

$$D_{50} = \frac{\int_0^{50} p^2(t)dt}{\int_0^\infty p^2(t)dt} \times 100 \quad [\%]$$

37) 実際の測定では、反射音エネルギーの側方成分を双指向性マイクロフォンによるインパルス応答から簡便的に算出することが多い。この場合、式㉕の分子における $\cos\theta$ の重み付けは $\cos^2\theta$ 相当になる。

38) このほか、ASW は左右の耳に入力される音圧波形の類似度を表す両耳間相関度 ICC（inter-aural cross correlation coefficient）と負の相関関係にあることが明らかにされている。

これは、初期反射音エネルギー（$t=0 \sim 80\mathrm{ms}$：直接音を含む）に対する初期反射音エネルギーの両耳軸方向成分の割合を示すものであり、側方反射音が増加するほど値は大きくなり ASW が大きく知覚されることを意味する[38]。

次に、音に包まれた感じ（LEV）については、ASW の場合と異なり後期反射音の寄与が優位であることが知られており、この点に着目した物理指標として、**後期側方反射音レベル LG**（late lateral energy level）が式㉖により提案されている。

$$LG = 10\log_{10} \frac{\int_{80}^{\infty} p_L^2(t)\,dt}{\int_0^{\infty} p_{A10}^2(t)\,dt} \quad [\mathrm{dB}] \quad \cdots\cdots ㉖$$

ここで、$p_L(t)$ は双指向性マイクロフォンを用いて観測された音圧（音源方向：マイク感度 0 の方向）、$p_{A10}(t)$ は無響室内 10m 点における音圧である。これは、80ms 以降に到来する側方反射音エネルギーを、ストレングス G と同様に基準化した相対レベルであり、この値が大きいほど LEV が強く知覚されることを意味する。さらに LEV については、側方からの反射音だけではなく、さまざまな方向から到来する反射音の分布性状が影響することが指摘されており、後方あるいは上方から到来する反射音エネルギーやそれらのバランスを考慮した物理指標などが提案されている。

(4) 室容積の計画

室の容積は、音量や響きの長さと密接に関係するため、基本計画時において第一に検討しなければならない事項である。

一般に、ホールや劇場などのように固定座席を有する室では、座席 1 席当たりの室容積 [m^3/席]（気積という）を目安として最適な規模を検討する。これは、室の総吸音力のなかでも聴衆が非常に大きな吸音力をもつため、座席数に見合った室容積が確保されないと内装材料（吸音力）の選択の自由度が低下し、目標とする残響時間の実現が理論上制約を受けることになることからきている[39]。一方、容積が大きすぎると室内の音圧レベルが小さくなり、音量の確保という点から望ましくないものとなる。室の容積（天井高）は、施設全体の規模や工事費など施設計画そのものに大きな影響を与える要因でもあるため、これらの観点から基本計画時に適切かつ慎重に検討しなければならない。室の用途に応じて確保されるべき室容積の目安を表 11 に示す。おおむねクラシック音楽主体のホールで 10 [m^3/席]、劇場で 7 [m^3/席] となる。

(5) 室形状の計画

空間全体の基本形（平面、断面）と壁面部位の仕様（大きさ、形状、位置、向きなど）は、音場を構成する反射音群の特性を決定する重要な条件である。したがって、室形状の検討は、内装材料の設計（残響設計）に先立ち基本計画の段階から十分に行っておかなけ

39) たとえば、残響時間 2.0 秒を目標とする 1,500 席のコンサートホールを計画する場合を考える。
(1) 必要な床面積 S_f は、およそ
 $S_f = 1{,}500 \times 0.6$ [m^2]
(2) 仮に平均天井高さ $h=8$ [m] で計画すると、
 容積 $V = S_f \times h = 7{,}200$ [m^3]
(3) 聴衆と座席の吸音力 = $0.40 \times 1{,}500 = 600$ [m^2]。すなわち、室の総吸音力 $A > 600$ [m^2]
(4) したがって、残響時間 T は、$T < 0.161 \times 7{,}200/600 = 1.93$ [秒] となる。
このように容積（天井高さ）の計画を誤ると、すべての内装を完全反射面（吸音率 = 0）としても、目標の残響時間 2.0 秒を実現できない。

表 11 座席 1 席当たりの室容積の目安

室の種別	目安[m^3]	ホール名	[m^3]
コンサートホール	8〜13	デデーレン（ロッテルダム）	12.0
		ノイエフィルハーモニー（ベルリン）	11.4
		ムジークフェラインザール（ウィーン）	8.7
		ザ・シンフォニーホール（大阪）	10.5
		東京国際フォーラム ホール C（東京）	13.6
		サントリーホール（東京）	10.5
		川口リリア音楽ホール（埼玉）	10.3
		福岡シンフォニーホール（福岡）	9.3
劇場・多目的	6〜8	東京文化会館大ホール（東京）	7.4
		NHK ホール（東京）	6.9
		神奈川県民会館大ホール（神奈川）	6.5
		東京グローブ座	6.9
オペラ	6〜8	ドイツオパー（ベルリン）	8.5
		メトロポリタンオペラ（ニューヨーク）	6.5
邦劇場	5〜6	国立劇場大劇場（東京）	5.2
		新橋演舞場（東京）	4.9
		日生劇場（東京）	4.5

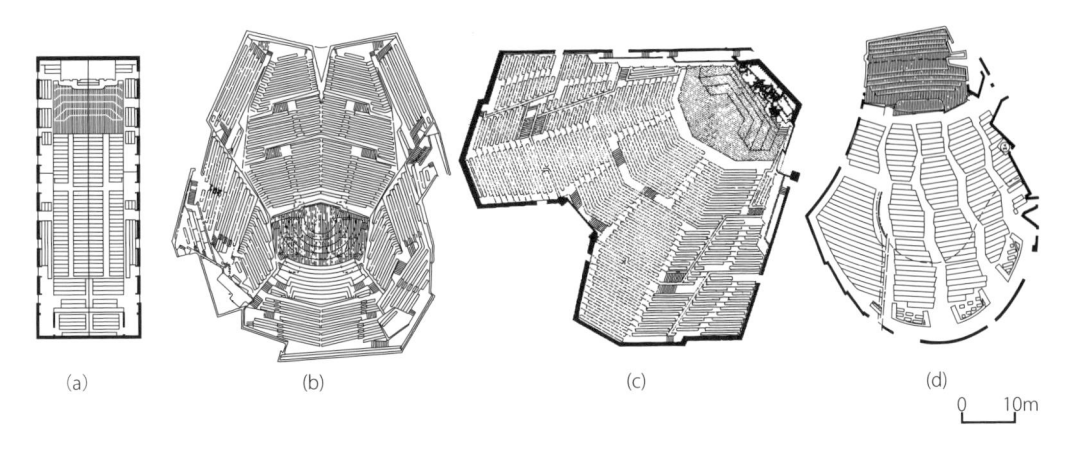

図46 ホールの基本形状

(a) Grosser musikvereinssaal, Vienna, 1870（シューボックス型）
(b) Philharmonic hall, Berlin, 1963（ヴィニャード型）
(c) Philharmonic hall, Munich, 1985（扇型）
(d) Liederhalle, beethovensaal, Stuttgart, 1956

ればならない。

　室の形状計画に当たっては、(i) 直接音の確保、(ii) 有効な初期反射音、(iii) 適度な側方反射音、(iv) 初期反射音と残響音のバランス、(v) 音響障害の防止、という5つの観点から総合的に検討する。とくに、(ii)〜(iv)についてはいずれをどの程度重視するべきか、空間の性格に応じて決める必要がある。また、(v)については、最低限避けなければならない音響現象について慎重な検討を要する。

1) 室の基本形

　室の基本形は、長方形、扇形、多角形などさまざまな形が考えられるが、最も大切な音響的要件は、音圧レベルなどの要求される音響性能が、場所による偏りがなく室全体に一様に実現されることである。著名なホールの平面形状の例を図46に示す。それぞれのホールがそれぞれの形をもち、その結果それぞれが個性豊かな音場をつくり上げている。中でも、ウィーンの**楽友協会大ホール**（Grosser Musikvereinssaal、Vienna）に代表される**シューボックス型**（shoebox type）と呼ばれるシンプルな直方体形状は、反射音エネルギーの分布特性に優れているということから数多くのコンサートホールで採用されている。

　受聴者に対して側方から到来する反射音は、音の広がり感を確保する観点からコンサートホールにおいては非常に大切な要素である。室の基本形の違いによる初期側方反射エネルギー率のシミュレーション例を図47に示す。扇形形状では、側壁からの初期反射音が客席中央部へほとんど返ってこないため、場所によるばらつきが非常に大きい。一方、シューボックス形状では室の横幅が狭く両側壁からの強い初期反射音が場内に一様に到達するため、良好な分布を示す（図48）。

　また、円形や楕円形など凹曲面を基本形とする空間形態では、音の焦点やエコーなどの音響障害の発生する確率が非常に高くなる。その結果、著しい音場の不均一を招くことから、基本的にその採用

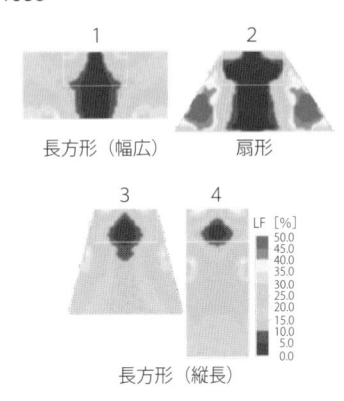

図47 室の基本形状と側方反射音

初期側方反射エネルギー率を幾何音響シミュレーションにより解析。音源は舞台中央。床面積、室容積、平均吸音率は一定。

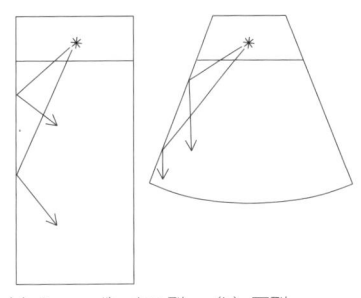

(a) シューボックス型　(b) 扇型
図48 側壁からの1次反射音

壁面からの初期反射音の確保という点からシューボックス型は有利である。一方、客席から舞台への視野の確保および直接音の強さという点からは、舞台－座席間の平均距離が短い扇型のほうが有利である。

149

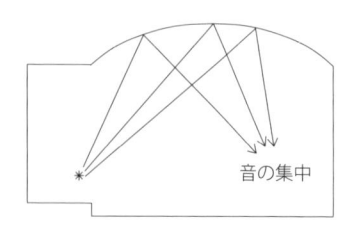

図49 凹曲面をもつ室形状

40) 床面近傍の音場は、聴衆と座席により非常に複雑な形態をなしているため、その上面をなめるように通過する直接音エネルギーは、低音域において過剰減衰することが知られている（seat dip effect）。

41) 座席の千鳥配列も直接音の確保の点から有効である。

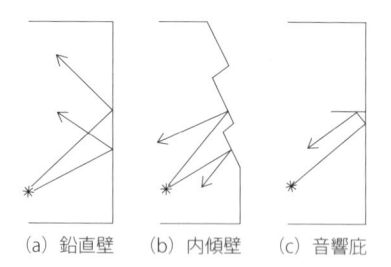

図51 側壁の断面形状
(a) 鉛直壁　(b) 内傾壁　(c) 音響庇

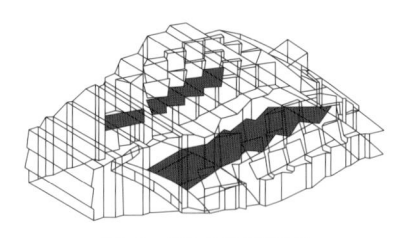

図52 側壁形状の設計例

内傾させた側壁からの1次反射音が場内に均等に到達するように面の大きさや向きを検討した例。

写真5 ホールの側壁

は避けることが望ましい（図49）。

2) 床・天井の断面形状

直接音が十分に到達することは、音楽や音声が明瞭に聞こえるための大前提である。しかしながら、舞台と受聴者の間には大きな吸音力をもつ聴衆（座席）が存在するため、直接音はその伝搬過程で少なからず減衰してしまう[40]。"見えることは聞こえること"であるという観点から、前方の聴衆にさえぎられることなく舞台が見通せる条件を確保できるよう段床の断面形状を計画する必要がある[41]。

一方、天井からの初期反射音はその伝搬過程において聴衆による過剰減衰を受けないため、エネルギーを効率よく客席へ伝えられる点で有効である。基本設計時における天井形状の検討例を図50に示す。それぞれの部位からの1次反射音の到達エリアが重なったり抜けたりすることがないように、各部位の寸法や角度を決定する。また、直接音レベルが必然的に低下する後方座席に対して、そのレベル低下を補償するためにこの天井反射音を利用することもできる。

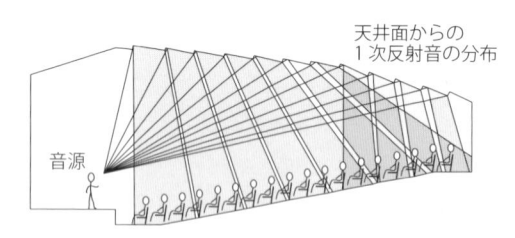

図50 床と天井の断面形状

3) 壁面の形状

壁面が鉛直の場合、壁からの1次反射音もまた直接音と同様に聴衆の間を抜けて伝搬していくため減衰が大きくなる。とくに横幅の広い室の側壁は、客席中央部に対する反射面としてはあまり効果的ではない。そこで、側壁全体を客席側に内傾させたり、上方へ向かう反射音エネルギーの一部を客席へたたき落とすための音響庇（ヒサシ）を設けたりなどして（図51）、初期反射音や側方反射音を効率よく聴衆へ返すための工夫を行う（図52）（写真5）。

また、舞台に対向する客席後方部の壁や天井面、バルコニー先端壁や場内の手すり壁などは、ロングパスエコー発生の要因となるため、室全体の吸音力（残響時間）を考慮しながら、反射性の拡散形状とするかあるいは吸音性とするかを検討する。

4) 拡散形状

図53に示すように、壁面への入射波が鏡面反射方向以外の方向に散乱する性質のことを**拡散反射**（diffusive reflection）といい、その機能をもった壁や天井の形を拡散形状と呼ぶ。

現在のところ、聴感的に好ましい音場の拡散の度合いやそれを定量的に把握するための物理指標については明らかではないが、強く明確な反射音と柔らかくなめらかな拡散音の適度なバランスが響き

の質を高め、心地よい音場を実現するための重要な要素であると考えられる。具体的な拡散形状としては、山型、円筒型、箱型などさまざまなものが考えられるが（図54）、その寸法が入射波の波長と同程度の場合に拡散効果が期待できることから、ある程度広い周波数範囲を対象とする場合には、大小さまざまな凸形状を採用するのが望ましい（写真6, 7）。

(6) 残響設計と内装デザイン

長い残響は、ピアノなどの音楽に豊かな響きを与える一方、スピーチやアナウンスを不明瞭なものにしてしまう。また、教会音楽にとって長い残響はまさに音楽の一部であり不可欠なものであるが、電気音響設備を使用するロック音楽にとっては邪魔になる。このように、空間の用途や対象とする音源の種類によって最適な残響時間は異なる。

残響設計の主な作業は、(i) 室の使用目的に応じた最適残響時間の設定、(ii) 吸音面（音響障害の防止）と反射面（有効な反射音の確保）の適切配置、(iii) 最適残響時間を実現するための内装材料の選定（残響計算）である。内装材料の選定は、吸音仕様・構造ならびに反射・拡散壁などの施工方法を含む仕様設計を行うが、意匠設計者との十分な協議のうえ総合的な視点から設計を進めることが肝要である。

1）最適残響時間

残響時間の最適値については、従来から多くの研究者が提案しているが、現在使用されている代表的なものを図55に示す。これは**最適残響時間**（optimum reverberation time）と呼ばれるもので、空間の使用用途ごとに望ましい残響時間（500Hz）を室容積 $[m^3]$ の関数として示したものである。この図を用いて、室の使用用途と容積から目標とする最適残響時間の目安を得ることができる。一般に、クラシック音楽など生音を主体とする目的には長めの残響時間が、逆に講演やポップス系の音楽など電気音響設備を使用する場合

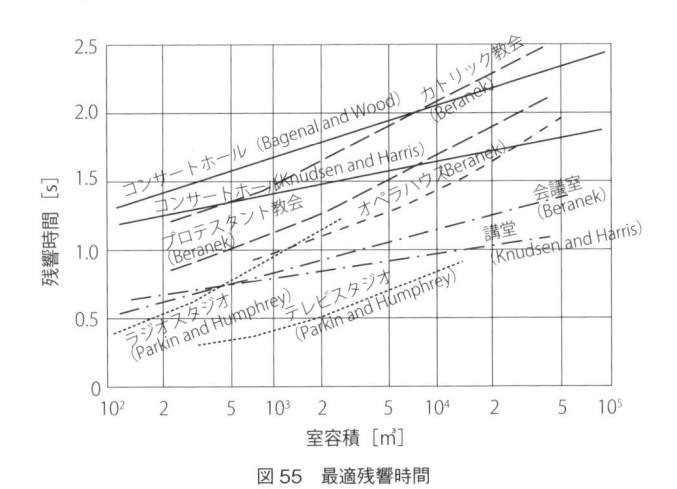

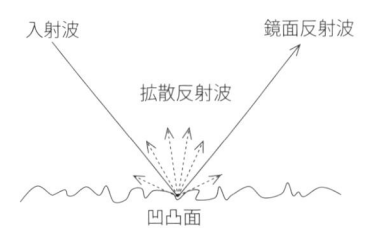

図53 拡散反射

凹凸の寸法が波長と同程度の場合、壁面全体からの鏡面反射波とともに個々の凹凸から散乱波が生じる。壁面の凹凸の寸法が入射波の波長より十分小さい場合は壁面全体で鏡面反射となり、波長より大きい場合には凹凸面なりに鏡面反射となる。

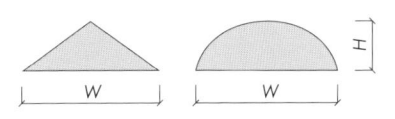

図54 拡散形状の寸法

W＝入射音の波長 λ [m]、H＝0.15〜0.30W [m]

写真6 ウィーン楽友協会大ホール

写真7 拡散を重視したホール

図55 最適残響時間

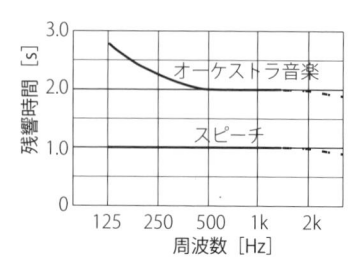

図56 残響時間周波数特性の推奨例

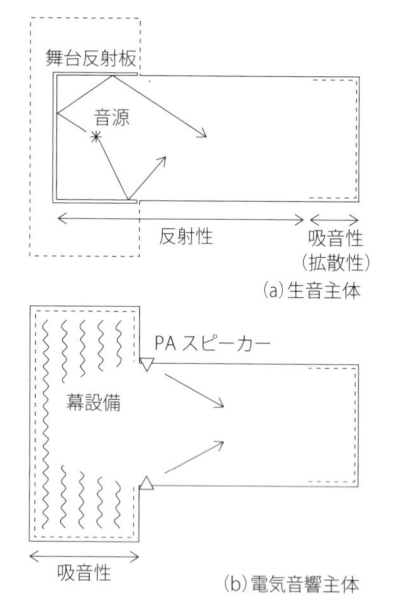

図57 吸音計画（多目的ホールの場合）
(a) 生音主体
(b) 電気音響主体

エンドステージ形式のホールにおいて、楽器などのエネルギーが効率よく客席空間へ供給されるよう音源側の壁・天井面を反射性（ライブ）に、対向する客席後方部の壁・天井面を吸音性（デッド）に仕上げるという考え方をライブエンド・デッドエンド方式 (method of live-end and dead-end) という。

には短めの残響時間が望ましい。また、同じ用途であっても、室容積が大きくなるにつれて最適残響時間は長くなる。

また、残響時間が周波数によって大きく異なることは、音楽や音声に特定の音色を付加してしまうことになるため避けなければならない。図56は、残響時間の周波数特性に関する推奨曲線の例である。生音による音楽に対しては中高音域に比べて低音域でやや長めの特性（500Hzの値の1.5倍程度の範囲）が、講演や電気音響設備の使用に対しては平坦な周波数特性が望ましい。

2) 吸音面の配置計画

一般に、材料の配置計画は次の手順にて行う。(i) ロングパスエコーなど音響障害の防止のため、客席最後部の壁・天井など優先的に吸音処理（場合によっては拡散形状との併用）を施す必要のある部位（面積）と吸音構造を決定する。(ii) 音源・舞台まわりの壁・天井については、a) 生音主体の場合は反射性材料を、b) 電気音響主体の場合は吸音性材料を配置する（図57）。(iii) 側壁や天井の主要部分など、とくに初期反射音に関与する面は反射性とし吸音はしない。

また、客席に固定座席が設置される場合は、椅子の吸音特性がその室の残響時間周波数特性を決定づけるといっても過言ではない。椅子の設計や選定にあたっては、吸音力の測定検査を実施し、その特性を十分吟味することが必要である。

3) 残響計算

意匠設計の方針ならびに吸音面/反射面の基本的な配置計画に基づき残響計算を実施する。目標とする最適残響時間と室容積をもとに算出される必要吸音力 A（式⑯による）から、聴衆・椅子などの吸音力 A_f（固定吸音力）を差し引いた残りの吸音力 A_a（調整吸音力）を、壁や天井の内装がもつようにその仕様と施工方法および面積の最適化をはかっていく。通常は、125〜4,000Hz（1/1オクターブバンド）の6帯域について計算を行い、目標の残響時間周波数特性が得られるまで調整を行う。

以上のように、室内の音場は多くの壁や天井面からの反射音が相互に影響し合うことでつくり上げられる。コンサートホール等の音響計画においては、コンピューターシミュレーションや音響縮尺模型実験、あるいは音場の可聴化技術などの設計支援ツールを駆使しながら、最終的には、物理（音響指標）と心理（聴感印象）の両面から音場を予測し、目標とする音響性能を有する「建築空間」を実現していくことになる。

例題 8

初期反射音エネルギー（$t=0 \sim 80\text{ms}$）が後期反射音エネルギー（$t=80\text{ms} \sim \infty$）の 1/2 のとき初期/後期反射音エネルギー比 C_{80} はいくらか。

解答

式㉔より

$$C_{80} = 10\log_{10}\frac{1}{2} = -3 \text{ [dB]}$$

初期/後期反射音エネルギー比 -3 [dB]

演習問題 1

天井高 4m の直方体形をしたスタジオの設計において、床面の寸法が（A）8m×12m の場合と（B）7m×13m の場合とでは、どちらが建築音響的に好ましいかを固有振動分布の観点から説明せよ。

演習問題 2

1) 800 席の固定座席をもつコンサートホールがある。下表に示す内装仕様をもつとき、空席時および満席時における残響時間周波数特性、ならびに室内平均吸音率の周波数特性をそれぞれ求めよ（125〜4kHz、1/1 オクターブ幅）。ただし、室の容積 V：9,600 [m^3]、総表面積 S：3,400 [m^2] とし、アイリング・ヌートセンの残響式による。

2) 1) において、ホール満席時の残響時間（500Hz）を 1.70 秒にするための方策について考察せよ。

3) 1) のホールは、厚さ 150mm の RC 壁（40m^2、透過損失 TL：p.130 表 3 の普通コンクリート）を介して空調設備機械室と隣接している。機械の稼動時における機械室内平均音圧レベルが各周波数帯域とも 94dB であるとき、この設備騒音の空気伝搬によるホール内平均音圧レベル（満席時：125〜4kHz、1/1 オクターブ幅）はどれほどになるか。また、そのときの NC 値はいくらか。ただし、界壁以外からの音の回り込みはなく、室は完全拡散音場であるものとする。

4) 3) において、ホール内音圧レベルを NC-20 以下にするための方策について考察せよ。

部位	内装材料	面積 [m^2]	材料 No.
床	客席：RC＋カーペット	500	No.11
	舞台：ひのき縁甲板	200	No.12
壁	客席側壁：石膏ボード	1,200	No.4
	客席後壁：吸音板	200	No.2
	舞台壁：石膏ボード	500	No.4
天井	石膏ボード＋大空気層	800	No.4
椅子	劇場用椅子（モケット張り）	800（席）	a
	劇場用椅子＋観客	800（席＋人）	b

＊材料の吸音率・吸音力は p.130 表 2 の材料 No. に対応

9章 都市の熱環境

図1　年代別の夏期代表の日気温変化（東京）
（出典：気象庁・土屋巌）

★ヒートアイランド⇒p.025

1）ヒートアイランド現象は、UHI（urban hert island）とも呼ばれる。

1　ヒートアイランド現象

(1) 熱くなる大都市

　東京における明治から昭和にかけての夏季代表日の気温変化を図1に示す。1970年頃にはすでに気温上昇は進み、日中だけでなく夜間の気温も3～4℃高くなっていることがわかる。一方、世界の平均気温はここ100年で約0.7℃上昇しており、地球温暖化が主な原因と考えられている。図2のように、この間に東京の平均気温は約3℃上昇している。これは、地球温暖化による気温上昇にヒートアイランド現象が加わり、大都市では急速に温暖化が進んでいるためと言える。

　ヒートアイランド現象[1]とは、地図上に等温線を描くと都市部の気温の高い地域が熱の島のように盛り上がって見えることに由来している。この気温上昇は熱帯夜（日最低気温が25℃を下回らない日）の日数も増加させており、東京では1930年頃までは多くても数日だったものが、最近では毎年30～40日と急増している。図3に示した30℃を超えた延べ時間数の分布を見ると、年間300時間を超える高温の地域が都心部だけでなく郊外にまで広がってきていることもわかる。この傾向は、大阪や名古屋などの大都市部でも同様で

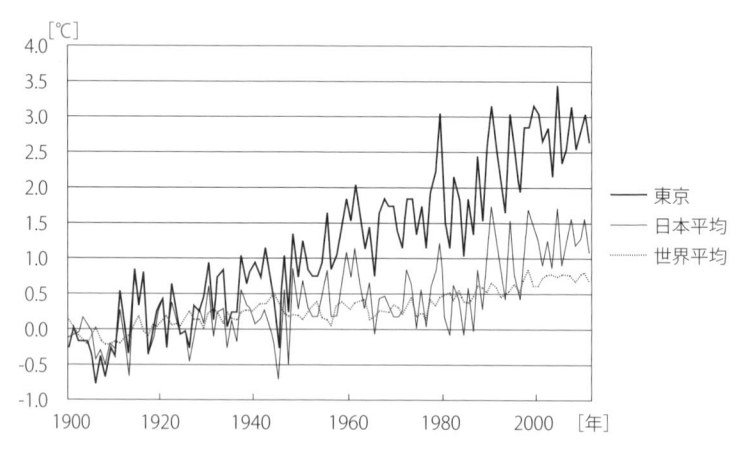

図2　東京と世界の年平均気温の経年変化（資料：気象庁HP掲載データより作成／1900年から1929年の30年間を基準としてグラフを作成）

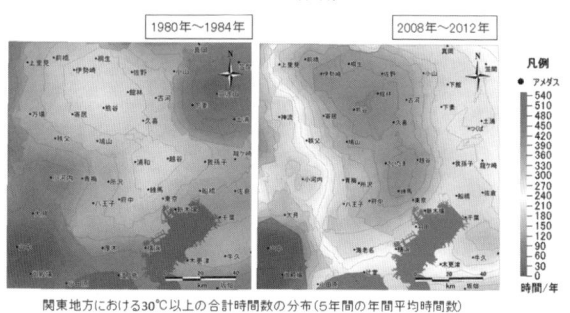

図3　関東地方の30℃を超えた延べ時間数の分布（5年間平均比較）

ある。

　ヒートアイランド現象が及ぼす影響としては、熱帯夜日数の増加による熱中症の増加、都市の内陸部まで広域にわたる大気汚染の助長、局地的な集中豪雨、動植物の生息域の変化などがいわれている。夏季の冷房エネルギーの増加によってさらに排熱が増えるという悪循環にも陥っている。

(2) ヒートアイランド現象の原因

　ヒートアイランド現象の原因には図4のようにさまざまな項目が関わっていると考えられており、これを整理すると次のようになる。

- 都市化に伴い地表面被覆の緑地や水面が減少することでの水分蒸発量の減少。
- 舗装面や人工物の増加による日射反射率の低下と熱吸収量の増加。　　　　　　　　　　　　　　　　　　　　　　★日射反射率⇒ p.021
- エアコンや自動車、工場等からの人工排熱の増加。
- 建物による凹凸が風通しを妨げることでの熱拡散の阻害。

　これらの原因は、都市の熱収支が大きく関係している。図5に、東京23区の地表面における現況と自然状態の日平均熱収支の比較を示す。これを見ると、都市化によって緑地や水面が減少することで蒸発潜熱が半分以下となる一方で、舗装面や人工物の影響で対流

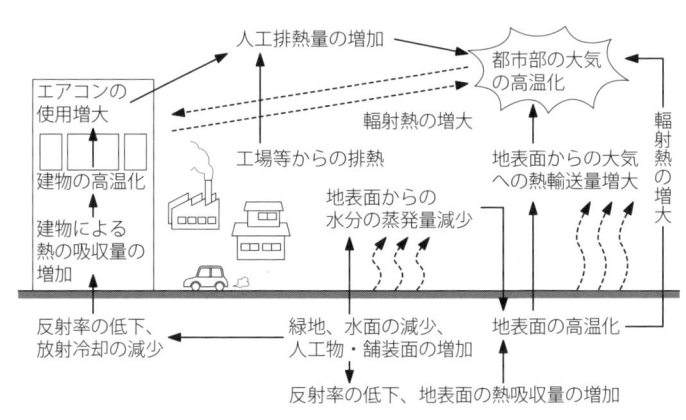

図4　ヒートアイランド現象のメカニズム

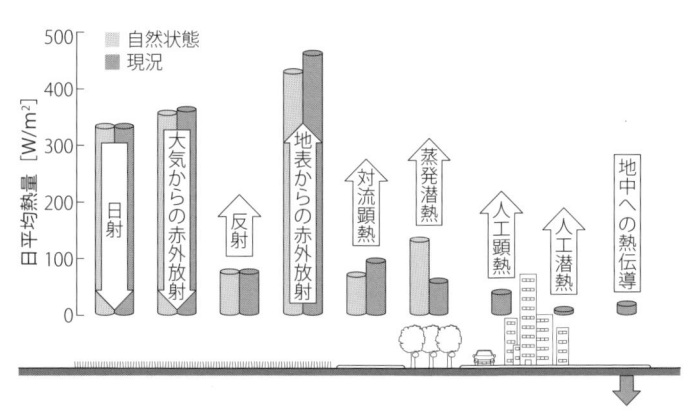

図5　東京23区の現況と自然状態現況の熱収支の比較

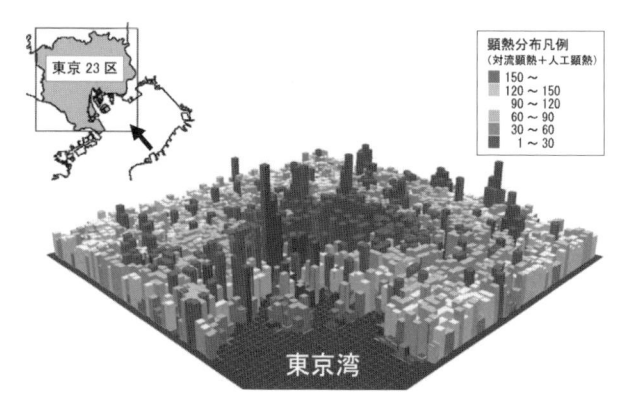

図6　東京23区エリアの日平均顕熱の分布

★顕熱⇒ p.064
★潜熱⇒ p.064

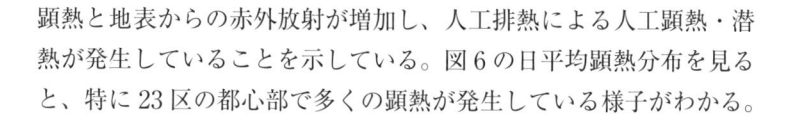

顕熱と地表からの赤外放射が増加し、人工排熱による人工顕熱・潜熱が発生していることを示している。図6の日平均顕熱分布を見ると、特に23区の都心部で多くの顕熱が発生している様子がわかる。

2 都市・建築のさまざまな暑さ対策技術

主なヒートアイランド対策としては、①地表面被覆の改善、②都市形態の改善、③人工排熱の削減、④ライフスタイルの改善などが挙げられる。①②は都市や建物のつくり方に関わる対策、③④は生活や建物運用に関わる対策であり、地球温暖化対策と共通する内容も少なくない。ここでは、建築環境工学とも関わりの深い①②の具体的な事例を中心に紹介する。

(1) 屋上緑化・壁面緑化

緑地や水面の面積を増加・復活させることは都市の対策として重要であるが、建物においても屋上や壁面を緑化することで建物への熱吸収を抑制し、外皮表面温度の上昇抑制によって外気への対流顕熱を減少させることができる。また同時に夏季の冷房負荷が小さくなることで、エアコン等空調機からの人工排熱を減少させることにもつながる。技術の種類にもよるが、屋上緑化は主に土壌による断熱効果と植物を合わせた蒸発散による冷却効果、壁面緑化は日射遮蔽効果によって、建物への熱吸収を抑制している。最近では、東京都のように一定規模以上の建物については屋上面積の一定割合以上の緑化を義務づけたり、公立小学校などの公共施設を中心に緑化を進めたりしている自治体も増えてきている（写真1）。

写真1　小学校の屋上緑化

(2) 保水性舗装材

自然土壌や植物は水分の蒸発によってその表面温度は低く抑えられているが、この機能を舗装材に付加した保水性アスファルトや保水性ブロックと呼ばれる建材が開発されている。

保水性アスファルトは、隙間の多いアスファルト混合物の内部にセメント系やスラグ系などの保水材を充填してつくられている。降

雨時に保水すると数日から長いもので1週間近く保水を維持し、蒸発冷却効果により舗装面の温度上昇を抑制する。打ち水による冷却効果を持続させる働きもある（写真2）。従来技術の透水性アスファルトは水はけはよいが保水機能はもたないため、温度上昇抑制効果はほとんど見られない。

一方、保水性ブロックには焼成レンガ系やセメント系があり、どちらも焼成前や硬化前の混入成分に工夫を施すことで内部に適度な細孔をつくって保水機能をもたせている。混入成分はさまざまで、産業廃棄物を有効に再利用している製品も多く、歩道や公園内の舗装材として使われ始めている（写真3）。

(3) 遮熱技術

屋根・屋上や壁面の表層部において、遮蔽、反射等の作用を利用して日射熱を遮断することで建物への熱吸収を抑制する技術を一般に遮熱技術と呼んでいる。中でも屋根・屋上面の技術はクールルーフ技術と呼ばれ、屋上緑化とともに高反射性の塗料（遮熱塗料）が注目されている。これは、塗膜に遮熱性の材料を加えることで、太陽エネルギーの赤外線領域に対する反射率を高めた塗料である。塗装面の温度上昇を抑制することで外気への対流顕熱や赤外線放射を抑制し、室内の冷房負荷削減にも寄与する。屋根・屋上だけでなく舗装道路上にも使用されてきている。

また、金属折板屋根上をシートで覆うことで日影効果をもたせた遮熱シート製品や、屋根面に定期的に散水することで蒸発冷却効果を得るシステムなども開発されている。

(4) ミスト散布装置

ミスト散布装置とは、水に圧力をかけて霧状に噴出し、蒸発時の気化熱吸収作用を利用して周囲の気温を下げる装置をいう。ドライミストなどとも呼ばれている。噴霧時の粒子が非常に微細なため、噴霧直後に蒸発することで濡れないのでこう呼ばれている。地表面や建物表面自体を変えるわけではないが、人工的に空気中の顕熱を潜熱に変えることで涼感を得るものである。写真4のように人の集まる場所に設置されるケースが多い。

(5) 排熱の利用と処理

都市の人工排熱の中でも工場の排熱、ごみ焼却排熱、下水熱、地下鉄排熱等は、河川水・海水・地下水等の温度差エネルギーとともに、未利用エネルギーと呼ばれている。これらの排熱は都市生活を送るうえでは排出は避けられないが、一部でも有効に利用することができれば省エネルギーとヒートアイランド抑制の両方に寄与するものである。欧米の都市に比べてわが国の都市における排熱利用割合はまだ小さいが、地域冷暖房[2]のエネルギー面的供給ネットワークと組み合わせることで有効活用が可能である。新宿新都心地区の発電排熱利用や札幌市都心地区・東京臨海副都心地区のごみ焼却排熱利用など、排熱利用事例も増えてきており、今後の技術

写真2　商店街の保水性アスファルト舗装

写真3　公園の保水性ブロック舗装

写真4　六本木ヒルズのミスト散布装置

2）地域冷暖房
地域熱供給とも呼び、各建物がそれぞれ冷凍機やボイラなどをもつ従来の個別熱源方式に対して、エリア内の熱源プラントに一括して熱源装置をもち、そこで集中的に製造された冷水や蒸気・温水を地域導管を通して各建物に供給する方式をいう。

開発と政府・自治体の取組みによってさらに広がっていくものと期待される。

一方、河川水・海水・地下水等の未利用エネルギーは、外気温に比べて夏は冷たく冬は温かいためヒートポンプ[3]の熱源としての利用が有効であり、これは排熱の処理にも役立っている。隅田川の河川水を利用する箱崎地区の地域冷暖房では、結果として空調排熱を大気に排出せずに河川水で処理しているといえ、ヒートアイランド抑制につながっている。

このように、さまざまな都市排熱の利用と処理を適切に行うことも、都市の熱環境改善には非常に重要な要素である。

演習問題 1
気象庁のホームページなどを利用して、
①東京、②地方小都市（選定は自由）、③日本平均
の年平均気温の経年変化を調べ、3つのデータを比較して考察せよ。

演習問題 2
身近な道路や公園等で、ヒートアイランド対策技術と思われるもの（本書中で紹介した技術も含む）を探し、その効果を体感するとともに、その機能・特徴を調べよ。

3）低温環境から高温環境へ熱媒体の蒸発潜熱などを用いて、熱を移動させる装置。一般にエネルギー利用効率が高い。

演習問題解答

■1章
各自で考える。

■2章
演習問題
1）平均太陽時約12.03時（約12時2分）、真太陽時約12.23時（約12時13分）
2）太陽高度約33.6°、太陽方位角（南を0°として西回りに）3.7°

■3章
各自で考える。

■4章
演習問題1
　湿り空気は、乾燥空気と水蒸気の混合体である。
演習問題2
　図4の空気線図より、約21.5℃となる。
演習問題3
　図4の空気線図より、約27.5℃、相対湿度は約70%となる。
演習問題4
　図4の空気線図より約34kJ/kg（DA）となる。

■5章
各自で考える。

■6章
演習問題1
　6章1(1)の1）を参照のこと。
演習問題2
　6章2を参照のこと。
演習問題3
　6章4(1)コラムを参照のこと。
演習問題4
　必要換気量は以下の式で表される。

$$Q_{\min} = \frac{M}{C_d - C_o} \ [\mathrm{m^3/h}]$$

ここで、M = 3 × 19.5 = 58.5 [mg/h]、C_d = 0.15 [mg/m³]、C_o = 0 [mg/m³]

よって、$Q_{\min} = \dfrac{58.5}{0.15 - 0} = 390$ [m³/h]

ちなみに部屋の容積は関係ない。

演習問題5

直列に開口がある場合の開口部の合成開口面積は以下の式で表される。

$$a_{1+2} \cdot A_{1+2} = \frac{1}{\sqrt{\left(\frac{1}{a_1 \cdot A_1}\right)^2 + \left(\frac{1}{a_2 \cdot A_2}\right)^2}}$$

ここで、$a_1 = 0.7$ [－]、$A_1 = 10$ [m^2]、$a_2 = 0.7$ [－]、$A_2 = 7$ [m^2]

よって、$a_{1+2} \cdot A_{1+2} = \dfrac{1}{\sqrt{\left(\dfrac{1}{0.7 \times 10}\right)^2 + \left(\dfrac{1}{0.7 \times 7}\right)^2}}$

$= 4.02$ [m^2]

■ 7章

各自で考える。

■ 8章

演習問題1：各自で考える。

演習問題2

1）式⑰、⑱より室の総吸音力 A および室内平均吸音率 $\bar{a}$ を算出し、アイリング・ヌートセンの残響式（p.137）より残響時間 T を求める。結果を下表に示す。

部位	内装材料	面積 (m^2)	周波数 [Hz]											
			125		250		500		1k		2k		4k	
			a_i	A_i	a_i	A_i	a_i	A_i	a_i	A_i	a_i	A_i	a_i	A_i
床	1 客席床：RC + ニーパン	500	0.02	10	0.03	15	0.08	40	0.12	60	0.22	110	0.35	175
	2 舞台：ひのき縁甲板	200	0.20	40	0.15	30	0.10	20	0.09	18	0.09	18	0.09	18
壁	3 客席側壁：石膏ボード	1,200	0.15	180	0.10	120	0.07	84	0.05	60	0.06	72	0.04	48
	4 客席後壁：グラスウール吸音板	200	0.75	150	0.85	170	0.85	170	0.80	160	0.80	160	0.85	170
	5 舞台壁：石膏ボード	500	0.15	75	0.10	50	0.07	35	0.05	25	0.06	30	0.04	20
天井	6 石膏ボード、空気層大	800	0.15	120	0.10	80	0.07	56	0.05	40	0.06	48	0.04	32
客席	7 劇場用椅子（一脚）	800	0.12	96	0.22	176	0.29	232	0.31	248	0.31	248	0.30	240
	8 劇場用椅子＋観客（一脚一人）	800	0.23	184	0.32	256	0.40	320	0.43	344	0.43	344	0.41	328
総吸音力 A		空席時		671		641		637		611		686		703
		満席時		759		721		725		707		782		791
室内平均吸音率 $\bar{a}$		空席時		0.20		0.19		0.19		0.18		0.20		0.21
		満席時		0.22		0.21		0.21		0.21		0.23		0.23
残響時間 T（秒）		空席時		2.07		2.18		2.19		2.17		1.83		1.52
(Eyring-Knudsen)		満席時		1.80		1.91		1.90		1.86		1.60		1.37

室内総表面積 S [m^2]　3,400
室容積 V [m^3]　9,600

2）各自で考える。

3）ホール内音圧レベルは、式⑳より下記となる。

音圧レベル［dB］	中心周波数［Hz］					
	125	250	500	1k	2k	4k
満席時	46	41	32	27	21	16

また、これらの値を図37上にプロットするとNC30となる。

4）各自で考える。

■9章

各自で考える。

参考文献

■1章
- 建設省国土地理院編『新版 日本国勢地図 平成2年版』日本地図センター、1990
- 日本建築学会編『建築環境工学用教材　環境編』日本建築学会、1995

■2章
- 日本建築学会編『建築環境工学用教材　環境編』日本建築学会、1995
- 日本建築学会編『建築設計資料集成2』丸善、1960
- 日本建築学会編『日本建築学会設計計画パンフレット30　昼光照明の計画』彰国社、1985
- 江馬一弘監修「Newton　別冊　光とは何か?」ニュートンプレス、2007
- Michael F. Modest "RADIATIVE HEAT TRANSFER 2nd edition" Academic Press, 2003

■3章
- 宇田川光弘・近藤靖史・秋元孝之・長井達夫著『建築環境工学―熱環境と空気環境　シリーズ〈建築工学〉』朝倉書店、2009
- 空気調和・衛生工学会編『空気調和・衛生工学便覧 第13版』空気調和・衛生工学会、2001
- 空気調和・衛生工学会編『空気調和・衛生工学便覧 第14版』空気調和・衛生工学会、2010
- 倉渕隆著『初学者の建築講座　建築環境工学』市ヶ谷出版社、2006
- 斎藤平蔵著『建築気候　大学講座建築学環境編』共立出版、1974
- 田中俊六・武田仁・岩田利枝・土屋喬雄・寺尾道仁著『最新 建築環境工学 改訂3版』井上書院、2006
- 日本建築学会編『建築学便覧Ⅰ』丸善、1980
- 日本建築学会編『建築環境工学用教材　環境編』日本建築学会、1995（第3版）
- 日本建築学会編『建築設計資料集成1　環境』丸善、1978

■4章
- 空気調和・衛生工学会編『空気調和・衛生工学便覧 第12版』空気調和・衛生工学会、1995
- 空気調和・衛生工学会編『空気調和・衛生工学便覧 第13版』空気調和・衛生工学会、2001
- 空気調和・衛生工学会編『国際単位系SI　h-x線図（藤田稔彦作成）』空気調和・衛生工学会、1994
- 倉渕隆著『初学者の建築講座　建築環境工学』市ヶ谷出版社、2006
- 厚生労働省編「シックハウス（室内空気汚染）問題に関する検討会中間報告書」厚生労働省
- 日本空気清浄協会編『室内空気清浄便覧』オーム社、2000
- ビル管理教育センター編『新版　建築物の環境衛生管理　上・下巻』ビル管理教育センター、2009

■5章
- 空気調和・衛生工学会編『新版 快適な温熱環境のメカニズム』空気調和・衛生工学会、2006
- 日本建築学会編『建築環境工学用教材　環境編』日本建築学会、1988（第1版）
- 日本建築学会編『建築設計資料集成1　環境』丸善、1978
- 日本体育協会編『熱中症予防のための運動指針』日本体育協会、1994
- 山田由紀子著『建築環境工学』培風館、1989

■6章
- 宇田川光弘・近藤靖史・秋元孝之・長井達夫著『建築環境工学―熱環境と空気環境　シリーズ〈建築工学〉』朝倉書店、2009
- 倉渕隆著『初学者の建築講座　建築環境工学』市ヶ谷出版社、2006
- 厚生労働省「シックハウス（室内空気汚染）問題に関する検討会中間報告書」厚生労働省
- 厚生労働省石綿に関する健康管理等専門家会議マニュアル作成部会「石綿ばく露歴把握のための手引」厚生労働省、2006
- 彰国社編『自然エネルギー利用のためのパッシブ建築設計手法事典』彰国社、1983
- 日本空気清浄協会編『室内空気清浄便覧』オーム社、2000
- 日本建築学会編『建築設計資料集成1　環境』丸善、1978
- 日本建築学会編『日本建築学会設計計画パンフレット18　換気設計』彰国社、1957
- ビル管理教育センター編『新版 建築物の環境衛生管理 上・下巻』ビル管理教育センター、2009

■7章
・小泉実著『絵とき　照明デザイン実務学入門早わかり』オーム社、2000
・日本建築学会編『建築環境工学用教材　環境編』日本建築学会、1995
・日本建築学会編『建築設計資料集成1　環境』丸善、1978
・日本建築学会編『建築の色彩設計法』日本建築学会、2005
・日本建築学会編『昼光照明デザインガイド』技報堂出版、2007
・日本建築学会編『日本建築学会設計計画パンフレット23　照明設計』彰国社、1975
・日本建築学会編『日本建築学会設計計画パンフレット30　昼光照明の計画』彰国社、1985
・日本建築学会編『光と色の環境デザイン』オーム社、2001

■8章
・浦野良美・中村洋編著『建築環境工学』森北出版、1996
・日本音響学会編、永田穂編著『音響工学講座3　建築音響』コロナ社、1988
・日本音響学会編、飯田一博・森本政之編著『音響サイエンスシリーズ2 空間音響学』コロナ社、2010
・日本音響学会編、上野佳奈子編著『音響サイエンスシリーズ6 コンサートホールの科学』コロナ社、2012
・日本建築学会編『建築設計資料集成2』丸善、1960
・日本建築学会編『日本建築学会設計計画パンフレット4　建築の音環境設計〈新訂版〉』彰国社、2011
・古屋浩・川上福司・石井聖光著「東京グローブ座の音響設計」音響技術 No. 64、日本音響材料協会、1988
・古屋浩・冨士田隆志・川上福司著「浜松市勤労会館ホールの音響設計」日本音響学会講演論文集秋季号、1984
・前川純一・森本政之・阪上公博著『建築・環境音響学 第3版』共立出版、2011
・牧田康雄著『建築音響』日本放送出版協会、1960
・森本政之・藤森久嘉・前川純一著「みかけの音源の幅と音に包まれた感じの差異」日本音響学会誌46巻、1990
・H. Furuya, K. Fujimoto, Y. J. Choi and N. Higa "Arrival direction of late sound and listener envelopment" Applied Acoustics, Vol. 62, 2001
・J. S. Bradley and G. A. Soulodre "Objective measures of listener envelopment" The Journal of the Acoustical Society of America, Vol. 98, 1995
・M. Barron and A. H. Marshall "Spatial impression due to early lateral reflections in concert halls : the derivation of physical measure" The Journal of Sound and Vibration, Vol. 77, 1981

■9章
・尾島俊雄著『ヒートアイランド』東洋経済新報社、2002
・環境省「平成24年度 ヒートアイランド対策ガイドライン 改訂版」環境省、2013
・環境省「平成13年度 ヒートアイランド対策手法調査検討業務報告書」環境省、2002

図版出典

■1章
- 東京管区気象台管内風配図（名古屋）：図5
- 日本建築学会編『建築環境工学用教材　環境編』日本建築学会、1995：図7
- 建設省国土地理院編『新版 日本国勢地図 平成2年版』日本地図センター、1990：図9
- 名古屋気象台のデータより作成：演習問題
- JIS：表1

■2章
- Michael F. Modest "RADIATIVE HEAT TRANSFER 2nd edition" Academic Press, 2003：図2
- 江馬一弘監修「Newton　別冊　光とは何か？」ニュートンプレス、2007：図8
- 日本建築学会編『日本建築学会設計計画パンフレット24　日照の測定と検討』彰国社、1977：図10
- 日本建築学会編『建築環境工学用教材　環境編』日本建築学会、1995：図11、図12
- 日本建築学会編『建築設計資料集成2』丸善、1960 より作成：図13、図16
- 日本建築学会編『建築環境工学用教材　環境編』日本建築学会、1995 より作成：図15
- 日本建築学会編『日本建築学会設計計画パンフレット30　昼光照明の計画』彰国社、1985 より作成：図17
- JIS：表1

■3章
- 田中俊六・武田仁・岩田利枝・土屋喬雄・寺尾道仁共著『最新 建築環境工学 改訂3版』井上書院、2006 より作成：図6
- 宮野秋彦著『建築技術選書5　建物の断熱と防湿』学芸出版社、1981 より作成：図7
- 渡辺要編『防寒構造』理工図書、1967：図9
- 田中俊六・武田仁・岩田利枝・土屋喬雄・寺尾道仁共著『最新 建築環境工学 改訂3版』井上書院、2006：図10、図13
- 日本建築学会編『建築学便覧Ⅰ』丸善、1980、空気調和・衛生工学会編『空気調和・衛生工学便覧　第13版（第14版）、日本建築学会編『建築設計資料集成1　環境』丸善、1978 より作成：表1
- メーカーカタログ値等より作成：表2、表5
- 倉渕隆著『初学者の建築講座　建築環境工学』市ヶ谷出版社、2006 より作成：表3、表4
- 国土交通省資料より作成：表6、表7、表8

■4章
- 倉渕隆著『初学者の建築講座　建築環境工学』市ヶ谷出版社、2006 より作成：図2
- 空気調和・衛生工学会編『空気調和・衛生工学便覧（第12版）』空気調和・衛生工学会、1995：図3
- 空気調和・衛生工学会編『国際単位系SI　h-x線図（藤田稔彦作成）』空気調和・衛生工学会、1994、空気調和・衛生工学会編『空気調和・衛生工学便覧（第13版）』空気調和・衛生工学会、2001 より作成：図4

■5章
- 日本建築学会編『建築設計資料集成1　環境』丸善、1978：図2
- 山田由紀子著『建築環境工学』培風館、1989：図4
- 日本建築学会編『建築設計資料集成2』丸善、1960 より作成：図6
- 山田由紀子著『建築環境工学』培風館、1989（ASHRAE：Handbook of Foundamental, 1972）より作成：図7
- 空気調和・衛生工学会編『新版 快適な温熱環境のメカニズム』空気調和・衛生工学会、2006：図8、図9、表1、表2
- 日本体育協会編「熱中症予防のための運動指針」『スポーツ活動中の熱中症予防ガイドブック』日本体育協会、2013：表3

■6章
- 日本建築学会編『建築設計資料集成1　環境』丸善、1978（竹内教文・永田好男・石黒智彦・長谷川隆・重田芳広・大場美恵子：無臭室法による悪臭の物質濃度と臭気強度および不快度との関係、大気汚染研究（第16回大会号、1975））：図1
- 日本建築学会編『日本建築学会設計計画パンフレット18　換気設計』彰国社、1957：図5
- 日本建築学会編『建築設計資料集成1　環境』丸善、1978（C. P. Yaglou, E. C. Riley, D. I. Coggins：Ventilation Requirements, Trans. ASHVE, 1936）：表1
- 日本建築学会編『建築設計資料集成1　環境』丸善、1978 より作成：表2
- 厚生労働省資料：表3

■ 7章
- 日本建築学会編『建築設計資料集成 1　環境』丸善、1978：図 4
- 東芝ライテック照明設計資料「良い照明の条件」(WEB) より作成：図 5
- 小泉実著『絵とき　照明デザイン実務学入門早わかり』オーム社、2000 より作成：図 6
- 日本建築学会編『日本建築学会設計計画パンフレット 30　昼光照明の計画』彰国社、1985 より作成：図 8
- 日本建築学会編『建築環境工学用教材　環境編』日本建築学会、1995 より作成：図 10
- 日本建築学会編『昼光照明デザインガイド』技報堂出版、2007：図 12
- 松下電工カタログ「住まいのあかりの基礎知識」松下電工：図 16
- 槙究、古賀誉章著『基礎からわかる建築環境工学』彰国社、2014：図 20、図 21
- 日本建築学会編『光と色の環境デザイン』オーム社、2001：図 23
- 日本建築学会編『日本建築学会設計計画パンフレット 23　照明設計』彰国社、1975 より作成：表 3
- 日本建築学会編『建築設計資料集成 1　環境』丸善、1978 より作成：コラム図

■ 8章
- 前川純一・森本政之・阪上公博著『建築・環境音響学 第 3 版』共立出版、2011 (2003 年　ISO 226、国際規格)：図 7
- H. F. オルソン著、平岡正徳訳『音楽工学 (Music, Physics and Engineering)』誠文堂新光社、1969：図 8
- 日本建築学会編『日本建築学会設計計画パンフレット 4　建築の音環境設計 < 新訂版 >』彰国社、2011 より作成：図 14、図 15、図 19、表 2、表 3
- 日本建築学会編『建築設計資料集成 環境』丸善、2007、「音響技術 No.100」日本音響材料協会、1997 より作成：図 18
- 古屋浩・藤本一寿・中村洋著「周回積分方程式による 2 次元音場の解析 − 2 次元任意形状室の固有振動分布 −」日本建築学会九州支部研究報告書第 33 号、1992：図 25
- 古屋浩・川上福司・石井聖光著「東京グローブ座の音響設計」音響技術 No. 64、日本音響材料協会、1988：図 32
- 日本音響学会編『新版 音響用語辞典』コロナ社、2003 より作成：図 37
- 森本政之・藤森久嘉・前川純一著「みかけの音源の幅と音に包まれた感じの差異」日本音響学会誌 46 巻、1980 より作成：図 43
- 建築思潮研究所編『建築設計資料 48　コンサートホール』建築資料研究社、1994：図 46 (a)
- レオ・L. ベラネク・日高孝之・永田穂著『コンサートホールとオペラハウス　音楽と空間の響きと建築』シュプリンガー・フェアラーク東京、2005：図 46 (b) (c)
- レオ・L. ベラネク著、長友宗重・寺崎恒正訳『音楽と音響と建築 (MUSIC, ACOUSTICS & ARCHITECTURE)』鹿島出版会、1988：図 46 (d)
- 古屋浩・冨士田隆志・川上福司著「浜松市勤労会館ホールの音響設計」日本音響学会講演論文集秋季号、1984：図 52
- 日本建築学会編『建築設計資料集成 2』丸善、1960 より作成：図 54
- 日本建築学会編『日本建築学会設計計画パンフレット 4　建築の音環境設計 < 新訂版 >』彰国社、2011：図 55
- M. Barron "Auditorium Acoustics and Architectural Design" Spon Press, 2009：図 56
- 日本音響学会編『音響工学講座 3　建築音響』コロナ社、2001、日本建築学会編『日本建築学会設計計画パンフレット 4　建築の音環境設計 < 新訂版 >』彰国社、2011 より作成：表 8
- 環境省環境基準より作成：表 9

■ 9章
- 尾島俊雄著『ヒートアイランド』東洋経済新報社、2002：図 1
- 環境省「平成 24 年度　ヒートアイランド対策ガイドライン　改訂版」環境省、2013：図 2
- 環境省資料 (http://www.env.go.jp/air/life/heat_island/as_chart.html)：図 3
- 環境省「平成 13 年度　ヒートアイランド対策手法調査検討業務報告書」環境省、2002：図 4、図 5

写真撮影・提供

■1章
・小林茂雄：図8上

■3章
・赤木徹也：コラム写真b

■5章
・柴田科学提供：写真1
・佐藤計量器製作所提供：写真3

■6章
・ガステック提供：写真1
・柴田科学提供：写真2
・ミドリ安全提供：写真3
・日本無線機提供：写真4
・パナソニック電工提供：コラム写真

■7章
・トミタ・ライティング・オフィス提供：写真17・1）〜4）
・東芝ライティング提供：写真17・5）
・日本建築学会編『光と色の環境デザイン』オーム社、2001：写真22上・下

※記載以外はすべて執筆者

索 引

あ

アイリング・ヌートセンの残響式 ……………… 136
アイリングの残響式 ………………………………… 136
アスベスト ………………………………………… 084
アスマン通風乾湿計 ……………………………… 077
アルベド …………………………………………… 021
アレルゲン ………………………………………… 084
暗順応 ……………………………………………… 104
暗所視 ……………………………………………… 104
安全色 ……………………………………………… 121
暗騒音 ……………………………………………… 139
板振動型 …………………………………………… 130
一次エネルギー基準 ……………………………… 053
一酸化炭素 ………………………………………… 081
色温度 ……………………………………………… 106
インパルス応答 …………………………………… 133
ウェーバー-フェヒナーの法則 ………… 082, 127
浮き構造 …………………………………………… 143
内断熱 ……………………………………………… 047
ウレタンフォーム ………………………………… 041
エコー ……………………………………………… 137
エネルギー代謝率 Met …………………………… 068
演色性 ……………………………………………… 106
オクターブ ………………………………………… 128
オクターブバンド ………………………………… 128
オゾン ……………………………………………… 081
オゾン層 ………………………………… 018, 021
音に包まれた感じ ………………………………… 146
音のエネルギー密度 ……………………………… 125
音の焦点 …………………………………………… 137
音の高さ …………………………………………… 128
音の強さ …………………………………………… 125
音の強さのレベル ………………………………… 126
音圧 ………………………………………………… 125
音圧レベル ………………………………………… 126
音響インテンシティ ……………………………… 125
音響透過損失 ……………………………………… 129
音響パワー ………………………………………… 125
音源 ………………………………………………… 128
音場 ………………………………………………… 125
音線 ………………………………………………… 133
音像 ………………………………………………… 128
音速 ………………………………………………… 125
温度差換気 ……………………………… 093, 096
温度伝導率 ………………………………………… 055
音波 ………………………………………………… 124
音量感 ……………………………………………… 146

か

改正省エネ基準 …………………………………… 053
回折 ………………………………………………… 133

外皮基準 …………………………………………… 054
外皮平均熱貫流率 ………………………………… 054
拡散音場 …………………………………………… 136
拡散反射 …………………………………………… 150
楽友協会大ホール ………………………………… 149
風向 ………………………………………………… 010
可視光線 …………………………………………… 022
ガス状汚染物質 …………………………………… 080
乾き空気 …………………………………………… 058
側窓 ………………………………………………… 109
換気 ………………………………………………… 085
換気回数 …………………………………………… 090
乾球温度 ………………………………… 008, 062
含湿率 ……………………………………………… 065
含水率 ……………………………………………… 065
間接照明 …………………………………………… 113
桿体 ………………………………………………… 103
気温 ………………………………………………… 008
機械換気 ………………………………… 086, 088
基調色 ……………………………………………… 119
輝度 ………………………………………………… 105
揮発性有機化合物 ………………………………… 082
逆2乗則 …………………………………………… 125
吸音 ………………………………………………… 129
吸音率 ……………………………………………… 129
強調色 ……………………………………………… 119
共鳴器型 …………………………………………… 130
鏡面反射 …………………………………………… 134
均時差 ……………………………………………… 026
空気伝搬音 ………………………………………… 139
グラスウール ……………………………………… 041
クリモグラフ ……………………………………… 008
グレア ……………………………………………… 105
グローブ温度 ……………………………………… 071
蛍光灯 ……………………………………………… 110
結露 ………………………………………………… 060
建築物衛生法 ……………………………………… 086
顕熱 ……………………………………………… 064, 158
コインシデンス効果 ……………………………… 131
後期側方反射音レベル LG ……………………… 148
後期反射音 ………………………………………… 133
降水量 ……………………………………………… 011
光束 ………………………………………………… 105
光束発散度 ………………………………………… 106
光束法 ……………………………………………… 114
後退色 ……………………………………………… 120
光度 ………………………………………………… 105
固体伝搬音 ………………………………………… 139
固有周波数 ………………………………………… 133
固有振動 …………………………………………… 133

さ

最適残響時間 ……………………………………… 151
彩度 ………………………………………………… 118
作用温度 OT ……………………………………… 072

残響	132, 135	騒音に係る環境基準	141
残響感	146	騒音レベル	140
残響時間	136	総合透過損失	142
散乱日射	020, 032	総合熱貫流率	051
紫外線	021	総合熱伝達率	043
時角	024	相対湿度	008, 059, 062
時間率騒音レベル	140	相当外気温度	048
色相	118	相当開口面積	095
次世代省エネルギー基準	052	測温抵抗温度計	013
自然換気	086	側方反射音	147
湿球温度	008, 062, 077	側路伝搬音	143
湿球グローブ温度 WBGT	075	外断熱	047

た

実効放射	034	第一波面の法則	129
室定数	136	第1種機械換気	088
湿度	008	体感温度	069
室内音響設計	145	第3種機械換気	088
室内濃度指針値	086	代謝	068
室内平均吸音率	136	第2種機械換気	088
質量則	131	太陽エネルギー	035
湿り空気	058	太陽高度	024
湿り空気線図	014, 062, 077	太陽定数	019
遮音	129	太陽方位角	024
自由音場	132	対流熱伝達率	043
臭気	082	ダイレクトゲイン	054
臭気強度	082	多孔質型	130
臭気濃度	082	縦波	124
修正有効温度 CET	071	ダルトンの法則	059
従属色	119	短波長放射	033
周波数	125	暖房負荷	052
シューボックス型	149	地域冷暖房	159
縮退	134	逐点法	114
シュテファン・ボルツマンの法則	043	窒素酸化物	081
省エネルギー基準	052	地表面反射日射	020, 032
照度	106	地物反射光	107
正味放射	034	中空層	045
初期/後期反射音エネルギー比 C_{80}	147	昼光率	108
初期残響時間 EDT	147	頂側窓	109
初期側方反射エネルギー率 LF	147	長波長放射	033
初期反射音	133	直射日光	107
進出色	120	直接音	132
新省エネルギー基準	052	直接照明	112
真太陽時	026	直達日射	015, 020
新有効温度 ET*	072	通風	088
水蒸気	058	低音域共鳴透過	132
水蒸気分圧	008, 014	定常状態	039
錐体	103	定常騒音	140
ストレングス G	146	データロガー	013
スペクトル	128	デグリーデー	009
セービンの残響式	136	天空光	107
赤外線	022	天空日射	020
絶対湿度	014, 060, 062	電磁波	018
全天空照度	108	天窓	109
潜熱	064, 158	等価吸音面積	136
全熱	064		
騒音	138		
騒音計	140		

等価騒音レベル	140
透過率	129
瞳孔	102

な

南中	024
二酸化硫黄	081
二酸化炭素	080
日射	012, 015
日射遮蔽係数 SC	049
日射遮蔽部材	049
日射侵入率	049
日射熱取得率	049
日射反射率	021, 157
日照	012
日本標準時	026
音色	128
熱拡散率	055
熱貫流	038
熱貫流抵抗	044
熱貫流率	044
熱橋	065
熱取得	051
熱線吸収ガラス	050
熱線式風速計	077
熱線反射ガラス	050
熱損失	051
熱損失係数	051
熱対流	038, 042
熱伝達	038
熱電対	013, 077
熱伝導	038
熱伝導率	039
熱負荷	052
熱放射	018, 038, 043
熱容量	054

は

白熱ランプ	110
薄明視	104
波長	125
パワーレベル	126
反射音	132
反射の法則	134
バンドスペクトル	128
ヒートアイランド現象	156
ヒートブリッジ	065
比エンタルピー	063
日影曲線	029
微生物	084
非定常状態	039
標準新有効温度 SET*	073
表面結露	064
広がり感	146

風速	010
ブーミング	135
風力換気	094
不快指数 DI	073
複層ガラス	045
浮遊粉じん	083
フラターエコー	137
プルキンエ現象	104
平均太陽時	026
平均日射熱取得率	054
平均放射温度 MRT	070, 072
平衡含水率	065
壁内結露	066
変動騒音	140
弁別閾	127
放射	018
放射温度計	013
放射熱伝達率	043
放射率	018
飽和水蒸気圧	059
ホルムアルデヒド	081

ま

みかけの音源の幅	146
明順応	104
明所視	104
明度	118
明瞭性	146
面積効果	120
盲点	103

や

夜間放射	034
有効温度 ET	071
床衝撃音	144
ユルゲスの式	043
容積比熱	054

ら

ラウドネスレベル	127
ラドン	081
立体角投射率	108
粒子状汚染物質	080, 083
粒子速度	125
流量係数	094
両耳聴効果	128
ルーバー	110
冷房負荷	051
レベル	126
露点温度	060, 064

A-Z

A 特性 ……………………………………… 140
clo（クロ）……………………………… 070
HID ランプ ……………………………… 110
h–x 線図 ………………………………… 062
LED ……………………………………… 110
Low-E（Low-Emissivity）ガラス ……… 050
Low-E 複層ガラス ……………………… 050
NC 値 …………………………………… 140
PM2.5 …………………………………… 083
PMV ……………………………………… 074
PPD ……………………………………… 075
SAT（サット）温度 …………………… 048

著者略歴

小林茂雄（こばやし しげお）：7章
- 1991 年　東京工業大学工学部建築学科卒業
- 1993 年　東京工業大学大学院総合理工学研究科社会開発工学専攻修士課程修了、
東京工業大学大学院総合理工学研究科助手を経て、
- 2003 年　武蔵工業大学工学部建築学科准教授
- 2004-2005 年　ネヴァダ州立大学ラスヴェガス校客員研究員
- 2011 年　東京都市大学建築都市デザイン学部建築学科教授、現在に至る
博士（工学）
- 2010 年　日本建築学会賞（論文）受賞

著書：『街に描く』（理工図書）、『写真で見つける光のアート』（雷鳥社）、『ストリート・ウォッチング』（誠信書房）、『Lighting by Yourself』（オーム社）、何れも著者は小林茂雄＋東京都市大学小林研究室

中島裕輔（なかじま ゆうすけ）：3章・5章・9章
- 1995 年　早稲田大学理工学部建築学科卒業
- 2000 年　早稲田大学大学院理工学研究科建設工学専攻博士課程単位取得退学
早稲田大学理工学総合研究センター助手、講師、日本学術振興会特別研究員を経て、
- 2003 年　工学院大学工学部建築都市デザイン学科講師
- 2006 年　工学院大学工学部建築都市デザイン学科准教授
- 2007 年　慶応義塾大学大学院非常勤講師（～ 2013 年）
- 2011 年　工学院大学建築学部まちづくり学科准教授
- 2016 年　工学院大学建築学部まちづくり学科教授、現在に至る
博士（工学）、一級建築士

著書：『ZED Book ―ゼロエネルギー建築　縮減社会の処方箋―』（共著、鹿島出版会）、『都市・地域エネルギーシステム』（共著、鹿島出版会）など

西村直也（にしむら なおや）：4章・6章
- 1989 年　東京工業大学工学部建築学科卒業
- 1998 年　東京工業大学大学院情報理工学研究科情報環境学専攻博士課程修了
名古屋工業大学ベンチャービジネスラボラトリー研究員
- 1999 年　芝浦工業大学工学部二部電気設備学科講師、助教授
- 2005 年　芝浦工業大学工学部建築学科助教授、准教授
- 2014 年　芝浦工業大学工学部建築学科教授、現在に至る
博士（工学）

著書：『新・建築コンピュータ利用入門』（共著、日本建築学会）、『エアロゾル用語集』（共著、京都大学学術出版会）、『建築環境のデザインと設備』（共著、市ヶ谷出版社）など

古屋　浩（ふるや ひろし）：8章
- 1978 年　九州大学工学部建築学科卒業
- 1980 年　九州大学大学院工学研究科建築学専攻修士課程修了
ヤマハ（株）音響研究所
- 1991 年　九州共立大学工学部建築学科講師
- 1997 年　九州共立大学工学部建築学科助教授
- 1998 年　山口大学工学部感性デザイン工学科非常勤講師（～ 2011 年）
- 2000 年　九州共立大学工学部建築学科教授（～ 2011 年）
- 2009 年　九州工業大学工学部建設社会工学科非常勤講師（～ 2011 年）
- 2011 年　芝浦工業大学工学部建築学科教授、現在に至る
博士（工学）

音響設計作品：東京グローブ座、川口総合文化センター、東京国際フォーラム（ヤマハ在職時担当）など

吉永美香（よしなが みか）：1章・2章
- 1995 年　名古屋大学工学部建築学科 卒業
- 1997 年　名古屋大学大学院工学研究科建築学専攻博士（前期）課程修了
名古屋市立大学芸術工学部助手
- 2002 年　名古屋大学大学院環境学研究科都市環境学専攻博士（後期）課程 短縮修了、名古屋大学大学院環境学研究科都市環境学専攻 助手を経て、
- 2006 年　名城大学理工学部建築学科講師
- 2009 年　名城大学理工学部建築学科准教授
- 2019 年　名城大学理工学部建築学科教授、現在に至る
博士（環境学）

はじめての建築環境工学

2014年9月10日　第1版　発　行
2023年7月10日　第1版　第6刷

著　者　小林茂雄・中島裕輔
　　　　西村直也・古屋　浩
　　　　吉永美香

発行者　下　出　雅　徳

発行所　株式会社　彰　国　社

162-0067 東京都新宿区富久町8-21
電話　03-3359-3231（大代表）
振替口座　00160-2-173401

著作権者との協定により検印省略

自然科学書協会会員
工学書協会会員

Printed in Japan

ⓒ 西村直也（代表）　2014年

印刷：壮光舎印刷　製本：中尾製本

ISBN978-4-395-32023-3　C3052

https://www.shokokusha.co.jp

本書の内容の一部あるいは全部を、無断で複写（コピー）、複製、および磁気または光記録媒体等への入力を禁止します。許諾については小社あてご照会ください。